网络工程师考前冲刺 100 题
（适配第 6 版考纲）

主编　朱小平　施　游

·北京·

内 容 提 要

本书基于最新的官方第6版考试大纲要求和作者多年来对软考备考的方法,以及对题目的分析、归类、整理、总结等方面的研究编写而成。

全书内容通过思维导图描述整个考试的知识体系;以典型题目高度概括考试的知识点分布,并详细阐述解题的方法和技巧,通过对题目的选择和分析来覆盖考试大纲中的重点、难点及疑点。

本书可作为参加网络工程师考试的考生的自学用书,也可作为软考培训班的教材和从事网络技术相关的专业人员的参考用书。

图书在版编目(CIP)数据

网络工程师考前冲刺100题 : 适配第6版考纲 / 朱小平, 施游主编. -- 北京 : 中国水利水电出版社, 2025.9. -- ISBN 978-7-5226-3634-4

Ⅰ. TP393-44

中国国家版本馆 CIP 数据核字第 20258UE838 号

责任编辑:周春元　　　加工编辑:王开云　　　封面设计:李 佳

书　名	网络工程师考前冲刺100题(适配第6版考纲) WANGLUO GONGCHENGSHI KAOQIAN CHONGCI 100 TI (SHIPEI DI 6 BAN KAOGANG)
作　者	主编 朱小平 施 游
出版发行	中国水利水电出版社 (北京市海淀区玉渊潭南路1号D座　100038) 网址:www.waterpub.com.cn E-mail:mchannel@263.net(答疑) 　　　　sales@mwr.gov.cn 电话:(010)68545888(营销中心)、82562819(组稿)
经　售	北京科水图书销售有限公司 电话:(010)68545874、63202643 全国各地新华书店和相关出版物销售网点
排　版	北京万水电子信息有限公司
印　刷	三河市鑫金马印装有限公司
规　格	184mm×240mm　16开本　16.5印张　417千字
版　次	2025年9月第1版　2025年9月第1次印刷
印　数	0001—3000册
定　价	48.00元

凡购买我社图书,如有缺页、倒页、脱页的,本社营销中心负责调换

版权所有·侵权必究

本书编委会

朱小平　湖南农业大学

施　游　湖南师范大学

张　立　湖南木森教育科技有限公司

吴献文　湖南铁道职业技术学院

田卫红　娄底潇湘职业学院

廖坤鸿　湖南省娄底市行政审批服务局

肖忠良　娄底职业技术学院

李竹村　湖南师范大学

王晓笛　湖南师范大学

刘　博　湖南师范大学

施大泉　长沙翼游数据科技有限公司

黄少年　湖南工商大学

朱建胜　长沙轩纬工程技术咨询有限公司

王　超　湖南智慧政务区块链科技有限公司

龙永坚　湖南精飞智能科技有限公司

贺　婷　娄底技师学院

前　言

本书作为攻克要塞百题系列教辅之一，自 2013 年 3 月出版第一版以来，迄今已过去十余年时间。其间，我们的教学思路、方法及教学工具都发生了较大的改变，尤其是当网络工程师官方教材于 2025 年推出第 6 版之后，考试要求与内容都有了新的变化，基于本书之前各个版本受到了读者的深度认可，我们经过对 2024 版新考纲及第 6 版教材的深入对比研究，推出了这本完全符合 2024 版新考纲要求的网络工程师百题图书。

自本书的第一版出版到现在，我们依旧认为，大部分考生是没有足够的时间去反复阅读教材的，也没有足够的时间和精力耗费在旷日持久的复习上，这个情况在十余年的时间中，已经得到了数万考生的反复验证。所以对于本书，我们仍保持原有的核心理念，即通过关键题目来攻克知识难点和重点，花较少的时间来通过软考。因此，本书侧重点仍然在"题"，做典型的题，掌握典型的知识点。在经过多年的教学检验后，我们仍然沿用原有的目录结构，但该书的内容在上一版的基础上进行了一定的调整，主要体现在以下几个方面：

（1）用近年来的新题目、典型题目替换部分老旧题目。

（2）强化"课堂练习"环节的习题，对部分习题进行了增补，接近真题的程度更高。

（3）根据近年来的考试动向，增加了部分设备配置案例题。

（4）增加了 UOS Linux 相关练习题及考题。

多年过去，考题、考核方式、考核知识点等方面均有了一些变化，我们需要更新相关的复习思路和样题。所以，本书是作者面授经验的再一次提炼与总结。

感谢学员在教学过程中给予的反馈！

感谢合作培训机构给予的支持！

感谢中国水利水电出版社在此系列图书上的尽心尽力！

我们自知本书并非完美，我们的研发团队也必然会持续完善本书。在阅读过程中，如果您有任何想法和建议，欢迎关注"攻克要塞"公众号，与我们交流。

编者

2025 年 6 月

"攻克要塞"公众号

本书说明

读者在拿到本书时，首先要关注以下几个问题：

◎ **本书的编写目的**

本书与市面上诸多网络工程师培训的书籍的不同之处在于以下几个方面：

（1）通过思维导图描述整个考试的知识体系。

（2）典型题目拉动知识点的复习。通过重点、难点题目来掌握考试大纲中的关键知识点，缩短复习时间，提高复习效率。

（3）通过典型题目阐述解题的方法和技巧。

编者从 2004 年开始从事软考培训工作，在与学生的交流过程中，为了迎合他们的需求，研究了很多备考的方法，对题目分析、归类、整理、总结模式等，做了大量的工作。但就在这种持续的课程研发过程中，我经过了若干次的培训之后，观点又回到了原点：一个人如果真想在这种应试考试中获胜，唯一的方法就是做题。

虽然本书是 100 题系列，但在实际选择过程中已经超过了这个数量。作者力争通过题目的选择和分析来覆盖考试大纲中的重点、难点及疑点。

在题目选择上要掌握以下几个原则：

（1）选择重点、难点等具有代表性的题目。

（2）选择考核频率比较高的题目（针对知识点而言）。

（3）选择用典型解题方法的题目。

（4）考核频率较低、不具备代表性、没有规律和技巧可言的题目一律排除在外。

当然，在选择过程中，并不能 100%覆盖到知识点，但会在每一章中描述和分析相关的知识点，同时标识出题目的知识点，使考生意识到自己所掌握知识点的覆盖程度。

◎ **关于思维导图在本书中的应用**

本书在撰写过程中引入了思维导图，思维导图作为一种思考的工具，在日常的应考复习中能够发挥巨大作用。本书编者在面授的培训过程中大量使用了思维导图，从教学效果来看，凡是能够使用思维导图的学员，其对知识脉络的梳理和对知识的记忆水平明显强于其他同学。

如果考生在每个学习阶段都做过思维导图，并且按照时间间隔定期复习，那么应该有通过考试的可能性。仅需把丰富的知识转换成极佳的考试行为即可，这就是正确的方法。

当然，本书对思维导图的应用也仅仅是初级水平，读者可以参考相关的更加专业的书籍来深入应用，发挥该工具在应试复习中的作用。

◎ 如何使用本书

由于本书的原则是通过做重点、难点、疑点的题目来带动知识点的复习，因此，在使用本书的过程中，建议掌握以下原则：

（1）根据每章思维导图来复习知识点，也可以在每一章的思维导图的基础上进行知识点的扩充。

（2）根据知识点找到对应的题目，每个题目均要具有代表性，因此，需要分析每一章题目考核的知识点、延伸的知识点和出题的方式。

（3）可以结合《网络工程师5天修炼（适配第6版考纲）》进行题目的分析与复习。

目　　录

前言
本书说明

第1章　计算机基础知识 …………………… 1
知识点图谱与考点分析 …………………… 1
知识点：计算机硬件 ……………………… 2
　　知识点综述 ……………………………… 2
　　参考题型 ………………………………… 2
知识点：计算机软件 ……………………… 7
　　知识点综述 ……………………………… 7
　　参考题型 ………………………………… 8
知识点：项目管理 ………………………… 14
　　知识点综述 ……………………………… 14
　　参考题型 ………………………………… 14
知识点：知识产权与法律法规 …………… 17
　　知识点综述 ……………………………… 17
　　参考题型 ………………………………… 18
课堂练习 …………………………………… 19
试题分析 …………………………………… 22

第2章　网络体系结构 …………………… 27
知识点图谱与考点分析 …………………… 27
知识点：网络参考模型 …………………… 27
　　知识点综述 ……………………………… 27
　　参考题型 ………………………………… 28
课堂练习 …………………………………… 28
试题分析 …………………………………… 29

第3章　物理层 …………………………… 30
知识点图谱与考点分析 …………………… 30
知识点：有线传输介质 …………………… 31
　　知识点综述 ……………………………… 31
　　参考题型 ………………………………… 31
知识点：数据传输理论 …………………… 33
　　知识点综述 ……………………………… 33
　　参考题型 ………………………………… 34
知识点：数字传输系统 …………………… 39
　　知识点综述 ……………………………… 39
　　参考题型 ………………………………… 40
知识点：接入技术 ………………………… 41
　　知识点综述 ……………………………… 41
　　参考题型 ………………………………… 41
课堂练习 …………………………………… 42
试题分析 …………………………………… 44

第4章　数据链路层 ……………………… 48
知识点图谱与考点分析 …………………… 48
知识点：纠错与检错 ……………………… 48
　　知识点综述 ……………………………… 48
　　参考题型 ………………………………… 49
知识点：局域网链路层协议 ……………… 50
　　知识点综述 ……………………………… 50
　　参考题型 ………………………………… 51
课堂练习 …………………………………… 54
试题分析 …………………………………… 54

第5章　网络层 …………………………… 56
知识点图谱与考点分析 …………………… 56
知识点：IP协议与IP地址 ………………… 57

知识点综述……57
知识点：子网规划……59
知识点综述……59
知识点：网络层其他协议……64
知识点综述……64
参考题型……64
知识点：IPv6……66
知识点综述……66
参考题型……67
课堂练习……70
试题分析……73

第6章 传输层……79
知识点图谱与考点分析……79
知识点：基本概念……79
知识点综述……79
参考题型……80
知识点：TCP……81
知识点综述……81
参考题型……81
知识点：UDP……83
知识点综述……83
参考题型……84
课堂练习……84
试题分析……84

第7章 应用层……86
知识点图谱与考点分析……86
知识点：DNS 服务……86
知识点综述……86
参考题型……87
知识点：FTP 服务……90
知识点综述……90
参考题型……91
知识点：DHCP 服务……91
知识点综述……91
参考题型……92

知识点：E-mail 服务……93
知识点综述……93
参考题型……93
知识点：其他服务……93
知识点综述……93
参考题型……94
课堂练习……94
试题分析……95

第8章 交换技术原理……99
知识点图谱与考点分析……99
知识点：交换机工作原理……99
知识点综述……99
参考题型……100
知识点：VLAN……100
知识点综述……100
参考题型……101
知识点：生成树协议……102
知识点综述……102
参考题型……103
课堂练习……105
试题分析……107

第9章 交换机配置……110
知识点图谱与考点分析……110
知识点：基本配置……110
知识点综述……110
参考题型……111
知识点：应用配置……113
知识点综述……113
参考题型……113
课堂练习……115
试题分析……118

第10章 路由原理与路由协议……122
知识点图谱与考点分析……122
知识点：基本概念……123
知识点综述……123

  参考题型 ·················· 123
  知识点：RIP 协议 ············ 124
   知识点综述 ················ 124
   参考题型 ·················· 125
  知识点：OSPF 协议 ··········· 126
   知识点综述 ················ 126
   参考题型 ·················· 127
  知识点：BGP 协议 ············ 130
   知识点综述 ················ 130
   参考题型 ·················· 130
  知识点：MPLS 技术 ··········· 135
   知识点综述 ················ 135
   参考题型 ·················· 136
 课堂练习 ······················ 138
 试题分析 ······················ 141
第 11 章 路由器配置 ············· 143
 知识点图谱与考点分析 ··········· 143
 知识点：路由器基本配置 ········· 143
  知识点综述 ·················· 143
  参考题型 ···················· 144
 知识点：ACL 配置 ············· 145
  知识点综述 ·················· 145
  参考题型 ···················· 145
 知识点：路由表配置 ············ 152
  知识点综述 ·················· 152
  参考题型 ···················· 153
 课堂练习 ······················ 156
 试题分析 ······················ 162
第 12 章 网络安全 ··············· 167
 知识点图谱与考点分析 ··········· 167
 知识点：安全算法 ·············· 168
  知识点综述 ·················· 168
  参考题型 ···················· 168
 知识点：数字签名与数字证书 ····· 171
  知识点综述 ·················· 171

  参考题型 ···················· 171
 知识点：病毒 ·················· 173
  知识点综述 ·················· 173
  参考题型 ···················· 173
 知识点：安全应用协议 ·········· 174
  知识点综述 ·················· 174
  参考题型 ···················· 175
 知识点：防火墙配置 ············ 177
  知识点综述 ·················· 177
  参考题型 ···················· 177
 课堂练习 ······················ 181
 试题分析 ······················ 184
第 13 章 Windows 命令 ··········· 189
 知识点图谱与考点分析 ··········· 189
 知识点：网络命令 ·············· 189
  知识点综述 ·················· 189
  参考题型 ···················· 190
 知识点：系统管理命令 ·········· 196
  知识点综述 ·················· 196
  参考题型 ···················· 196
 课堂练习 ······················ 198
 试题分析 ······················ 200
第 14 章 UOS Linux 系统管理与命令 ······· 204
 知识点图谱与考点分析 ··········· 204
 知识点：文件管理命令 ·········· 204
  知识点综述 ·················· 204
  参考题型 ···················· 205
 知识点：系统管理命令 ·········· 206
  知识点综述 ·················· 206
  参考题型 ···················· 207
 课堂练习 ······················ 208
 试题分析 ······················ 208
第 15 章 无线网络与存储技术 ······· 210
 知识点图谱与考点分析 ··········· 210
 知识点：无线网络 ·············· 210

  知识点综述 ················ 210
  参考题型 ·················· 211
 知识点：存储技术 ············ 216
  知识点综述 ················ 216
  参考题型 ·················· 216
 课堂练习 ···················· 217
 试题分析 ···················· 219
第 16 章　网络管理 ············ 222
 知识点图谱与考点分析 ········ 222
 知识点：网络管理基本概念 ···· 222
  知识点综述 ················ 222
  参考题型 ·················· 223
 知识点：网络管理工具 ········ 224
  知识点综述 ················ 224
  参考题型 ·················· 224
 知识点：SNMP 协议 ·········· 227
  知识点综述 ················ 227

  参考题型 ·················· 227
 课堂练习 ···················· 229
 试题分析 ···················· 230
第 17 章　网络规划与设计 ······ 231
 知识点图谱与考点分析 ········ 231
 知识点：层次化设计原则 ······ 231
  知识点综述 ················ 231
  参考题型 ·················· 232
 知识点：网络设计过程 ········ 234
  知识点综述 ················ 234
  参考题型 ·················· 234
 知识点：设备选型原则 ········ 235
  知识点综述 ················ 235
  参考题型 ·················· 235
 课堂练习 ···················· 240
 试题分析 ···················· 245
参考文献 ······················ 251

第 1 章 计算机基础知识

知识点图谱与考点分析

本章虽然涉及的知识面非常广,但是在整个网络工程师考试中所占的分值并不多,根据历年的考点统计发现,本章所占的分值平均为 7~8 分。

本章的知识涉及整个计算机基础部分和知识产权,分布面非常广,但是分值普遍不高,题型变化不大,因此本章的复习一定要有一个精准的分类提纲,按照提纲复习就可以收到事半功倍的效果。本章的知识体系图谱如图 1-1 所示。

图 1-1 计算机基础知识体系图谱

[辅导专家提示] 本章在整个考试中所占分值并不大，但却是涉及面非常广的章节，涉及了整个计算机基础知识部分和知识产权，其内容相当独立，与后面的网络知识部分没有必然的关联。对于这一部分的知识点，一定要认真复习好每一种题型，做到举一反三。另外，从 2024 年开始，软件著作权部分的分值逐步被网络信息安全相关的法律法规和行业新知识取代。

知识点：计算机硬件

知识点综述

计算机硬件部分涉及的知识点主要有 CPU 体系结构、指令与流水线、内存结构与寻址方式、总线与中断等，与内存结构与寻址相关的内容，分值比较高。本知识点的体系图谱如图 1-2 所示。

图 1-2 计算机硬件知识体系图谱

该知识点中，重点是对 CPU 体系结构、流水线技术、内存结构与寻址、总线类型和中断技术等的掌握。

参考题型

【考核方式 1】 考核对 CPU 的组成结构的理解。

- 处理机主要由处理器、存储器和总线组成。总线包括___(1)___。

  (1) A. 数据总线、地址总线、控制总线　　B. 并行总线、串行总线、逻辑总线
  　　C. 单工总线、双工总线、外部总线　　D. 逻辑总线、物理总线、内部总线

  ■ **试题分析**　广义来说，连接电子元件间的导线都称为总线。总线包括数据总线、地址总线、控制总线。

  ■ **参考答案**　(1) A

- 以下关于 CPU 的叙述中，错误的是___(2)___。

  (2) A. CPU 产生每条指令的操作信号并将操作信号送往相应的部件进行控制

B. 程序计数器（PC）除了存放指令地址，也可以临时存储算术/逻辑运算结果
C. CPU 中的控制器决定计算机运行过程的自动化
D. 指令译码器是 CPU 控制器中的部件

■ **试题分析** 程序计数器（Program Counter，PC），又称指令计数器，属于专用寄存器，功能就是计数、存储信息。程序加载时，PC 存储程序的起始地址即第一条指令的地址。执行程序时，修改 PC 内容，确保指向下一条指令地址。

■ **参考答案** （2）B

● 以下关于复杂指令集计算机（CISC）和精简指令集计算机（RISC）的叙述中，错误的是___(3)___。
（3）A. 在 CISC 中，其复杂指令都采用硬布线逻辑来执行
B. 采用 CISC 技术的 CPU，其芯片设计复杂度更高
C. 在 RISC 中，更适合采用硬布线逻辑执行指令
D. 采用 RISC 技术，指令系统中的指令种类和寻址方式更少

■ **试题分析** CPU 根据所使用的指令集可以分为 CISC 指令集和 RISC 指令集两种。

1）复杂指令集（Complex Instruction Set Computer，CISC）处理器中，不仅程序的各条指令是顺序串行执行，而且每条指令中的各个操作也是顺序串行执行的。顺序执行的优势是控制简单，但计算机各部分的利用率低，执行速度相对较慢。为了能兼容以前开发的各类应用程序，现在还在继续使用这种结构。

2）精简指令集（Reduced Instruction Set Computing，RISC）技术是在 CISC 指令系统基础上发展起来的。实际上 CPU 执行程序时，各种指令的使用频率非常悬殊，使用频率最高的指令往往是一些非常简单的指令。因此 RISC 型 CPU 不仅精简了指令系统，而且还采用了超标量和超流水线结构，大大增强了并行处理能力。RISC 的特点是指令格式统一，种类比较少，寻址方式简单，因此处理速度大大提高。通过减少指令总数和简化指令功能，降低硬件设计的复杂度，使指令能单周期执行，并通过优化编译提高指令的执行速度，采用硬布线控制逻辑优化编译程序。但是 RISC 与 CISC 在软件和硬件上都不兼容，当前中高档服务器中普遍采用 RISC 指令系统的 CPU 和 UNIX 操作系统。

■ **参考答案** （3）A

【**考核方式2**】 考核 CPU 中各个部件和各种寄存器的作用。

● 若某条无条件转移汇编指令采用直接寻址，则该指令的功能是将指令中的地址码送入___(4)___。
（4）A. 程序计数器（PC）　　　　　　B. 地址寄存器（AR）
C. 累加器（AC）　　　　　　　　D. 算术逻辑单元（ALU）

■ **试题分析** 程序计数器的功能见试题（2）分析。
地址寄存器用来保存当前 CPU 所访问的内存单元的地址。
在运算器中，累加器是专门存放算术或逻辑运算的一个操作数和运算结果的寄存器，能进行加、减、读出、移位、循环移位和求补等操作，是运算器的主要部分。
算术逻辑单元是中央处理器的执行单元，是所有中央处理器的核心组成部分，由"与门"和"或门"构成的算术逻辑单元，其主要功能是进行二位元的算术运算，如加、减、乘（不包括整数除法）。

指令所要的操作数存放在内存中，在指令中直接给出该操作数的有效地址，这种寻址方式为直接寻址方式。

■ **参考答案** （4）A

● 编写汇编语言程序时，下列寄存器中，程序员可访问的是___（5）___。

（5）A．程序计数器（PC） B．指令寄存器（IR）
C．存储器数据寄存器（MDR） D．存储器地址寄存器（MAR）

■ **试题分析** 程序计数器（PC）存储指令，可以被程序员访问。

指令寄存器（Instruction Register，IR）暂存内存取出的指令，不能被程序员访问。

存储器数据寄存器（Memory Data Register，MDR）和存储器地址寄存器（Memory Address Register，MAR）暂存内存数据，不能被程序员访问。

■ **参考答案** （5）A

[辅导专家提示] CPU 中的各种寄存器的作用属于考试中出题比较多的知识点，因此考生必须要掌握 CPU 中常用的寄存器的特点和作用。

【考核方式3】 考核指令的基本格式和寻址方式。

● 计算机指令一般包括操作码和地址码两部分，为分析执行一条指令，其___（6）___。

（6）A．操作码应存入指令寄存器（IR），地址码应存入程序计数器（PC）
B．操作码应存入程序计数器（PC），地址码应存入指令寄存器（IR）
C．操作码和地址码都应存入指令寄存器（IR）
D．操作码和地址码都应存入程序计数器（PC）

■ **试题分析** 程序计数器（PC）的主要功能有计数、寄存信息。用于保存将要执行的下一条指令地址。

指令寄存器（IR）保存当前执行的指令。程序被加载到内存后开始运行，当 CPU 执行一条指令时，先把它从内存储器取到缓冲寄存器中，再送入 IR 暂存，指令译码器根据 IR 的内容产生各种微操作指令，控制其他的组成部件工作，完成所需的功能。

■ **参考答案** （6）C

【考核方式4】 考核流水线的基本概念和计算。

● 某指令流水线由 5 段组成，第 1、3、5 段所需时间为Δt，第 2、4 段所需时间分别为 3Δt、2Δt，如图 1-3 所示。那么连续输入 n 条指令时的吞吐率（单位时间内执行的指令个数）为___（7）___。

图 1-3 试题用图

（7）A．$\dfrac{n}{5\times(3+2)\Delta t}$ B．$\dfrac{n}{(3+3+2)\Delta t+3(n-1)\Delta t}$

C．$\dfrac{n}{(3+2)\Delta t+(n-3)\Delta t}$ D．$\dfrac{n}{(3+2)\Delta t+5\times 3\Delta t}$

■ **试题分析** 设流水线由 N 段组成,每段所需时间分别为 Δt_i($1 \leq i \leq N$),完成 M 个任务的实际时间为 $\sum_{i=1}^{n} \Delta t_i + (M-1)\Delta t_j$,其中 Δt_j 为时间最长的那一段的执行时间。

本题中,$\Delta t_j = 3\Delta t$,$\sum_{i=1}^{n} \Delta t_i = \Delta t + 3\Delta t + \Delta t + 2\Delta t + \Delta t = 8\Delta t$。

该流水线完成时间 $= \sum_{i=1}^{n} \Delta t_i + (M-1)\Delta t_j = 8\Delta t + 3(n-1)\Delta t$。

吞吐率:单位时间内流水线处理指令数。所以,本题的吞吐率=指令数/流水线完成时间

$= \dfrac{n}{8\Delta t + 3(n-1)\Delta t}$。这个知识点还会考到流水线周期、效率、加速比等的计算,因此要一并掌握。

■ **参考答案** (7) B

【**考核方式5**】 考核内存结构和寻址方式。

● 计算机中主存储器主要由存储体、控制线路、地址寄存器、数据寄存器和___(8)___组成。

  (8) A.地址译码电路　　　　　　　　B.地址和数据总线
    C.微操作形成部件　　　　　　　　D.指令译码器

■ **试题分析** 存储器中除了基本的存储体和控制线路之外,一个非常重要的内容就是如何将地址转换成对应的存储单元内的地址,因此地址译码电路尤其重要。

■ **参考答案** (8) A

● 把一部分磁盘空间充当内存使用,避免执行的程序很大或很多导致内存消耗殆尽,该技术被称为___(9)___。

  (9) A.虚拟内存　　　B.动态存储　　　C.分级存储　　　D.高速缓存

■ **试题分析** 虚拟内存是计算机系统内存管理的一种常用技术,它通过硬件和操作系统的协作,为每个进程提供一个独立的、连续的虚拟地址空间。虚拟内存的核心目的是解决物理内存不足的问题。其主要优点如下:

1)支持大程序运行:即使物理内存有限,程序也可以使用比物理内存更大的虚拟内存空间。
2)提高内存利用率:通过将不常用的数据转移到磁盘,释放物理内存供其他程序使用。
3)简化编程:程序员只需关注虚拟地址空间,无须担心物理内存的分配和碎片问题。
4)进程隔离:每个进程的虚拟地址空间独立,避免进程之间的内存冲突。

■ **参考答案** (9) A

● 在指令系统的各种寻址方式中,获取操作数最快的方式是___(10)___。

  (10) A.直接寻址　　　B.间接寻址　　　C.立即寻址　　　D.寄存器寻址

■ **试题分析** 立即寻址执行速度最快,因为这种寻址方式取指令时操作数也一起取出,不需要再次取操作数,所以执行速度最快。

■ **参考答案** (10) C

● 内存单元按字节编址,地址 0000A000H-0000BFFFH 共有___(11)___个存储单元。

  (11) A.8192K　　　B.1024K　　　C.13K　　　D.8K

■ **试题分析** 此种类型的内存大小的计算问题可以套用简单的公式：最高位地址=最低位地址+1。本题中，M=0000BFFFH-0000A000H+1=1FFFFH+1=2000H，化为十进制为8192，再化为K，即 8192/1024=8K。这种计算公式虽然简单，但是计算量不小。为了更快速地计算，可以采用下面的公式：

$$M=[(末地址-首地址)_{转化为十进制}+1]×4K$$

其中，4K 对应的是末地址中最后几位数是 FFFH 的情况。因此这道题就变成了 M=[(0000B-0000A)$_{转化为十进制}$+1]×4K=(1+1)×4K=8K。若末地址中最后几位数是FFH，则公式中的4K就变成1/4K；若是FFFFH，则公式中的4K就变为64K。如2016年上半年考试中的第1题：按字节内存编址，从A1000H到B13FFH区域的存储容量为（ ）KB。因为末地址的最后几位中可以找到FFH，因此可以代入公式 M=[(B13-A10)$_{转化为十进制}$+1]×1/4K=[(103)$_{转化为十进制}$+1]×1/4K=[259+1]×1/4K=65K。

另外要注意，某些题目中可能直接给出地址线总数，求这种存储器的容量，实际考查的点就是这个内存地址计算，如某存储器芯片有 12 根地址线，8 根数据线，其存储容量为多少？实际上就是 12 根地址线对应的地址从 000 到 FFF 的所有可能组合。M=[(F-0)$_{转化为十进制}$+1]×1/4K=4K。类似的还有 32 位操作系统理论上支持的最大内存空间容量为多少。

■ **参考答案** （11）D

【考核方式6】 考核高速缓存与虚拟存储器的基本概念。

● ___（12）___ 是指按内容访问的存储器。

（12）A．虚拟存储器 　　　　　　　B．相联存储器
　　　C．高速缓存（Cache）　　　　　D．随机访问存储器

■ **试题分析** 按内容访问的存储器是相联存储器。

■ **参考答案** （12）B

【考核方式7】 考核总线与中断等输入/输出控制方法。

● 在输入/输出控制方法中，采用 ___（13）___ 可以使得设备与主存间的数据块传送无须 CPU 干预。

（13）A．程序控制输入/输出　　　　B．中断
　　　C．DMA　　　　　　　　　　D．总线控制

■ **试题分析** 主机和外设进行信息交换可以分为：程序控制输入/输出、中断控制、直接内存存取（Direct Memory Access，DMA）、输入/输出通道方式和 I/O 处理机等五种方式，具体见表1-1。

表1-1 五种信息交换方式

方式	定义	特点
程序控制输入/输出	计算机程序完全控制 CPU 和外部设备间的数据传输。I/O 发生时，CPU 暂停主程序，处理 I/O 指令，进行数据传送	经济、简单、占用少量硬件，适用于较低速率外设
中断控制	外设数据准备就绪时，"主动"向 CPU 发出中断请求（即 CPU 暂时中断目前的工作而进行数据交换）。当中断服务结束后，CPU 重新执行原程序	适用于随机出现的服务

续表

方式	定义	特点
直接内存存取（DMA）	DMA 控制器从 CPU 中完全接管对总线的控制，数据交换不经过 CPU，而直接在内存储器和 I/O 设备之间进行	完全硬件执行 I/O 交换。用于高速地传送成组的数据
输入/输出通道方式	通道是一个特殊处理器，有自己的指令和程序专门负责数据输入/输出的传输控制，CPU 无须"传输控制"，只负责"数据处理"	通道与 CPU 分时使用内存，实现了 CPU 内部运算与 I/O 设备的并行工作
I/O 处理机	通道方式的进一步发展，结构更接近一般处理机，甚至就是微型计算机	这种系统已变成分布式的多机系统

- ■ 参考答案 （13）C
- CPU 响应 DMA 请求是在___（14）___结束时。
  （14）A．一条指令执行　B．一段程序　　C．一个时钟周期　D．一个总线周期
  ■ 试题分析　总线周期通常指的是 CPU 完成一次访问内存或 I/O 端口操作所需要的时间。CPU 响应 DMA 请求时，只能是在完成某次 I/O 操作之后。
  ■ 参考答案 （14）D

知识点：计算机软件

知识点综述

计算机软件系统部分涉及的知识点主要有：操作系统中基本的文件和设备管理、进程管理、软件开发、计算机中数的表示和运算等几个部分。本知识点的体系图谱如图 1-4 所示。

图 1-4　计算机软件知识体系图谱

参考题型

【考核方式1】 考核操作系统的基本概念。

- 操作系统是裸机上的第一层软件,其他系统软件(如汇编程序、编译程序等)和应用软件都是建立在操作系统基础上的。它们之间的关系如图1-5所示,图中的①、②、③分别表示_____(1)_____。

图1-5 操作系统与其他软件的关系

(1) A. 应用软件开发者、最终用户和系统软件开发者
B. 应用软件开发者、系统软件开发者和最终用户
C. 最终用户、系统软件开发者和应用软件开发者
D. 最终用户、应用软件开发者和系统软件开发者

■ **试题分析** 属于应用软件的有财务软件、汽车防盗程序、办公管理软件、气象预报软件等。而操作系统的地位示意图如图1-6所示。

图1-6 操作系统在计算机系统中的地位示意图

■ **参考答案** (1) D

- 操作系统中的Shell属于_____(2)_____。

(2) A. 内核　　　　B. 设备驱动程序　　C. 用户接口　　　　D. 文件系统

■ **试题分析** Shell是操作系统的用户界面层,作为用户与内核(Kernel)之间的桥梁或者接口,主要实现以下功能:

1)命令解析,将用户输入的命令转换为内核可识别的系统调用。
2)结果反馈,将内核执行结果以可读形式返回给用户。

■ **参考答案** (2) C

【考核方式2】 考核文件与设备管理。
- 若某文件系统的目录结构如图 1-7 所示，假设用户要访问文件 f1.java，且当前工作目录为 Program，则该文件的全文件名为___(3)___，其相对路径为___(4)___。

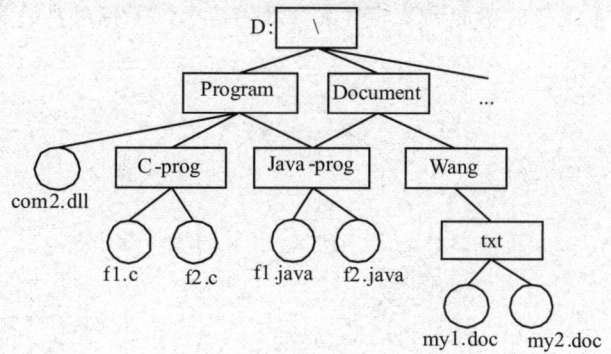

图 1-7 某文件系统的目录结构

（3）A．f1.java B．\Document\Java-prog\f1.java
　　 C．D:\Program\Java-prog\f1.java D．\Program\Java-prog\f1.java
（4）A．Java-prog\ B．\Java-prog\
　　 C．Program\Java-prog D．\Program\Java-prog

■ 试题分析　该文件的全文件名（即绝对路径）为 D:\Program\Java-prog\f1.java，其相对（Program 目录）的路径为 Java-prog\。

■ 参考答案　（3）C　（4）A

【考核方式3】 考核进程的基本概念和同步互斥等操作。
- 假设系统中进程的三态模型如图 1-8 所示，图中的 a、b 和 c 的状态分别为___(5)___。

图 1-8 三态模型

（5）A．就绪、运行、阻塞 B．运行、阻塞、就绪
　　 C．就绪、阻塞、运行 D．阻塞、就绪、运行

■ 试题分析　进程有就绪、运行、阻塞三种基本状态，各状态可以相互转换。

1）调度程序的调度可以将就绪状态的进程转入运行状态。

2）当运行的进程由于分配的时间片用完了，便可以转入就绪状态；当进程中正在等待的事件发生时，进程将从阻塞到就绪状态，如 I/O 完成。

3）进程从运行到阻塞状态通常是由于进程释放 CPU、等待系统分配资源或等待某些事件的发生，如执行了 P 操作、系统暂时不能满足其对某资源的请求、等待用户的输入信息等。

进程状态图如图 1-9 所示。

图 1-9 进程状态图

■ **参考答案** （5）C

- 设系统中有 R 类资源 m 个，现有 n 个进程互斥使用。若每个进程对 R 资源的最大需求为 w，那么当 m、n、w 取表 1-2 中的值时，对于表中的 a～e 五种情况，____（6）____两种情况可能会发生死锁。对于这两种情况，若将____（7）____，则不会发生死锁。

表 1-2 进程资源需求表

	a	b	c	d	e
m	2	2	2	4	4
n	1	2	2	3	3
w	2	1	2	2	3

（6）A. a 和 b　　　　　　B. b 和 c　　　　　　C. c 和 d　　　　　　D. c 和 e

（7）A. n 加 1 或 w 加 1　　　　　　B. m 加 1 或 w 减 1

C. m 减 1 或 w 加 1　　　　　　D. m 减 1 或 w 减 1

■ **试题分析**

a 情况：$n=1$，表示系统只有 1 个进程，不存在死锁的情况。

b 情况：$m=2$，$n=2$，$w=1$，表示系统有 2 个资源、2 个进程，每个进程最多占用 1 个资源，所以不会发生死锁。

d 情况：$m=4$，$n=3$，$w=2$，表示系统中有 4 个资源、3 个进程，并且每个进程最多可以占用 2 个资源。因此，若每个进程都分配了 1 个资源，则还剩余 1 个资源可进行分配，使得其中的某个进程可以继续运行完并释放资源，因此不会发生死锁。

根据表 1-2 中的数据可以知道，c 和 e 均可能出现死锁，因此总资源（m）减少或者各进程占用资源（w）增加，都可能提高死锁的频率。

c 情况，m 加 1：则 m=3，n=2，w=2，系统中有 3 个资源、2 个进程，每个进程最多占用 2 个资源。则系统出现 2 个进程各占 1 个资源的情况，也仍有 1 个资源可以分配，保证系统不死锁。

c 情况，w 减 1：m=2，n=2，w=1，则每个进程占用 1 个资源，进程可以运行完，不会出现死锁。

e 情况的分析可以参考 c 情况。

■ **参考答案** （6）D （7）B

【考核方式 4】 考核软件开发基本概念。

- 软件设计时需要遵循抽象、模块化、信息隐蔽和模块独立原则。在划分软件系统模块时，应尽量做到___（8）___。
  - （8）A．高内聚、高耦合   B．高内聚、低耦合
  - C．低内聚、高耦合   D．低内聚、低耦合

■ **试题分析** 软件设计时需要遵循抽象、模块化、信息隐蔽和模块独立原则。在划分软件系统模块时，应尽量做到高内聚、低耦合。

■ **参考答案** （8）B

【考核方式 5】 考核软件测试技术。

- 一个项目为了修正一个错误而进行了变更。这个错误被修正后，却引起以前可以正确运行的代码出错。___（9）___最可能发现这一问题。
  - （9）A．单元测试   B．接受测试   C．回归测试   D．安装测试

■ **试题分析** 回归测试是指在发生修改之后重新测试先前的测试以保证修改的正确性。理论上，软件产生新版本，都需要进行回归测试，验证以前发现和修复的错误是否在新版本上再次出现。软件测试部分考试的知识点较多，因此需要了解一些软件测试基本知识。

软件的测试根据在软件开发过程中所处的阶段和作用进行，动态测试可分为：单元测试、集成测试、系统测试、验收测试、回归测试。

1）单元测试。单元测试是对软件中的基本组成单位进行的测试，如一个模块、一个过程等，是最微小规模的测试。它是软件动态测试的最基本的部分，测试时需要知道内部程序设计和编码的细节知识。

2）集成测试。集成测试是指一个应用系统的各个部件的联合测试，以决定其能否在一起共同工作且没有冲突。一般集成测试以前，单元测试已经完成。

3）系统测试。系统测试的对象不仅仅包括需要测试的产品系统的软件，还要包含软件所依赖的硬件、外设，甚至包括某些数据、某些支持软件及其接口等。因此，必须将系统中的软件与各种依赖的资源结合起来，在系统实际运行环境下进行测试。

4）验收测试。验收测试是指系统开发生命周期方法的一个重要阶段，也是部署软件之前的最后一个测试操作。测试目的就是确保软件准备就绪，并且可以让最终用户能执行该软件的既定功能和任务。验收测试的一般策略有以下几种：正式验收、非正式验收、α 测试、β 测试。

a. 正式验收。正式验收测试是一个管理严格的过程，它通常是系统测试的延续。正式验收测试一般是由开发组织与最终用户组织的代表一起执行的，也有一些完全由最终用户组织执行。

b. 非正式验收。在非正式验收测试中，执行测试过程的限制不如正式验收测试中那样严格。测试过程中，主要是确定并记录要研究的功能和业务任务，但没有可以遵循的特定测试用例。

c. α测试（Alpha Testing）。又称Alpha测试，是由用户在开发环境下进行的测试，也可以是公司内部的用户在模拟实际操作环境下进行的受控测试，Alpha测试不能由该系统的程序员或测试员完成。在系统开发接近完成时，对应用系统测试。测试后，仍然会有少量的设计变更。

d. β测试（Beta Testing）。又称Beta测试、用户验收测试。β测试是软件的多个用户在一个或多个用户的实际使用环境下进行的测试。开发者通常不在测试现场，Beta 测试不能由程序员或测试员完成。

5）回归测试。回归测试是指在发生修改之后，重新测试先前的测试以保证修改的正确性。因为修正某缺陷时必须更改源代码，因而就有可能影响这部分源代码所控制的功能。所以在验证修好的缺陷时，不仅要服从原来出现缺陷时的步骤重新测试，而且还要测试有可能受影响的所有功能。

此外，考生还需要掌握白盒测试和黑盒测试的概念。

a. 白盒测试（White Box Testing）。又称结构测试或者逻辑驱动测试，它是把测试对象看作一个能打开、可以看见内部结构的盒子。利用白盒测试法对软件进行动态测试时，主要是测试软件产品的内部结构和处理过程，而不关注软件产品的功能。

b. 黑盒测试（Black Box Testing）。又称功能测试或者数据驱动测试，是根据软件的规格进行的测试，这类测试把软件看作一个不能打开的盒子，因此不考虑软件内部的运作原理。

■ **参考答案** （9）C

【考核方式6】 考核软件开发模型的特点和应用环境。

● 假设某软件公司与客户签订合同开发一个软件系统，系统的功能有较清晰定义，且客户对交付时间有严格要求，则该系统的开发最适宜采用___（10）___。

（10）A. 瀑布模型　　　B. 原型模型　　　C. V模型　　　D. 螺旋模型

■ **试题分析** 瀑布模型是最早出现的软件开发模型，它提供了软件开发的基本框架。其过程是从上一项活动接收该项活动的工作对象作为输入，利用这一输入实施该项活动应完成的内容，给出该项活动的工作成果，并作为输出传给下一项活动。同时评审该项活动的实施，若确认，则继续下一项活动；否则返回前面，甚至更前面的活动。主要适用于功能定义清晰、时间要求严格的项目。对于经常变化的项目而言，瀑布模型则无能为力。

■ **参考答案** （10）A

[辅导专家提示] 常见的软件开发模型及其基本特点是考试中一个考查得比较多的内容，因此考生必须要对基本的软件开发模型和应用环境有一个清楚的认识。另外，近几年考得比较多的一个概念就是敏捷开发，也要特别注意。考试中也偶尔考到UML的几种常见图的作用和概念等。可以在复习这个知识点的时候适当了解相关概念。

【考核方式7】 考核程序设计的基本概念。

● 程序的三种基本控制结构是___（11）___。

（11）A. 过程、子程序和分程序　　　　B. 顺序、选择和重复
　　　　C. 递归、堆栈和队列　　　　　　D. 调用、返回和跳转

计算机基础知识 第 1 章

- **试题分析**　程序的三种基本控制结构是顺序结构、选择结构和重复结构（循环结构）。
- **参考答案**　（11）B

【考核方式8】　考核数的表示和计算。

- 计算机中常采用原码、反码、补码和移码表示数据，其中，±0 编码相同的是＿＿（12）＿＿。

　　（12）A. 原码和补码　　　　　　　　　　B. 反码和补码
　　　　　C. 补码和移码　　　　　　　　　　D. 原码和移码

- **试题分析**　机器字长为 n 的数据表示方式如图 1-10 所示。

符号位	数值绝对值
1位	$n-1$位

图 1-10　数据表示方式

设定 n 为 8 时，±0 编码的原码、反码、补码表示如下：

原码：

[+0]$_原$=0 0000000，　[-0]$_原$=1 0000000

反码：

[+0]$_反$=0 0000000，[-0]$_反$=1 1111111

补码：

[+0]$_补$=0 0000000，[-0]$_补$=0 0000000

移码（又称为增码或偏码）常用于表示浮点数中的阶码。移码=真值 X+常数，该常数又称偏置值，相当于 X 在数轴上向正向偏移了若干单位，这就是"移"一词的由来。即对字长为 n 的计算机，若最高位为符号位，数值为 $n-1$ 位。当偏移量取 2^{n-1} 时，其真值 X 对应的移码的表示公式为：

$$[X]_移 = 2^{n-1} + x \quad (-2^{n-1} \leq X < 2^{n-1})$$

可以知道 $[X]_移$ 可由 $[X]_补$ 求得，方法是把 $[X]_补$ 的符号位求反，即可得到 $[X]_移$。移码和真值的映射图如图 1-11 所示。

图 1-11　移码和真值的映射图

移码的特点：

1）移码的最高位为 0 表示负数，最高位为 1 表示正数，这与原码、补码及反码的符号位取值正好相反。

2）移码为全 0 时，它对应的真值最小；为全 1 时，它对应的真值最大。

3）真值 0 的移码表示是唯一的，即 [+0]移=[-0]移=10000。

4）同一数值的移码和补码，除最高位相反外，其他各位相同。

网络工程师考试中，特别喜欢考一些特殊数字的补码表示形式或者 N 比特长的补码所表示数的范围。因此，在复习的时候，要记住一些特殊数字的补码表示及表示的范围。

■ **参考答案** （12）C

- 某机器字长为 n 位的二进制可以用补码来表示____（13）____个不同的有符号定点小数。

（13）A. 2^n　　　　B. 2^{n-1}　　　　C. 2^n-1　　　　D. $2^{n-1}+1$

■ **试题分析** 这道题问的是用补码表示的有符号定点小数的个数。由于符号位不同，表示的数也不相同，因此 n 位的补码，可以表示 2^n 个不同的数。

■ **参考答案** （13）A

知识点：项目管理

知识点综述

项目管理中的关键路径计算和项目估算在每次考试中都会考到 1~2 分，主要考查项目管理中的典型问题，如进度管理、风险管理、合同管理、成本管理等的基本概念。项目管理的知识点体系图谱如图 1-12 所示。

图 1-12　项目管理知识体系图谱

参考题型

【考核方式 1】 考核项目计划中关键路径的计算。

- 图 1-13 是一个软件项目的活动图，其中顶点表示项目里程碑，连接顶点的边表示包含的活动，边上的值表示完成活动所需要的时间，则关键路径长度为____（1）____。

图 1-13 项目活动图

（1）A. 20　　　　　B. 19　　　　　C. 17　　　　　D. 16

■ 试题分析　路径 A→B→D→I→J→L（长度为 3+5+2+2+8=20）为最长路径，即为关键路径。这里要强调一点，虽然我们找关键路径是所有路径中最长的那一条，但在实际考试中，通常会问完成这个项目的最短工期是多少？这个最短工期实际上就是关键路径的长度，也就是最长的那一条路径。这个概念要特别注意。

■ 参考答案　（1）A

【考核方式2】　考核项目计划中某任务的最早开始时间、最晚开始时间、完工时间。

- 进度安排的常用图形描述方法有 Gantt 图和 PERT 图。Gantt 图不能清晰地描述　(2)　；PERT 图可以给出哪些任务完成后才能开始另一些任务。图 1-14 所示的 PERT 图中，事件 6 的最晚开始时刻是　(3)　。

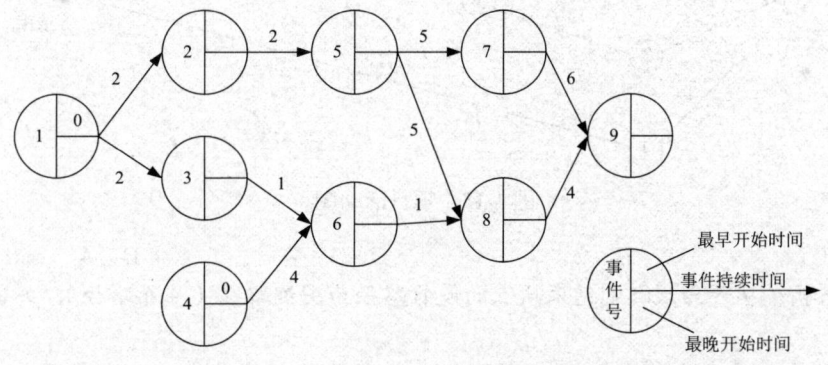

图 1-14　PERT 图

（2）A. 每个任务从何时开始　　　　　B. 每个任务到何时结束
　　　C. 每个任务的进展情况　　　　　D. 各任务之间的依赖关系
（3）A. 0　　　　　B. 3　　　　　C. 10　　　　　D. 11

■ 试题分析　安排进度的主要方法有 Gantt（甘特）图和 PERT 图两种。

1）Gantt 图。Gantt 图用水平条状图描述，它以日历为基准描述项目任务。

优点：直观表示各任务计划进度、当前进度。

缺点：不能清晰描述各任务间的关系，不能体现关键任务。

2）PERT图。PERT图是一种类似流程图的箭线图。它描绘出项目包含的各种活动的先后次序，标明每项活动的时间或相关的成本。

优点：可以进行有效事前控制；业务流程直观；体现关键任务。

缺点：前提是工作过程要能划分多个相对独立的活动；对工作过程和任务有准确描述；对事件时间的耗用是基于经验的判断，但是当事件是首次执行、没有经验参考时，经过判断得出的时间显然是不科学的。

路径 1→2→5→7→9 总时间为 15，路径 1→2→5→8→9 总时间是 13，路径 1→3→6→8→9 总时间是 8，路径 4→6→8→9 总时间为 9。关键路径即最长路径为 1→2→5→7→9。任务 6、8 均不在关键路径上，任务 9 最晚开始时间为 15；反推，任务 8 最晚开始时间为 11；再反推，任务 6 最晚开始时间为 10。

■ **参考答案** （2）D （3）C

【考核方式 3】 考核计算某个里程碑是否在关键路径上。

- 图 1-15 是一个软件项目的活动图，其中顶点表示项目里程碑，边表示包含的活动，边上的权重表示活动的持续时间，则里程碑 ___(4)___ 在关键路径上。

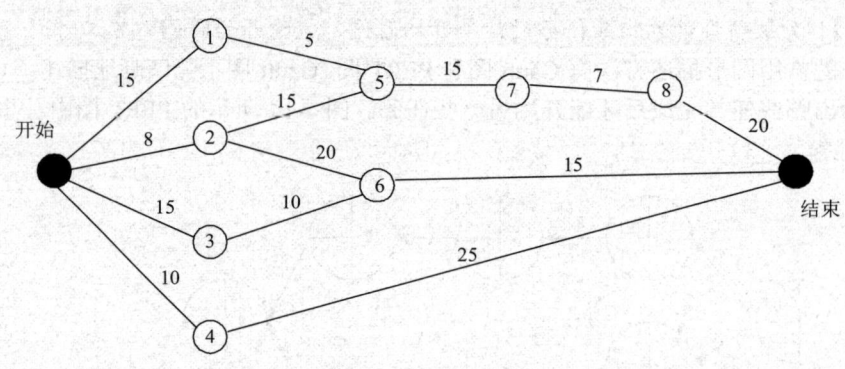

图 1-15 项目活动图

（4）A．1 B．2 C．3 D．4

■ **试题分析** 从开始顶点到结束顶点的最长路径为关键路径（临界路径），关键路径上的活动为关键活动。

在本题中找出的最长路径是开始→2→5→7→8→结束，其长度为 8+15+15+7+20=65，而其他任何路径的长度都比这条路径小，因此我们可以知道里程碑 2 在关键路径上。

■ **参考答案** （4）B

【考核方式 4】 考核对项目的其他管理。

- 为项目过程中可能存在的各类风险制订处理预案，属于___(5)___。

（5）A．风险管理规划 B．风险量化 C．风险监控 D．风险识别

■ **试题分析** 风险管理是项目管理的重要环节，通常包括以下过程：

1）风险识别：主要是发现潜在的风险因素。通过问卷调查、财务报表分析、相关数据和文件审查等方法，识别出可能对组织目标产生负面影响的风险。

2）风险评估：在风险识别之后，需要对识别出的风险进行量化分析，评估其对企业可能造成的影响。这包括使用概率和数理统计方法计算风险发生的频率和损害程度，以确定风险的优先级和应对措施。

3）风险控制：根据风险评估的结果，制订相应的风险应对策略，采取措施来降低风险的发生概率和损失程度。这可能包括风险转移、规避、抑制等方法。

4）风险监控：最后一步是持续跟踪风险的变化，及时调整风险管理策略。监控内容包括目标的实现过程、关注新的风险和相关损失、确保风险管理措施的有效实施。

因此对于事先做好相应工作的预案，属于风险管理规划。

■ 参考答案　（5）A

● 下列网络工程项目需求管理应遵循的原则中，不正确的是　（6）　。

（6）A. 需求要有文档记录　　　　　　B. 需求要分优先级
　　　C. 需求变更不需评估　　　　　　D. 需求要分类管理

■ 试题分析　在网络工程项目中，需求管理是一个至关重要的环节。有效的需求管理应遵循以下原则：

需求要有文档记录：确保需求的正确性、最新性、可管理性和可理解性。

需求要分优先级：根据需求的重要性和紧急性进行分类管理。

需求要分类管理：根据需求的性质、来源和重要性进行分类管理。

需求变更需要评估：需求一旦发生变化，必须对变更的影响进行评估，并走正式的变更流程。

■ 参考答案　（6）C

知识点：知识产权与法律法规

知识点综述

知识产权的考查每次分值比较固定，每次考试都会有1~2分，绝大部分是考查软件著作权的知识，自2024年起，逐步开始考一些法律法规和行业新技术的相关概念，本知识点的体系图谱如图1-16所示。

图1-16　知识产权知识体系图谱

参考题型

【考核方式1】 考核著作权的相关时间概念。

- 关于软件著作权产生的时间，表述正确的是　(1)　。

　　(1) A. 自作品首次公开发表时

　　　　B. 自作者有创作意图时

　　　　C. 自作品得到国家著作权行政管理部门认可时

　　　　D. 自作品完成创作之日

　　■ **试题分析**　《计算机软件保护条例》第十四条："软件著作权自软件开发完成之日起产生。自然人的软件著作权，保护期为自然人终生及其死亡后50年，截止于自然人死亡后第50年的12月31日；软件是合作开发的，截止于最后死亡的自然人死亡后第50年的12月31日。法人或者其他组织的软件著作权，保护期为50年，截止于软件首次发表后第50年的12月31日，但软件自开发完成之日起50年内未发表的，本条例不再保护。"

　　■ **参考答案**　(1) D

【考核方式2】 考核著作权的许可。

- 软件权利人与被许可方签订一份软件使用许可合同。若在该合同约定的时间和地域范围内，软件权利人不得再许可任何第三人以相同的方法使用该项软件，但软件权利人可以自己使用，则该项许可使用是　(2)　。

　　(2) A. 独家许可使用　　B. 独占许可使用　　C. 普通许可使用　　D. 部分许可使用

　　■ **试题分析**　1) 普通许可。普通许可软件使用权转让给受让方后，转让方仍保有使用这一软件的权利，同时不排斥其继续以同样条件在同一区域转让给他人。

　　2) 独家许可。独家许可软件使用权转让给受让方后，转让方不得将软件授权给第三方，但是自己还可以使用该软件。

　　3) 独占许可。独占许可软件使用权转让给受让方后，转让方不得将软件授权给第三方，自己也不能使用。

　　■ **参考答案**　(2) A

【考核方式3】 考核职务开发的著作权归属。

- 某软件公司参与开发管理系统软件的程序员张某，辞职到另一公司任职，于是该项目负责人将该管理系统软件上开发者的署名更改为李某（接张某工作），该项目负责人的行为　(3)　。

　　(3) A. 侵犯了张某开发者身份权（署名权）

　　　　B. 不构成侵权，因为程序员张某不是软件著作权人

　　　　C. 只是行使管理者的权力，不构成侵权

　　　　D. 不构成侵权，因为程序员张某已不是项目组成员

　　■ **试题分析**　虽然这是职务作品，软件的著作权人是该软件公司，但是软件著作权中，除了署名权特别之外，其余的软件著作权都属于著作权人。

　　■ **参考答案**　(3) A

【考核方式4】 考核法律法规的一些基本概念。

- 在科研项目中因研究需要，须___(4)___才能收集个人生物识别信息（如指纹等）。

    (4) A. 经学校信息化部门批准　　　　　　B. 向公安部门备案

    　　C. 取得本人的书面同意　　　　　　　D. 向省级教育部门备案

    ■ 试题分析　本题考查的是《中华人民共和国个人信息保护法》的相关条款。

    - 敏感信息定义：根据《中华人民共和国个人信息保护法》第二十八条，敏感个人信息是一旦泄露或者非法使用，容易导致自然人的人格尊严受到侵害或者人身、财产安全受到危害的个人信息，包括生物识别、宗教信仰、特定身份、医疗健康、金融账户、行踪轨迹等信息，以及不满十四周岁未成年人的个人信息。
    - 处理原则：必要性原则——仅限"具有特定目的和充分的必要性"的情形下可处理敏感信息。
    - 单独同意：需向个人告知处理目的、方式及范围，并取得单独同意（法律、行政法规规定的豁免情形除外）。

    ■ 参考答案　(4) C

【考核方式5】 考核行业新技术的一些基本概念。

- 在量子通信领域，为了实现信息的绝对安全传输，通常采用___(5)___。

    (5) A. 经典电磁波，通过光纤传输

    　　B. 量子隐形状态，无须物理介质，通过量子纠缠实现

    　　C. 纠缠态量子比特，通过自由空间（如大气层）传输

    　　D. 单个光子，通过超低损耗的单模光纤传输

    ■ 试题分析　单个光子通过超低损耗的单模光纤传输是量子密钥分发中最常用的技术。单个光子作为量子信息的载体，通过光纤传输，利用量子态的不可克隆性和测量塌缩特性，确保密钥分发的绝对安全性。

    超低损耗的单模光纤可以有效延长传输距离，是目前量子通信的主流实现方式。

    ■ 参考答案　(5) D

课堂练习

- 在CPU中，___(1)___不仅要保证指令的正确执行，还要能够处理异常事件。

    (1) A. 运算器　　　　　　　　　　　　　B. 控制器

    　　C. 寄存器组　　　　　　　　　　　　D. 内部总线

- 在CPU中用于跟踪指令地址的寄存器是___(2)___。

    (2) A. 地址寄存器（MAR）　　　　　　　B. 数据寄存器（MDR）

    　　C. 程序计数器（PC）　　　　　　　　D. 指令寄存器（IR）

- 相联存储器按___(3)___访问。

    (3) A. 地址　　　　　　　　　　　　　　B. 先入后出的方式

    　　C. 内容　　　　　　　　　　　　　　D. 先入先出的方式

- 以下关于 Cache 的叙述中，正确的是___(4)___。

  (4) A. 在容量确定的情况下，替换算法的时间复杂度是影响 Cache 命中率的关键因素

  B. Cache 的设计思想是在合理成本下提高命中率

  C. Cache 的设计目标是容量尽可能与主存容量相等

  D. CPU 中的 Cache 容量应大于 CPU 之外的 Cache 容量

- 在程序的执行过程中，Cache 与主存的地址映像由___(5)___。

  (5) A. 专门的硬件自动完成　　　　　B. 程序员进行调度

  　C. 操作系统进行管理　　　　　　D. 程序员和操作系统共同协调完成

- 总线复用方式可以___(6)___。

  (6) A. 提高总线的传输带宽　　　　　B. 增加总线的功能

  　C. 减少总线中信号线的数量　　　D. 提高 CPU 利用率

- 在 5G 网络架构中，网络切片的主要优势是___(7)___。

  (7) A. 扩大信号范围　　　　　　　　B. 降低设备成本

  　C. 为不同应用提供定制化服务　　D. 提高用户入网时的认证速度

- 当采用数据流图对一个图书馆管理系统进行分析时，___(8)___是一个外部实体。

  (8) A. 读者　　　　B. 图书　　　　C. 借书证　　　　D. 借阅

- 利用结构化分析模型进行接口设计时，应以___(9)___为依据。

  (9) A. 数据流图　　　　　　　　　　B. 实体关系图

  　C. 数据字典　　　　　　　　　　D. 状态迁移图

- 数据流图（DFD）对系统的功能和功能之间的数据流进行建模，其中顶层数据流图描述了系统的___(10)___。

  (10) A. 处理过程　　B. 输入与输出　　C. 数据存储　　D. 数据实体

- 确定软件的模块划分及模块之间的调用关系是___(11)___阶段的任务。

  (11) A. 需求分析　　B. 概要设计　　C. 详细设计　　D. 编码

- 下列关于风险的叙述，不正确的是___(12)___。

  (12) A. 风险是可能发生的事件

  B. 风险是一定会发生的事件

  C. 风险是会带来损失的事件

  D. 风险是可能对其进行干预，以减少损失的事件

- 下列关于项目估算方法的叙述，不正确的是___(13)___。

  (13) A. 专家判断法受到专家经验和主观性影响

  B. 启发式法（如 COCOMO 模型）的参数难以确定

  C. 机器学习法难以描述训练数据的特征和确定其相似性

  D. 结合上述三种方法可以得到精确的估算结果

- 使用白盒测试方法时，确定测试用例应根据___(14)___和指定的覆盖标准。

  (14) A. 程序的内部逻辑　　　　　　　B. 程序结构的复杂性

  　C. 使用说明书　　　　　　　　　D. 程序的功能

- 某项目组拟开发一个大规模系统,且具备了相关领域及类似规模系统的开发经验。下列过程模型中,___(15)___最合适开发此项目。

  (15) A. 原型模型　　　　B. 瀑布模型　　　　C. V模型　　　　D. 螺旋模型

- 栈是一种按"后进先出"原则进行插入和删除操作的数据结构,因此,___(16)___必须用栈。

  (16) A. 函数或过程进行递归调用及返回处理

  　　　B. 将一个元素序列进行逆置

  　　　C. 链表节点的申请和释放

  　　　D. 可执行程序的装入和卸载

- 以下关于数的定点表示和浮点表示的叙述中,不正确的是___(17)___。

  (17) A. 定点表示法表示的数(称为定点数)常分为定点整数和定点小数

  　　　B. 定点表示法中,小数点需要一个存储位

  　　　C. 浮点表示法用阶码和尾数来表示数,称为浮点数

  　　　D. 在总数相同的情况下,浮点表示法可以表示更大的数

- 若某整数的16位补码为$FFFF_H$(H表示十六进制),则该数的十进制值为___(18)___。

  (18) A. 0　　　　B. -1　　　　C. $2^{16}-1$　　　　D. $-2^{16}+1$

- 若计算机采用8位整数补码表示数据,则___(19)___运算将产生溢出。

  (19) A. -127+1　　　B. -127-1　　　C. 127+1　　　D. 127-1

- 某项目主要由A~I任务构成,其计划图(图1-17)展示了各任务之间的前后关系以及每个任务的工期(单位:天),该项目的关键路径是___(20)___。在不延误项目总工期的情况下,任务A最多可以推迟开始的时间是___(21)___天。

  (20) A. A→G→I　　　　　　　　　B. A→D→F→H→I

  　　　C. B→E→G→I　　　　　　　　D. C→F→H→I

  (21) A. 0　　　　B. 2　　　　C. 5　　　　D. 7

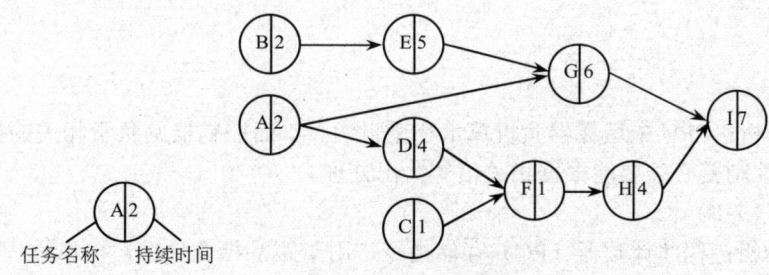

图1-17　某项目计划图

- 利用___(22)___可以对软件的技术信息、经营信息提供保护。

  (22) A. 著作权　　　　　　　　　　B. 专利权

  　　　C. 商业秘密权　　　　　　　　D. 商标权

- 在NFV(网络功能虚拟化)环境中,___(23)___负责执行虚拟化的网络功能。

  (23) A. VNF　　　B. VNFM　　　C. MANO　　　D. VNFI

- 软件设计师王某在其公司的某一综合信息管理系统软件开发工作中承担了大部分程序设计工作。该系统交付用户，投入试运行后，王某辞职离开公司，并带走了该综合信息管理系统的源程序，拒不交还公司。王某认为，综合信息管理系统源程序是他独立完成的，他是综合信息管理系统源程序的软件著作权人。王某的行为＿＿（24）＿＿。

    (24) A．侵犯了公司的软件著作权　　　　B．未侵犯公司的软件著作权
　　　　C．侵犯了公司的商业秘密权　　　　D．不涉及侵犯公司的软件著作权

- 在引用调用方式下进行函数调用，是将＿＿（25）＿＿。

    (25) A．实参的值传递给形参　　　　　　B．实参的地址传递给形参
　　　　C．形参的值传递给实参　　　　　　D．形参的地址传递给实参

- 以下关于结构化开发方法的叙述中，不正确的是＿＿（26）＿＿。

    (26) A．总的指导思想是自顶向下，逐层分解
　　　　B．基本原则是功能的分解与抽象
　　　　C．与面向对象开发方法相比，更适合于大规模，特别复杂的项目
　　　　D．特别适合于数据处理领域的项目

- 根据《中华人民共和国个人信息保护法》，个人信息处理者在＿＿（27）＿＿时不需要事前进行个人信息保护影响评估并对处理情况进行记录。

    (27) A．进行对个人权益有重大影响的个人信息处理活动
　　　　B．向境外提供个人信息
　　　　C．利用匿名化的个人信息进行数据统计
　　　　D．处理敏感个人信息

- 根据《中华人民共和国数据安全法》，国家＿＿（28）＿＿依照本法和有关法律、行政法规的规定，负责统筹协调网络数据安全和相关监管工作。

    (28) A．网信部门　　B．工信部门　　C．公安机关　　D．检察机关

试题分析

试题（1）分析：CPU中运算器负责算术和逻辑运算。而控制器则负责相关的控制，要能保证指令正确执行，控制器必须要能根据相关信号给出处理。

参考答案：(1) B

试题（2）分析：程序计数器（PC）存储指令，用于跟踪指令地址，可以被程序员访问。

指令寄存器（IR）暂存内存取出的指令，不能被程序员访问。

数据寄存器（MDR）和地址寄存器（MAR）暂存内存数据，不能被程序员访问。

参考答案：(2) C

试题（3）分析：相联存储器是指其中任一存储项内容作为地址来存取的存储器。选用来寻址存储器的字段叫作关键字。存放在相联存储器中的项可以看成具有 KEY+DATA 这样的格式，其中 KEY 是地址，DATA 是信息。因此要访问相联存储器实际上就是按照内容来访问的。

参考答案：(3) C

试题（4）分析：不同情况下，不同算法的 Cache 命中率并不相同。Cache 设计思想是基于分级存储的，Cache 存储速度比主存快，但容量一定比主存小。同理，CPU 中的 Cache 容量比 CPU 之外的 Cache 容量要小。

参考答案：（4）B

试题（5）分析：在程序的执行过程中，Cache 与主存的地址映像由专门的硬件自动完成。

参考答案：（5）A

试题（6）分析：总线复用指的是数据和地址在同一个总线上传输的方式。这种方式可以减少总线中信号线的数量。

参考答案：（6）C

试题（7）分析：　网络切片是基于共享物理基础设施构建多个逻辑独立子网的技术，通过虚拟化实现不同业务场景的差异化服务。其核心特性包括：

业务隔离性：每个切片可定义独立拓扑、服务等级协议（Service Level Agreement，SLA）及安全等级。

资源动态分配：根据实时需求调整带宽、时延等参数（如远程手术切片需 1ms 低时延，视频切片需 10Gb/s 高带宽）。

成本优化：避免重复建设专网，降低运营商 CAPEX（资本支出）和 OPEX（运营支出）。

参考答案：（7）C

试题（8）分析：数据流图（Data Flow Diagram，DFD）主要描述功能和变换，用于功能建模，其中外部实体之间不能有联系，并且 DFD 是从一个外部实体开始。

参考答案：（8）A

试题（9）分析：数据流图（DFD）描述数据在系统中如何被传送或变换，以及如何对数据流进行变换的功能（子功能）。结构化分析模型进行接口设计时，应以 DFD 为依据。

实体关系图（E-R 图）提供了表示实体型、属性和联系的方法，用来描述现实世界的概念模型。实体关系图表示在信息系统中概念模型的数据存储。

数据字典是指对数据的数据项、数据结构、数据流、数据存储、处理逻辑、外部实体等进行定义和描述，其目的是对数据流程图中的各个元素作出详细的说明。数据流图是结构化分析模型需求分析阶段得到的结果，描述了系统的功能，在进行接口设计时，应以它为依据。

状态迁移图（State Transition Diagram，STD）描述系统对外部事件如何响应、如何动作。

参考答案：（9）A

试题（10）分析：数据流图（DFD）从数据传递和加工角度，以图形方式来表达系统的逻辑功能、数据在系统内部的逻辑流向和逻辑变换过程，是结构化系统分析方法的主要表达工具及用于表示软件模型的一种图示方法。其中顶层数据流图只需要用一个加工表示整个系统；输出数据流和输入数据流为系统的输入数据和输出数据。中层数据流图是对父层数据流图中某个加工进行细化，而它的某个加工也可以再次细化，形成子图。底层数据流图是指其加工不能再分解的数据流图，其加工成为"原子加工"。

参考答案：（10）B

试题（11）分析：需求分析：对待开发软件提出的需求进行分析并给出详细的定义。编写出软件需求说明书及初步的用户手册，提交管理机构评审。该阶段明确做什么。

概要设计：将软件需求转化为数据结构和软件的系统结构，并建立接口。

详细设计：是在概要设计的基础上更细致的设计，它包括具体的业务对象设计、功能逻辑设计、界面设计等工作。详细设计是系统实现的依据，需要更多地考虑设计细节。

编码：用程序方式编写系统，实现设计。

参考答案：（11）B

试题（12）分析： 风险涉及一个事件发生的可能性，并不确保发生。

参考答案：（12）B

试题（13）分析： 项目估算方法有专家判断法、启发式法和机器学习法。

专家判断法是指向学有专长、见识广博并有相关经验的专家进行咨询，根据他们多年来的实践经验和判断能力对计划项目作出预测的方法。很显然，采用这种方法容易受到专家经验和主观性的影响。

启发式法是使用一套相对简单、通用、有启发性的规则进行估算的方法，它具有参数难以确定、精确度不高等特点。

机器学习法是一种基于人工智能与神经网络技术的估算方法，它难以描述训练数据的特征和确定其相似性。

无论采用哪种估算方法，估算得到的结果都是大概的，而不是精确的。

参考答案：（13）D

试题（14）分析： 白盒测试又称结构测试或者逻辑驱动测试。白盒法全面了解程序内部逻辑结构，对所有逻辑路径进行测试。白盒测试法中对测试的覆盖标准主要有逻辑覆盖、循环覆盖和基本路径测试。

参考答案：（14）A

试题（15）分析： 瀑布模型适合需求明确项目。本题涉及的项目组具备类似系统开发经验，因此适合采用瀑布模型。

参考答案：（15）B

试题（16）分析： 栈是一种按"后进先出"原则进行插入和删除操作的数据结构，因此，"函数或过程进行递归调用及返回处理"的后进先出的特性必须用栈。

参考答案：（16）A

试题（17）分析： 计算机中数的表示主要是定点数和浮点数，其中定点数的表示中，常常用定点整数和定点小数表示，而小数点的位置通常约定一个固定的位置，而不是用一个存储位来表示。

参考答案：（17）B

试题（18）分析： n 位的原码、反码、补码能表示的数据范围如图1-18所示。

在补码表示中，$[+0]_{补}=0\ 000000000000000=[-0]_{补}$。

已知补码求原码的方法为：符号位不变，其他各位取反，再+1。

本题 $FFFF_H$，保留符号位，按位取反，再加1，结果为-1。

参考答案：（18）B

图1-18 n位的原码、反码、补码能表示的数据范围

试题（19）分析：8位补码表示的数据范围为-128~127，因此127+1运算将产生溢出。

参考答案：（19）C

试题（20）（21）分析：关键路径就是计划图中最长的路径，图1-17的关键路径为B→E→G→I，工期为20天。

任务A处于任务流A→G→I和任务流A→D→F→H→I中，持续时间分别为15天和18天，因此任务A的可延迟开始时间为2天。

参考答案：（20）C （21）B

试题（22）分析：《中华人民共和国反不正当竞争法》第十条 经营者不得实施下列侵犯商业秘密的行为：

（一）以盗窃、贿赂、欺诈、胁迫、电子侵入或者其他不正当手段获取权利人的商业秘密；

（二）披露、使用或者允许他人使用以前项手段获取的权利人的商业秘密；

（三）违反保密义务或者违反权利人有关保守商业秘密的要求，披露、使用或者允许他人使用其所掌握的商业秘密；

（四）教唆、引诱、帮助他人违反保密义务或者违反权利人有关保守商业秘密的要求，获取、披露、使用或者允许他人使用权利人的商业秘密。

经营者以外的其他自然人、法人和非法人组织实施前款所列违法行为的，视为侵犯商业秘密。

第三人明知或者应知商业秘密权利人的员工、前员工或者其他单位、个人实施本条第一款所列违法行为，仍获取、披露、使用或者允许他人使用该商业秘密的，视为侵犯商业秘密。

本法所称的商业秘密，是指不为公众所知悉、具有商业价值并经权利人采取相应保密措施的技术信息、经营信息等商业信息。

参考答案：（22）C

试题（23）分析：虚拟化的网络功能（Virtualized Network Function，VNF）的执行由以下组件负责：

1）VNF实例（VNF Instance，VNFI）。VNFI是虚拟化网络功能的具体实现，运行在虚拟化基础设施（如虚拟机或容器）上。它负责执行特定的网络功能（如防火墙、负载均衡、路由等），并处理网络流量。

2）虚拟化基础设施管理器（Virtualized Infrastructure Manager，VIM）。VIM负责管理和分配底层虚拟化资源（如计算、存储和网络资源），以支持VNF的运行，常见的VIM包括OpenStack、

VMware vSphere 等。

3）NFV 编排器（NFV Orchestrator，NFVO）。NFVO 负责协调和管理 VNF 的生命周期，包括 VNF 的部署、扩展、迁移和终止。它与 VIM 和 VNF 管理器（VNFM）协同工作，确保 VNF 能够高效运行。

4）VNF 管理器（VNF Manager，VNFM）。VNFM 负责管理单个或多个 VNF 实例的生命周期操作，如实例化、配置、监控和终止。它与 NFVO 和 VIM 交互，确保 VNF 实例能够正常运行。

5）底层硬件基础设施。包括物理服务器、存储设备和网络设备，这些资源通过虚拟化技术（如虚拟机或容器）被抽象和分配给 VNF 使用。在 NFV 环境中，VNF 实例是直接执行虚拟化网络功能的组件，而 VIM、NFVO 和 VNFM 则负责管理和协调 VNF 的运行环境和生命周期。底层硬件基础设施提供必要的计算、存储和网络资源支持。

参考答案：（23）D

试题（24）分析：本题是一道关于软件著作权中职务开发作品的软件著作权的归属问题，通常的职务开发中，软件著作权归对应的公司或者企业所有。

参考答案：（24）A

试题（25）分析：本题考查的是程序设计中的函数调用传递参数的基本概念，首先掌握形参和实参的基本概念。形参就是函数定义里的各种运算参数。如 int Fun(int a,int b); 这里的 a，b 就是形参。实参是形参被具体赋值之后的值，是参与实际的运算的值。而函数调用通常也有三种形式：传值调用、传址调用和引用调用。传值调用是将实参的值复制给形参，传址调用是将实参的地址传给形参，引用调用类似于传址调用，但是引用调用的初始化不在类型说明时进行，而是在执行主调函数的调用表达式时，为形参分配内存空间，同时用实参来初始化形参。这样引用类型的形参就通过形实结合，成为实参的一个别名，对形参的任何操作也就会直接作用于实参。

参考答案：（25）B

试题（26）分析：结构化开发方法是按用户至上的原则，结构化、模块化、自顶向下地对系统进行分析和设计的方法。结构化开发方法的不足主要是开发周期太长，个性化开发阶段的文档编写工作量过大。通常，结构化开发方法主要适用于组织规模较大、组织结构相对稳定的企业，这些大型企业往往业务处理过程规范、信息系统数据需求非常明确，在一定时期内需求变化不大。

参考答案：（26）C

试题（27）分析：匿名化的个人信息已经去除了识别特定自然人的可能性，因此不需要进行个人信息保护影响评估。

参考答案：（27）C

试题（28）分析：根据《中华人民共和国数据安全法》第六条的规定，国家网信部门依照本法和有关法律、行政法规的规定，负责统筹协调网络数据安全和相关监管工作。

具体来说，国家网信部门的主要职责包括：

统筹协调：负责协调各部门、各地区的网络数据安全工作。

监督管理：对网络数据安全进行监督管理，确保数据安全法律法规的实施。

制定政策：参与制定与数据安全相关的政策和标准。

应急处置：组织应对网络数据安全事件，协调应急处置工作。

参考答案：（28）A

第2章 网络体系结构

知识点图谱与考点分析

网络体系结构在网络工程师考试中的分值大约为 1~3 分。需掌握基本的 OSI 参考模型和 TCP/IP 模型中的基本层次概念和两个模型的比较,其主要知识体系图谱如图 2-1 所示。

图 2-1　网络体系结构知识点体系图谱

在历年考试中,其考查内容集中在选择题部分。

知识点:网络参考模型

知识点综述

本知识点中,主要是了解上下层协议之间的相对关系,其中的封装就是指 OSI/RM 参考模型的许多层使用特定方式描述信道中来回传送的数据。数据从高层向低层传送的过程中,每层都对接收到的原始数据添加信息,通常是附加一个报头和报尾,这个过程称为封装。同时要注意协议数据单元(Protocol Data Unit,PDU)与服务数据单元(Service Data Unit,SDU)之间的关系。PDU 用于对等层次之间传送的数据单位。例如,在数据从会话层传送到传输层的过程中,传输层把数据 PDU 封装在一个传输层数据段中。而 OSI 把层与层之间交换的数据的单位称为 SDU。相邻两层关系如图 2-2 所示。

图 2-2 相邻两层关系

由于参考模型中的每一个层次涉及的概念相对较多，在选择题考试中约占 13～21 分，因此会在后面分章节介绍参考模型中每一层的细节。本知识点图谱如图 2-3 所示。

```
网络参考模型 ── 协议的上下层关系
```

图 2-3 网络参考模型知识体系图谱

参考题型

【**考核方式**】 考核协议的上下层关系，属于识记性知识点。

- ICMP 协议属于 TCP/IP 网络中的___(1)___协议，ICMP 报文封装在___(2)___包中传送。
  - (1) A．数据链路层　　　B．网络层　　　C．传输层　　　D．会话层
  - (2) A．IP　　　　　　　B．TCP　　　　C．UDP　　　　D．PPP

■ **试题分析** Internet 控制报文协议（Internet Control Message Protocol，ICMP）是 TCP/IP 协议簇的一个重要协议，属于网络层，用于在 IP 主机、路由器之间传递控制消息。控制消息是指网络通不通、主机是否可达、路由是否可用等网络本身的消息。这些控制消息虽然并不传输用户数据，但是对于用户数据的传递起着重要的作用。该协议属于网络层协议，ICMP 报文是**封装在 IP 数据报内传输**。

■ **参考答案**　(1) B　(2) A

课堂练习

- 在 ISO OSI/RM 中，___(1)___实现数据压缩功能。
  - (1) A．应用层　　　　　B．表示层　　　C．会话层　　　D．网络层
- ARP 协议数据单元封装在___(2)___中发送，ICMP 数据单元封装在___(3)___中发送。
  - (2) A．IP 数据报　　　　B．TCP 报文　　C．以太帧　　　D．UDP 报文
  - (3) A．IP 数据报　　　　B．TCP 报文　　C．以太帧　　　D．UDP 报文
- 在 OSI 参考模型中，数据链路层处理的数据单位是___(4)___。
  - (4) A．比特　　　　　　B．帧　　　　　C．分组　　　　D．报文

- TCP 协议与 UDP 协议工作在＿＿(5)＿＿。

  (5) A．传输层　　　　B．网络层　　　　C．物理层　　　　D．数据链路层

试题分析

试题（1）分析：在 ISO OSI/RM 中，表示层用于处理系统间信息的语法表达形式。每台计算机可能有它自己的表示数据的方法，需要协定和转换来保证不同的计算机可以彼此识别。

参考答案：(1) B

试题（2）（3）分析：ARP 协议在层次分配上通常归为网络层协议，但是实际工作在数据链路层，因此 ARP 协议数据单元封装在以太帧中发送。ICMP 是 TCP/IP 协议集中的一个子协议，属于网络层协议。ICMP 数据单元封装在 IP 数据报中发送。

参考答案：(2) C　(3) A

试题（4）分析：此题主要考查 ISO OSI/RM 体系结构中各层传输的数据单元名称。

物理层：比特流（Bit Stream）。

数据链路层：数据帧（Frame）。

网络层：数据分组或数据报（Packet）。

传输层：报文或段（Segment）。

参考答案：(4) B

试题（5）分析：TCP（传输控制协议）和 UDP（用户数据报协议）都是 OSI 七层模型和 TCP/IP 四层模型中传输层的协议。

参考答案：(5) A

第3章 物理层

知识点图谱与考点分析

从本章开始,主要讨论 ISO/OSI 参考模型中各个层次中主要的知识点,由于表示层与会话层在 TCP/IP 模型中没有对应的层次,故考试中基本不涉及这两个层次的内容,本书也不讨论这两个层次中的问题。物理层中主要包括有线传输介质、数据传输理论、数字传输系统及接入技术等几个部分。其知识点图谱如图 3-1 所示。

图 3-1 物理层知识体系图谱

知识点：有线传输介质

知识点综述

传输介质的知识相对比较简单，主要是目前网络中流行的传输介质（如光纤、UTP 等）的传输特性以及这些传输介质在综合布线系统中的应用，其知识体系图谱如图 3-2 所示。

图 3-2　有线传输介质知识体系图谱

参考题型

【考核方式 1】考核各种情况下介质的传输速率和距离参数的配合。
● 在快速以太网物理层标准中，使用两对 5 类无屏蔽双绞线的是___(1)___。
　　(1) A．100Base-TX　　　　　　　　　　B．100Base-FX
　　　 C．100Base-T4　　　　　　　　　　 D．1000Base-T
　　■ 试题分析　各种常用的局域网所用的传输介质特性需要记住，表 3-1 列出了部分介质的通信特点。

表 3-1　规定的传输介质特性

名称	电缆	最大段长	特点
100Base-T4	4 对 3、4、5 类 UTP	100m	3 类双绞线，8B/6T，NRZ 编码
100Base-TX	2 对 5 类 UTP 或 2 对 STP	100m	100Mb/s 全双工通信，MLT-3 编码
100Base-FX	1 对光纤	2000m	100Mb/s 全双工通信，4B/5B、NRZI 编码
1000Base-CX	2 对 STP	25m	2 对 STP
1000Base-T	4 对 UTP	100m	4 对 UTP
1000Base-SX	62.5μm 多模	220m	模式带宽 160MHz*km，波长 850nm
1000Base-SX	62.5μm 多模	275m	模式带宽 200MHz*km，波长 850nm
1000Base-SX	50μm 多模	500m	模式带宽 400MHz*km，波长 850nm
1000Base-SX	50μm 多模	550m	模式带宽 500MHz*km，波长 850nm

续表

名称	电缆	最大段长	特点
1000Base-LX	62.5μm 多模	550m	模式带宽 500MHz*km，波长 850nm
	50μm 多模		模式带宽 400MHz*km，波长 850nm
			模式带宽 500MHz*km，波长 850nm
	单模	5000m	波长 1310nm 或者 1550nm
10GBase-S	50μm 多模	300m	波长 850nm
	62.5μm 多模	65m	波长 850nm
10GBase-L	单模	10km	波长 1310nm
10GBase-E	单模	40km	波长 1550nm
10GBase-LX4	单模	10km	波长 1310nm 波分多路复用

■ **参考答案** （1）A

● 光纤分为单模光纤和多模光纤，这两种光纤的区别是___（2）___。
（2）A．单模光纤的数据速率比多模光纤低
　　B．多模光纤比单模光纤传输距离更远
　　C．单模光纤比多模光纤的价格更便宜
　　D．多模光纤比单模光纤的纤芯直径粗

■ **试题分析** 两类光纤的特性也是考试中常考的考点，表 3-2 列出了部分常用参数。

表 3-2 单模光纤与多模光纤的特性

特性分类	单模光纤	多模光纤
光源	激光二极管	LED
光源波长	1310nm 和 1550nm 两种	850nm 和 1300nm 两种
纤芯直径/包层外径	8.3/125μm	50/125μm 和 62.5/125μm
距离	2～10km	2km
速率	100～10Gb/s	1～10Gb/s
光种类	一种模式的光	不同模式的光

其中，要注意同样波长的光在同样的传输速率下，光纤的直径越小，传输的距离就越长。例如，850nm 的光在 1000Mb/s 传输速率下，若用直径为 50μm 的光纤，传输距离可以达到 500m，而用直径为 62.5μm 的光纤，则可能只有 275m 的传输距离。

由于现在万兆以太网技术比较普及，因此网络工程师考试中可能会重点考查一些万兆以太网的传输情况。万兆模块是万兆的接口标准，万兆接口模块有多种，具体见表 3-3。

表 3-3 万兆接口模块

模块名称	连接介质	可传输距离
10GBase-CX4	CX4 铜缆（属于屏蔽双绞线）	15m
10GBase-SR	多模光纤	200～300m，传输距离 300m，则需要使用 50μm 的优化多模（Optimized Multimode 3，OM3）
10GBase-LX4	单模、多模光纤	多模 300m；单模 10km
10GBase-LR	单模光纤	2～10km，可达 25km
10GBase-LRM	多模光纤	使用 OM3 可达 260m
10GBase-ER	单模光纤	2～40km
10GBase-ZR	单模光纤	80km
10GBase-T	屏蔽或非屏蔽双绞线	100m

另外，小型可插拔式光模块（Small Form Pluggable，SFP）还有 10GBase-KX4（并行方式）和 10GBase-KR（串行方式），用于背板。

■ 参考答案　（2）D

【考核方式 2】 考核综合布线的基本概念。
● 建筑物综合布线系统中，工作区子系统是指＿＿（3）＿＿。
　　（3）A．由终端到信息插座之间的连线系统
　　　　　B．楼层接线间的配线架和线缆系统
　　　　　C．各楼层设备之间的互连系统
　　　　　D．连接各个建筑物的通信系统
■ 试题分析　工作区子系统是由终端设备连接到信息插座的连线组成，包括连接线、适配器。工作区子系统中，信息插座的安装位置距离地面的高度为 30～50cm；如果信息插座到网卡之间使用无屏蔽双绞线，布线距离最大为 10m。除此之外，必须掌握综合布线系统中几个子系统对应的作用、特点等内容。
■ 参考答案　（3）A

知识点：数据传输理论

知识点综述

数据传输理论是通信的基础，涉及的理论概念比较多，而且比较难懂，考试中相关题目考得也比较多，因此这一部分的理论基础相当重要，大部分计算的理论依据都基于这个知识点。本知识点的体系图谱如图 3-3 所示。

图 3-3　数据传输理论知识体系结构图

参考题型

【**考核方式 1**】　考核考生对基本传输速率的计算。

- 在相隔 400km 的两地间，通过电缆以 4800b/s 的速率传送 3000 比特长的数据包，从开始发送到接收完数据需要的时间是＿＿（1）＿＿。

　　（1）A．480ms　　　　　　B．607ms　　　　　　C．612ms　　　　　　D．627ms

　　■ **试题分析**　数据包从开始发送到接收数据需要的时间＝发送时间（T_t）+传输延迟时间（T_1）。具体计算如图 3-4 所示。

图 3-4　计算过程

　　在网络工程师考试中，凡是涉及计算的部分，必须将参与运算的各个数据的单位换算成一致的，否则可能导致错误。

　　■ **参考答案**　（1）D

- 在地面上相隔 2000km 的两地之间，通过卫星信道传送 4000 比特长的数据包，如果数据速率为 64kb/s，则从开始发送到接收完成需要的时间是___(2)___。
  （2）A．48ms　　　　B．640ms　　　　C．322.5ms　　　　D．332.5ms

  ■ 试题分析　数据包从开始发送到接收数据需要的时间=发送时间（T_t）+传输延迟时间（T_l）。在卫星通信中注意记住卫星信号往返一次的延时 270ms，是一个常量。

  具体计算如图 3-5 所示。

图 3-5　计算过程

  ■ 参考答案　（2）D

【考核方式2】考核考生对基本的计算公式的掌握。

- 设信道带宽为 4kHz，信噪比为 30dB，按照香农定理，信道的最大数据速率约等于___(3)___。
  （3）A．10kb/s　　　　B．20kb/s　　　　C．30kb/s　　　　D．40kb/s

  ■ 试题分析　本题考查香农定理的基本知识。

  香农（Shannon）定理总结出有噪声信道的最大数据传输率：在一条带宽为 H Hz、信噪比为 S/N 的有噪声信道的最大数据传输率 V_{max} 为

  $$V_{max} = H\log_2(1+S/N)（V_{max} 单位为 b/s）$$

  先根据信噪比公式（**SNR=10lg(*S/N*)**）求出 S/N：由 30dB=10 lg (S/N)，得 $S/N=10^3=1000$。

  因此 $V_{max} = H\log_2(1+S/N)\text{b/s} = 4\times 1000 \log_2(1+1000)\text{b/s}$
  　　　　　$\approx 4000\times 9.97$ b/s ≈ 40kb/s

  ■ 参考答案　（3）D

- 设信道带宽为 3400Hz，调制为 4 种不同的码元，根据奈奎斯特（Nyquist）定理，理想信道的数据速率为___(4)___。
  （4）A．3.4kb/s　　　　B．6.8kb/s　　　　C．13.6kb/s　　　　D．34kb/s

  ■ 试题分析　本题考查奈奎斯特定理与码元及数据速率的关系。

  根据奈奎斯特定理及码元速率与数据速率间的关系，数据速率 $R=2W\times \log_2 N$，可列出如下算式：

$R=2×3400×\log_2 4=13600b/s=13.6kb/s$

■ 参考答案　（4）C

【考核方式3】　考核考生对采样定理的掌握。

● 假设模拟信号的最高频率为10MHz，采样频率必须大于＿＿（5）＿＿，才能使得到的样本信号不失真。

（5）A．6MHz　　　　B．12MHz　　　　C．18MHz　　　　D．20MHz

■ 试题分析　根据采样定理，采样频率要大于2倍模拟信号频率，即20MHz，才能使得到的样本信号不失真。

■ 参考答案　（5）D

【考核方式4】　考核考生对基本的异步通信的速率和效率的计算。

● 在异步通信中，每个字符包含1位起始位、7位数据位、1位奇偶校验位和1位终止位，每秒钟传送100个字符，则有效数据速率为＿＿（6）＿＿。

（6）A．500b/s　　　　B．600b/s　　　　C．700b/s　　　　D．800b/s

■ 试题分析　题目给出每秒钟传送100个字符，因此每秒传输的位有100×(1+7+1+1)=1000位，而其中有100×7个数据位，因此数据速率为700b/s。

■ 参考答案　（6）C

【考核方式5】　考核考生对基本的调制的掌握。

● 可以用数字信号对模拟载波的不同参量进行调制，图3-6所示的调制方式称为＿＿（7）＿＿。

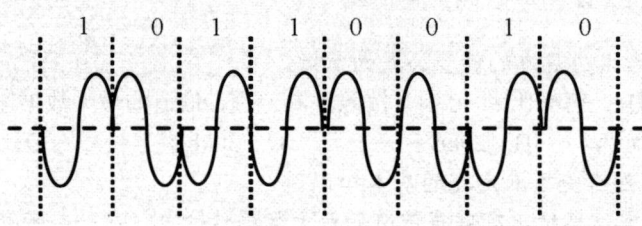

图3-6　调制波形图

（7）A．ASK　　　　B．FSK　　　　C．PSK　　　　D．DPSK

■ 试题分析　相移键控（Phase Shift Keying，PSK），载波相位随着基带信号而变化。PSK最简单的形式是BPSK，载波相位有2种，分别表示逻辑0和1。

最基本的调制技术包括：幅移键控（Amplitude Shift Keying，ASK）、频移键控（Frequency Shift Keying，FSK）、相位键控（PSK）。对几种调制技术的详细描述见表3-4。

表3-4　几种常见的调制技术

调制方式	描述	特点
幅移键控（ASK）	用载波的两个不同振幅表示0和1，通常用恒定的载波振幅值表示1，无载波表示0	实现简单，但抗干扰性能差、效率低

续表

调制方式	描述	特点
频移键控（FSK）	用载波的两个不同频率表示 0 和 1	抗干扰性能较好。常设载波频率为 f_c，调制后频率为 f_1、f_2，一般要求 $f_2-f_c=f_c-f_1$
相移键控（PSK）	用载波的起始相位的变化表示 0 和 1	抗干扰性最好，而且相位的变化可以作为定时信息来同步时钟
四相键控（DPSK）	每 90° 表示一种状态	45°、135°、225°、315° 四个相位表示 00、01、10、11
正交移相键控（QPSK）	每 90° 表示一种状态	0°、90°、180°、270° 四个相位表示 00、01、10、11

■ 参考答案　（7）C

【考核方式6】　考核考生对基本编码的掌握。
● 图 3-7 表示了某个数据的两种编码，这两种编码分别是＿＿（8）＿＿，该数据是＿＿（9）＿＿。

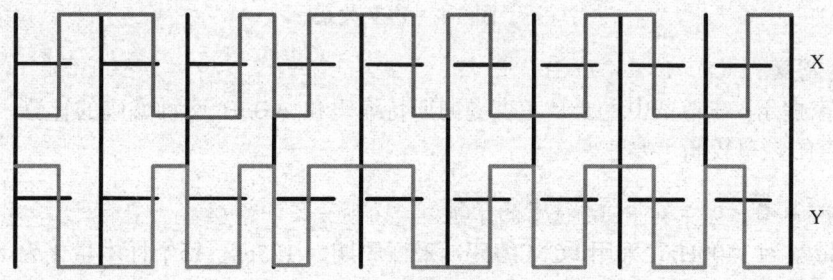

图 3-7　数据编码

（8）A．X 为差分曼彻斯特码，Y 为曼彻斯特码
　　B．X 为差分曼彻斯特码，Y 为双极性码
　　C．X 为曼彻斯特码，Y 为差分曼彻斯特码
　　D．X 为曼彻斯特码，Y 为不归零码
（9）A．010011110　　　　　　　　B．010011010
　　C．011011010　　　　　　　　D．010010010

■ 试题分析
● 曼彻斯特编码：属于一种双相码，负电平到正电平代表 "0"，正电平到负电平代表 "1"；也可以是负电平到正电平代表 "1"，正电平到负电平代表 "0"。常用于 10M 以太网。传输一位信号需要有两次电平变化，因此编码效率为 50%。
● 差分曼彻斯特编码：属于一种双相码，中间电平只起到定时的作用，不用于表示数据。信号开始时有电平变化表示 "0"，没有电平变化表示 "1"。

具体对应关系如图 3-8 所示。

图 3-8　对应关系

■ **参考答案**　（8）C　（9）B

[辅导专家提示]　在考试中主要是考查曼彻斯特编码和 $mBnB$ 两种编码的计算，尤其是曼彻斯特编码，考查的频率较高，要注意。

【考核方式 7】　考核考生对 PCM 技术的掌握。

- 设信道带宽为 3400Hz，采用 PCM 编码，采样周期为 125μs，每个样本量化为 128 个等级，则信道的数据速率为___（10）___。

（10）A．10kb/s　　　　　　　　　　　B．16kb/s
　　　C．56kb/s　　　　　　　　　　　D．64kb/s

■ **试题分析**　模拟信号编码为数字信号的最常见的就是脉冲编码调制（Pulse Code Modulation，PCM）。脉冲编码过程为采样、量化、编码。

采样：就是对模拟信号进行周期性扫描，把时间上连续的信号变成时间上离散的信号。采样必须遵循奈奎斯特采样定理，才能保证无失真地恢复原模拟信号。

举例：模拟电话信号通过 PCM 编码成为数字信号。语音最大频率小于 4kHz（约为 3.4kHz），根据采样定理，采样频率要大于 2 倍语音最大频率，即 8kHz（采样周期=125μs），就可以无失真地恢复语音信号。

量化：就是把抽样值的幅度离散。即先规定的一组电平值，把抽样值用最接近的电平值来代替。规定的电平值通常是用二进制表示。

举例：语音系统采用 128 级（7 位）量化，采样 8kHz 的采样频率，那么有效数据速率为 56kb/s，在 E1 或者 T1 链路中，由于传输时，每 7bit 需要添加 1bit 的信令位，因此 T1 或者 E1 的语音信道数据速率为 64kb/s，如果像本题一样没有强调是 E1 或者 T1 这样的链路，则不考虑增加的信令位。

本题中，没有强调信令位的问题，所以不需要考虑。

编码：就是用一组二进制码组来表示每一个有固定电平的量化值。然而，实际上量化是在编码过程中同时完成的，故编码过程也称为模/数变换，可记作 A/D。

■ **参考答案** （10）C

- 设信道带宽为 3400Hz，采用 PCM 编码，采样周期为 125μs，每个样本量化为 256 个等级，则信道的数据速率为____（11）____。

　　（11）A．10kb/s　　　　　　　　　　B．16kb/s
　　　　　C．56kb/s　　　　　　　　　　D．64kb/s

■ **试题分析**　本题是一个简单的计算题，在每个采用周期内，一个样本量化为 256 级，也就是可以表示 8bit，因为 $\log_2 256=8$，也就是在一个 125μs 内传输 8bit，因此速率为 $8/(125×10^{-6})$ =$0.064×10^6$=64kb/s，信道带宽为 3400Hz 其实是个干扰项。

■ **参考答案** （11）D

【考核方式8】 考核考生对光通信功率的计算。

- 若在光纤通信系统中使用 100mW 的激光器，当其发射波长为 1550nm 时，其光功率为____（12）____。

　　（12）A．20dBm　　　　　　　　　　B．10dBm
　　　　　C．40dBm　　　　　　　　　　D．30dBm

■ **试题分析**　光通信中，光功率单位常用毫瓦（mW）和分贝毫瓦（dBm）表示，其中两者的关系为：1mW=0dBm。也就是 0 dBm=10lg（1mW）。本题中使用 100mW 的激光器，则激光功率是 100mW，因此代入公式可以知道 10lg（100mW）=20dBm。本题中 1550nm 的波长在功率计算中属于无效参数。

■ **参考答案** （12）A

知识点：数字传输系统

知识点综述

本知识点属于识记的范畴，主要考查考生对数字传输系统的基本了解。本知识点中要牢记 SDH 与 SONET 的基本传输速率，其知识体系图如图 3-9 所示，目前已经很少考到，稍加注意即可。

图 3-9　数字传输系统知识体系图谱

参考题型

【考核方式】 考核 SDH 和 SONET 的基本传输速率和概念。

- 同步数字系列（SDH）是光纤信道的复用标准，其中最常用的 STM-1（OC-3）的数据速率是 ___(1)___，STM-4（OC-12）的数据速率是 ___(2)___。

    (1) A. 155.520 Mb/s   B. 622.080 Mb/s

          C. 2488.320 Mb/s   D. 10Gb/s

    (2) A. 155.520 Mb/s   B. 622.080 Mb/s

          C. 2488.320 Mb/s   D. 10Gb/s

■ **试题分析** 同步数字系列（Synchronous Digital Hierarchy，SDH）是 ITU-T 以同步光纤网络（Synchronous Optical Network，SONET）为基础制定的国际标准。SDH 和 SONET 的不同主要在于基本速率不同。SDH 基本速率是第 1 级同步传递模块（Synchronous Transfer Module，STM-1）。**STM-1 速率为 155.520Mb/s**，和 OC-3 速率相同。STM-N 则代表 N 倍的 STM-1，STM-4 速率为 622.080Mb/s。SDH 和 SONET 的常见速率见表 3-5，希望考生在复习的时候能记住此表。

同步光纤网络（SONET）和同步数字系列（SDH）是一组有关光纤信道上的同步数据传输的标准协议，常用于物理层构架和同步机制。SONET 是由美国国家标准化组织（ANSI）颁布的美国标准版本。SDH 是由国际电信同盟（ITU）颁布的国际标准版本。

SONET/SDH 可以应用于 ATM 或非 ATM 环境。SONET/SDH（POS）上的数据包利用点对点协议（PPP），将 IP 数据包映射到 SONET 帧负载中。在 ATM 环境下，SONET/SDH 线路连接方式可能为多模、单模或 UTP。SONET 是基于传输在基本比特率是 51.840 Mb/s 的多倍速率或 STS-1。而 SDH 是基于 STM-1，数据传输率为 155.520Mb/s，与 STS-3 相当。

表 3-5 SONET/SDH 多路复用的速率

SONET 信号	比特率/(Mb/s)	SDH 信号	SONET 性能	SDH 性能
STS-1 和 OC-1	51.840	STM-0	28 DS-1s 或 1 DS-3	21 E1s
STS-3 和 OC-3	155.520	STM-1	84 DS-1s 或 3 DS-3s	63 E1s 或 1 E4
STS-12 和 OC-12	622.080	STM-4	336 DS-1s 或 12 DS-3s	252 E1s 或 4 E4s
STS-48 和 OC-48	2488.320	STM-16	1344 DS-1s 或 48 DS-3s	1008 E1s 或 16 E4s
STS-192 和 OC-192	9953.280	STM-64	5376 DS-1s 或 192 DS-3s	4032 E1s 或 64 E4s
STS-768 和 OC-768	39813120	STM-256	21504 DS-1s 或 768 DS-3s	16128 E1s 或 256 E4s

还有一些速率定义，如 OC-9、OC-18、OC-24、OC-36、OC-96 及 OC-768，可参照相关标准文档，但它们的应用并不普遍。其他更高的传输速率供未来使用。

■ **参考答案** (1) A   (2) B

知识点：接入技术

知识点综述

本知识点的内容比较简单，主要考查考生对常用的几种接入技术的了解，目前的接入技术主要考查 FTTx 和 PON 的相关概念。其知识体系图谱如图 3-10 所示。

接入技术 —— 基本接入技术

图 3-10　接入技术知识体系图谱

参考题型

【考核方式】考核对基本接入技术的了解。

- PON 网络中的 OLT 是___（1）___的简称。

　　（1）A．光网络终端　　　　　　　　B．光线路终端
　　　　 C．光线路接入　　　　　　　　D．光网络接入

　　■ **试题分析**　光线路终端（Optical Line Terminal，OLT）是无源光网络（Passive Optical Network，PON）网络中的一个关键组件，它位于网络侧，提供与本地交换机之间的接口，并连接一个或多个光分配网络（Optical Distribution Network，ODN），与用户侧的光网络单元（Optical Network Unit，ONU）进行通信。

　　■ **参考答案**　（1）B

- 下列 FTTx 组网方案中，光纤覆盖面最广的是___（2）___。

　　（2）A．FTTN　　　　B．FTTC　　　　C．FTTH　　　　D．FTTZ

　　■ **试题分析**　FTTx 技术主要用于接入网络光纤化，范围从区域电信机房的局端设备到用户终端设备，局端设备为光线路终端（OLT），用户端设备为光网络单元（Optical Network Unit，ONU）或光网络终端（Optical Network Terminal，ONT）。

　　根据光纤到用户的距离来分类，可分成光纤到交换箱（Fiber To The Cabinet，FTTCab）、光纤到路边（Fiber To The Curb，FTTC）、光纤到大楼（Fiber To The Building，FTTB）及光纤到户（Fiber To The Home，FTTH）等服务形态。光纤到节点（Fiber To The Node，FTTN）是光纤延伸到电缆交接箱所在处，一般覆盖 200～300 用户。本题来说 FTTH 光纤覆盖面较广。

　　FTTZ（Fiber To The Zone）即光纤到小区，是光纤接入技术的一种，通过将光纤铺设到小区，为住宅区用户提供网络服务。

　　■ **参考答案**　（2）C

- 无源光网络（PON）中，ONU 到 OLT 上行数据的复用方式和 OLT 到 ONU 下行数据的复用方式分别是___（3）___。

（3）A．广播和 TDMA	B．TDMA 和 FDMA
C．广播和 FDMA	D．TDMA 和广播

■ **试题分析**　在无源光网络（PON）系统中，上行（ONU 到 OLT）与下行（OLT 到 ONU）数据传输采用不同的工作方式，主要区别如下：

1）上行数据传输方式采用时分多址（Time Division Multiple Access，TDMA），所有 ONU 共享同一信道，OLT 为每个 ONU 分配特定时隙发送数据，避免多节点冲突。上行波长通常为 1310nm（GPON/EPON）或 1270nm（部分 XG-PON）。

2）下行数据传输方式采用广播（Broadcast），OLT 向下行广播数据，所有 ONU 均可接收，但仅目标 ONU 根据逻辑标识（如 LLID/GEMPORT）处理并保留数据。下行波长主要为 1490nm（GPON/EPON）或 1577nm（XG-PON）。

并且在 GPON 中采用单纤双向传输方式，即通过 WDM 波分复用实现上下行波长分离，共用一根光纤。

其中，XGS-PON 等新型 PON 支持上下行对称速率（如 10G/10G），传统 GPON 为非对称传输（2.5G 下行/1.25G 上行）。

■ **参考答案**　（3）D

课堂练习

- 下面列出的 4 种快速以太网物理层标准中，使用 2 对 5 类无屏蔽双绞线作为传输介质的是 ___（1）___ 。

    （1）A．100Base-FX	B．100Base-T4
    C．100Base-TX	D．100Base-T2

- 以下不属于光纤通信的特点的是___（2）___ 。

    （2）A．传输损耗小，中继距离长，对远距离传输特别经济
    B．在有效距离内，设备无须对准某个方向，就能进行通信
    C．抗雷电和电磁干扰性能好，在有大电流脉冲干扰的环境下通信效果良好
    D．无串音干扰，保密性好，也不易被窃听或截取数据

- EIA/TIA-568 标准规定，在综合布线时，如果信息插座到网卡之间使用无屏蔽双绞线，布线距离最大为___（3）___ m。

    （3）A．10	B．30	C．50	D．100

- 建筑物综合布线系统中的园区子系统是指___（4）___ 。

    （4）A．由终端到信息插座之间的连线系统
    B．楼层接线间到工作区的线缆系统
    C．各楼层设备之间的互连系统
    D．连接各个建筑物的通信系统

- 建筑物综合布线系统中的干线子系统是___（5）___ ，水平子系统是___（6）___ 。

    （5）A．各个楼层接线间配线架到工作区信息插座之间所安装的线缆

B. 由终端到信息插座之间的连线系统

C. 各楼层设备之间的互连系统

D. 连接各个建筑物的通信系统

（6）A. 各个楼层接线间配线架到工作区信息插座之间所安装的线缆

B. 由终端到信息插座之间的连线系统

C. 各楼层设备之间的互连系统

D. 连接各个建筑物的通信系统

- 在相隔 2000km 的两地间通过电缆以 4800b/s 的速率传送 3000 比特长的数据包，从开始发送到接收数据需要的时间是___（7）___，如果用 50kb/s 的卫星信道传送，则需要的时间是___（8）___。

（7）A. 480ms　　　　B. 645ms　　　　C. 630ms　　　　D. 635ms

（8）A. 70ms　　　　B. 330ms　　　　C. 500ms　　　　D. 600ms

- 图 3-11 所示的调制方式是___（9）___，若载波频率为 2400Hz，则码元速率为___（10）___。

图 3-11　习题用图

（9）A. FSK　　　　B. 2DPSK　　　　C. ASK　　　　D. QAM

（10）A. 100 Baud　　B. 200 Baud　　　C. 1200 Baud　　D. 2400 Baud

- 4B/5B 编码是一种两级编码方案，首先要把数据变成___（11）___编码，再把 4 位分为一组的代码变换成 5 单位的代码。这种编码的效率是___（12）___。

（11）A. NRZ-I　　　　B. AMI　　　　C. QAM　　　　D. PCM

（12）A. 0.4　　　　B. 0.5　　　　C. 0.8　　　　D. 1.0

- 曼彻斯特编码的特点是___（13）___，它的编码效率是___（14）___。

（13）A. 在"0"比特的前沿有电平翻转，在"1"比特的前沿没有电平翻转

B. 在"1"比特的前沿有电平翻转，在"0"比特的前沿没有电平翻转

C. 在每个比特的前沿有电平翻转

D. 在每个比特的中间有电平翻转

（14）A. 50%　　　　B. 60%　　　　C. 80%　　　　D. 100%

- 在统计时分多路复用中，如果某个用户的帧到达率远高于其他用户，为了防止该用户独占信道，通常会___（15）___。

（15）A. 确保每个用户至少有一个最小保证时隙

B. 拒绝服务该用户的帧，直到其他用户的帧被传输动态调整时隙分配

C. 强制降低该用户的传输速率

D. 使用缓冲区来存储等待传输的帧，但不调整时隙分配

- 设信道采用 2DPSK 调制,码元速率为 300 波特,则最大数据速率为___(16)___b/s。
  (16) A. 300   B. 600   C. 900   D. 1200
- 假设模拟信号的最高频率为 6MHz,采样频率必须大于___(17)___时,才能使得到的样本信号不失真。
  (17) A. 6MHz   B. 12MHz   C. 18MHz   D. 20MHz
- 双极型 AMI 编码经过一个噪声信道,接收的波形如图 3-12 所示,那么出错的是第___(18)___位。

图 3-12 习题用图

(18) A. 3   B. 5   C. 7   D. 9

试题分析

试题(1)分析:100Base-FX 使用多模或单模光缆,连接器可以采用 MIC/FDDI 连接器、ST 连接器或 SC 连接器;主要用于高速主干网或远距离连接,或有强电气干扰的环境或要求较高安全保密链接的环境。

100Base-T4 是为了利用早期存在的大量 3 类音频级布线而设计的。它使用 4 对双绞线,其中 3 对用于同时传送数据,第 4 对线用于冲突检测时的接收信道。因此可以使用数据级 3、4 或 5 类非屏蔽双绞线,也可使用音频级 3 类线缆。但由于没有专用的发送或接收线路,所以不能进行全双工操作。

IEEE 制定 100Base-T2 标准用于解决 100Base-T4 不能实现全双工的问题,100Base-T2 只用 2 对 3 类 UTP 线就可以传送 100Mb/s 的数据,它采用 2 对音频或数据级 3、4 或 5 类 UTP 电缆。一对用于发送数据,另一对用于接收数据,可实现全双工操作。采用名为 PAM5x5 的 5 电平编码方案。

100Base-TX 使用两对 5 类非屏蔽双绞线或 1 类屏蔽双绞线。一对用于发送数据,另一对用于接收数据。采用 4B/5B 编码法,100Base-TX 使 100Base-T 中使用最广的物理层规范。此题中应该是 C 项与 D 项都可以使用 2 对 5 类无屏蔽线。此题命题不够严谨。

参考答案:(1) C

试题(2)分析:光纤通信的损耗率比普通通信损耗率低很多,而且传输距离长。光纤通信通常需要精确对准光纤的两端以实现光信号传输,而无线通信技术,如 Wi-Fi 或蓝牙,具有"无须对准某个方向"的特性。

光纤主要由石英制成,是绝缘体材料,因此抗电磁干扰能力强,不易受雷电、电离层变化等自然因素的干扰。光纤通信的另一个显著特点是其安全性和保密性。由于光信号被限制在光波导结构中,且泄漏的射线被光纤外的不透明包皮吸收，因此即使光缆内光纤总数很多，相邻信道也不会出现串音干扰，同时保密性也很好。

参考答案：（2）B

试题（3）分析： EIA/TIA-568 标准规定，在综合布线时，如果信息插座到网卡之间使用无屏蔽双绞线，则这个区域的布线距离最大为 10m。

参考答案：（3）A

试题（4）分析： 本题考查考生对建筑物综合布线系统中的园区子系统概念的理解。

综合布线系统由工作区子系统、水平子系统、干线子系统、设备间子系统、管理子系统、建筑群子系统六个部分组成。具体组成如图 3-13 所示。

- 工作区子系统：是由终端设备连接到信息插座的连线组成，包括连接线、适配器。工作区子系统中信息插座的安装位置距离地面的高度为 30～50cm；如果信息插座到网卡之间使用无屏蔽双绞线，布线距离最大为 10m。
- 水平子系统：是各个楼层配线间中的配线架到工作区信息插座之间所安装的线缆。
- 干线子系统：是各水平子系统（各楼层）设备之间的互连系统。

图 3-13 综合布线系统图

- 设备间子系统：位置处于设备间，并且集中安装了许多大型设备（主要是服务器、管理终端）的子系统。
- 管理子系统：该系统由交连、互连和配线架和信息插座式配线架以及相关跳线组成。
- 建筑群子系统：将一个建筑物中的电缆、光缆无线延伸到建筑群的另外一些建筑物中的通信设备和装置上。建筑群之间往往采用单模光纤进行连接。

参考答案：（4）D

试题（5）（6）分析： 建筑物综合布线系统中的干线子系统是各楼层设备之间的互连系统，水平子系统是各个楼层接线间配线架到工作区信息插座之间所安装的线缆。

参考答案：（5）C　（6）A

试题（7）（8）分析： 数据包从开始发送到接收数据需要的时间=发送时间（T_t）+传输延迟时

间（T_1）。具体计算如图 3-14 所示。

图 3-14　数据包传送时间计算图

参考答案：（7）D　（8）B

试题（9）（10）分析： 从图 3-11 中的波形看出，代表 1、0 的波形的频率和波幅均相同，因此排除 ASK（幅移键控）、FSK（频移键控）。代表"1"的相位是 0°，而代表"0"的相位是 180°，可以推断该波形是 PSK（相移键控）。而本题需要使用两个周期波形表示 1 位数字，所以码元速率为载波频率的一半，即 1200 波特。

参考答案：（9）B　（10）C

试题（11）（12）分析： 4B/5B 编码就是将 4 个比特数据编码成 5 个比特符号的方式，编码效率为 4bit/5bit=80%。该编码在发送到介质时，使用 NRZ-I 编码。

参考答案：（11）A　（12）C

试题（13）（14）分析： 曼彻斯特编码属于一种双相码，负电平到正电平代表"0"，正电平到负电平代表"1"；也可以是负电平到正电平代表"1"，正电平到负电平代表"0"。常用于 10M 以太网。传输一位信号需要有两次电平变化，因此编码效率为 50%。曼彻斯特编码适用于传统以太网，不适合应用在高速以太网中。

参考答案：（13）D　（14）A

试题（15）分析： 在统计时分多路复用中，如果某个用户的帧到达率远高于其他用户，为了防止该用户独占信道，通常会采取以下措施：

1）最小保证时隙（Minimum Guaranteed Slot）：为每个用户分配一个最小保证时隙，确保每个用户都能获得一定的带宽。

2）动态带宽分配（Dynamic Bandwidth Allocation，DBA）：根据用户的实际需求动态调整带宽分配。

3）优先级管理：为不同用户或数据流设置优先级，确保高优先级用户获得所需带宽。

4）流量整形：控制用户的数据发送速率，防止突发流量占用过多带宽。

5）公平队列调度：确保所有用户公平共享信道资源。

6）使用最大带宽限制等功能。

参考答案：（15）A

试题（16）分析：相移键控（PSK），载波相位随着基带信号而变化。PSK 最简单的形式是

BPSK，载波相位有两种，分别表示逻辑 0 和 1。

无噪声情况下，应该依据奈奎斯特定理来计算最大数据速率。奈奎斯特定理为

$$最大数据速度 = 2W\log_2 N = B\log_2 N = 300 \times \log_2 2 = 300$$

其中：W 为带宽；B 为波特率；N 为码元总的种类数。

参考答案：（16）A

试题（17）分析：采样频率必须达到 2 倍模拟信号最高频率时，才能使得到的样本信号不失真地还原。

参考答案：（17）B

试题（18）分析：AMI 是一种典型的双极性码。**在数据流中遇到"1"时，使电平在正和负之间交替翻转，而遇到"0"时，则保持零电平**，也就是将信码中的"1"交替编成"+1"和"−1"，而"0"保持不变。这相当于三进制信号编码方法，比二进制有更好的抗噪声特性。AMI 有其内在的检错能力，当正负脉冲交替出现的规律被打乱时容易识别出来，这种情况叫作 AMI 违例。本题中第 2 位为 1，是高电平，接下来的 1 是第 5 位，根据 AMI 的规则，此时应该是低电平。再接下来的 1 是在第 7 位，根据 AMI 的规则，此时应该是高电平，而图上显示的是低电平，因此第 7 位有错。

参考答案：（18）C

第4章 数据链路层

知识点图谱与考点分析

数据链路层是网络体系结构中的一个重要层次。考试中考查最多的是以太网的数据链路层的基本概念、算法及纠错技术等。本知识体系图谱如图 4-1 所示。

图 4-1　数据链路层知识体系图谱

知识点：纠错与检错

知识点综述

数据传输过程中，错误难以避免，因此必须在数据通信过程中使用校验码，以确保能检测出在数据传输的过程中是否发生错误。本知识点的体系图谱如图 4-2 所示。

数据链路层 第4章

图4-2 纠错与检错知识体系图谱

参考题型

【考核方式1】 考核校验码的基本概念。

- 以下关于校验码的叙述中，正确的是___(1)___。

  （1）A．海明码利用多组数位的奇偶性来检错和纠错

   B．海明码的码距必须大于或等于1

   C．循环冗余校验码具有很强的检错和纠错能力

   D．循环冗余校验码的码距必定为1

  ■ **试题分析** 海明码是一种多重奇偶检错系统。A选项正确。

  海明码具有检错和纠错的功能，而为确保纠错和检错，码距必然大于或等于3。
  循环冗余校验码只能检错不能纠错，能检查r位错误，所以码距大于1。

  ■ **参考答案** （1）A

【考核方式2】 考核海明码的校验码位数。

- 设数据码字为10010011，采用海明码进行校验，则必须加入___(2)___比特冗余位才能纠正1位错。

  （2）A．2   B．3   C．4   D．5

  ■ **试题分析** 码距是指两个码字逐位比较，其不同字符的个数就是两个码字的距离。所以一个码制的距离定义为：在这个编码制中，各个码字之间的最小距离称为码距。例如，4位二进制数中16个代码的码距为1，若合法地增大码距，可提高发现错误的能力。d个单比特错就可以把一个码字转换成另一个码字。为了检查出d个错（单比特错），需要使用海明距离为$d+1$的编码；为了纠正d个错，需要使用海明距离为$2d+1$的编码。简单地说就是为了**检测d个错误**，则编码系统**码距≥d+1**；为了**纠正d个错误**，则编码系统**码距≥$2d$+1**。

  设海明码校验位为k，信息位为m，则它们之间的关系应满足$m+k+1\leq 2^k$。
  本题中数据码字为10010011，则$m=8$，得到k最小为4。

  ■ **参考答案** （2）C

【考核方式3】 考核CRC校验码的计算。

- 采用CRC进行差错校验，生成多项式为$G(X)=X^4+X+1$，信息码字为10111，则计算出的CRC校验码是___(3)___。

  （3）A．0000   B．0100   C．0010   D．1100

49

■ 试题分析

第1步：原始信息后"添0"。

假定生成多项式$G(X)$阶为r，则在原始信息位后添加r个0，新生成的信息串共$m+r$位，对应多项式设定为$x^rM(x)$。

$G(X)=X^4+X+1=1×X^4+0×X^3+0×X^2+1×X+1×X^0$，所以生成多项式对应二进制字符串为10011。由于最高阶码为4，所以在原始信息10111后添加4个0后，得到的信息串为10111 0000。

第2步：使用生成多项式除新信息串。

利用模2除法，用对应的$G(x)$位去除串$x^rM(x)$对应的位串，得到长度为r位的余数。除法过程如图4-3所示。

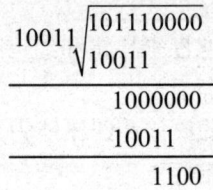

图4-3　CRC计算过程

得到余数1100。

注意：余数不足r，则余数左边用若干个0补齐。例如，求得余数为11，$r=4$，则补两个0得到0011。

■ 参考答案　（3）D

知识点：局域网链路层协议

知识点综述

局域网的数据链路层是整个网络工程师考试中最重要的知识点之一。由于目前的局域网市场主要是以太网，因此考试中与此知识相关的问题基本集中在以太网的数据链路层。本知识点的分值为3~6分，其知识体系图谱如图4-4所示。

图4-4　局域网链路层协议知识体系图谱

参考题型

【考核方式 1】 考核局域网的基本原理和概念、帧格式、最小帧长计算。

- 采用 CSMA/CD 协议的基带总线,其段长为 1000m,中间没有中继器,数据速率为 10Mb/s,信号传播速度为 200m/μs。为了保证在发送期间能够检测到冲突,该网络上的最小帧长应为 ___(1)___ 比特。

  (1) A. 50　　　　　　B. 100　　　　　　C. 150　　　　　　D. 200

  ■ **试题分析**　最小帧长=网络速率×2×(最大段长/信号传播速度+站点延时),本题中站点延时为 0。

  因此最小帧长=网络速率×2×最大段长/信号传播速度=10Mb/s×2×1000m/200m/μs=100bit。

  ■ **参考答案**　(1) B

- 局域网冲突时槽的计算方法如下:假设 t_{PHY} 表示工作站的物理层时延,C 表示光速,S 表示网段长度,t_R 表示中继器的时延,在局域网最大配置的情况下,冲突时槽等于___(2)___。

  (2) A. $S/0.7C+2t_{PHY}+8t_R$　　　　　　B. $2S/0.7C+2t_{PHY}+8t_R$

  　　C. $2S/0.7C+t_{PHY}+8t_R$　　　　　　D. $2S/0.7C+2t_{PHY}+4t_R$

  ■ **试题分析**　本题考查的是局域网最大配置下,数据从一端出发传递到最远端,再传送回来的时间。最大配置下可以接入 4 个中继器,因此来回的时间=2($S/0.7C+4t_R+t_{PHY}$)=$2S/0.7C+8t_R+2t_{PHY}$。

  ■ **参考答案**　(2) B

- IEEE 802.3 规定的最小帧长为 64 字节,这个帧长是指___(3)___。

  (3) A. 从前导字段到校验和的长度　　　　B. 从目标地址到校验和的长度

  　　C. 从帧起始符到校验和的长度　　　　D. 数据字段的长度

  ■ **试题分析**　IEEE 802.3 规定的最小帧长为 64 字节,这个帧长是指从目标地址到校验和的长度。帧结构如图 4-5 所示。

图 4-5　以太网帧格式

  ■ **参考答案**　(3) B

【考核方式 2】 考核考生对 CSMA/CD 协议的理解。

- CSMA/CD 协议可以利用多种监听算法来减小发送冲突的概率,下列关于各种监听算法的描述中,正确的是___(4)___。

  (4) A. 非坚持型监听算法有利于减少网络的空闲时间

B. 坚持型监听算法有利于减少冲突的概率
C. P-坚持型监听算法无法减少网络的空闲时间
D. 坚持型监听算法能够及时抢占信道

■ **试题分析** CSMA/CD 协议定义的坚持（监听）算法可以分为以下三类：

1）**1-坚持 CSMA（1-persistent CSMA）**，当信道忙或发生冲突时，要发送帧的站一直持续监听，一旦发现信道有空闲（即在帧间最小间隔时间内没有检测到信道上有信号），便可发送。

特点：有利于抢占信道，减少信道空闲时间；较长的传播延迟和同时监听，会导致多次冲突，降低系统性能。

2）**非坚持 CSMA**，发送方并不持续侦听信道，而是在冲突时等待随机的一段时间 N，再发送。

特点：它有更好的信道利用率，由于随机时延后退，从而减少了冲突的概率；然而，可能出现的问题是因为后退而使信道闲置一段较长时间，这会使信道的利用率降低，而且增加了发送时延。

3）**P-坚持 CSMA（P-persistent CSMA）**，发送方按 P 概率发送帧。即信道空闲时（即在帧间最小间隔时间内没有检测到信道上有信号），发送方不一定发送数据，而是按照 P 概率发送；以 $1-P$ 概率不发送。若不发送数据，下一时间间隔 τ 仍空闲，同理进行发送；若信道忙，则等待下一时间间隔 τ，若冲突，则等待随机的一段时间，重新开始。τ 为单程网络传输时延。

特点：P 的取值比较困难，大了会产生冲突，小了会延长等待时间。假定 n 个发送站等待发送，此时发现网络中有数据传送，当数据传输结束时，则有可能出现 $n×P$ 个站发送数据。如果 $n×P>1$，则必然出现多个站点发送数据，这也必然导致冲突。有的站传输数据完毕后，产生新帧与等待发送的数据帧竞争，很可能加剧冲突。

如果 P 太小，例如 $P=0.01$，则表示一个站点 100 个时间单位才会发送一次数据，这样 99 个时间单位就空闲了，造成浪费。

■ **参考答案** （4）D

● 以太网介质访问控制策略可以采用不同的监听算法，其中一种是"一旦介质空闲就发送数据，假如介质忙，继续监听，直到介质空闲后立即发送数据"，这种算法称为＿＿（5）＿＿监听算法，该算法的主要特点是＿＿（6）＿＿。

（5）A. 1-坚持型　　　　B. 非坚持型　　　　C. P-坚持型　　　　D. 0-坚持型
（6）A. 介质利用率和冲突概率都低　　　　B. 介质利用率和冲突概率都高
　　　C. 介质利用率低且无法避免冲突　　　　D. 介质利用率高且可以有效避免冲突

■ **试题分析** 相关算法的特点见表 4-1。

表 4-1 载波监听算法

监听算法	信道空闲时	信道忙时	特点
非坚持型监听算法	立即发送	等待 N，再监听	减少冲突，信道利用率降低
1-坚持型监听算法	立即发送	继续监听	提高信道利用率，增大了冲突
P-坚持型监听算法	以概率 P 发送	继续监听	有效平衡，但复杂

■ **参考答案** （5）A　（6）B

【考核方式3】 考核局域网的相关标准。

- 在局域网标准中，100Base-T 规定从收发器到集线器的距离不超过____(7)____m。
  (7) A．100　　　　B．185　　　　C．300　　　　D．1000

  ■ 试题分析　基本概念题，100Base-T 规定从收发器到集线器的距离为100m。

  ■ 参考答案　(7) A

- 以下属于万兆以太网物理层标准的是____(8)____。
  (8) A．IEEE 802.3u　　B．IEEE 802.3a　　C．IEEE 802.3e　　D．IEEE 802.3ae

  ■ 试题分析　IEEE 802.3ae：万兆以太网（10 Gigabit Ethernet）。该标准仅支持光纤传输，提供两种连接：一种是和以太网连接、速率为 10Gb/s 的物理层设备，即 LAN PHY；另一种是与 SONET/SHD 连接、速率为 9.58464Gb/s 的 WAN 设备，即 WAN PHY。通过 WAN PHY 可以与 SONETOC-192 结合，通过 SONET 城域网提供端到端连接。该标准支持 10GBase-S（850nm 短波）、10GBase-l（1310nm 长波）、10GBase-E（1550nm 长波）三种规格，最大传输距离为 300m、10km 和 40km。IEEE 802.3ae 支持 IEEE 802.3 标准中定义的最小和最大帧长。不采用 CSMA/CD 方式，只有全双工方式（**千兆以太网、万兆以太网最小帧长为 512 字节**）。

  ■ 参考答案　(8) D

【考核方式4】 考核二进制指数后退算法。

- 以太网中采用了二进制指数后退算法，这个算法的特点是____(9)____。
  (9) A．网络负载越轻，可能后退的时间越长
  　　B．网络负载越重，可能后退的时间越长
  　　C．使得网络既可以适用于突发性业务，也可适用于流式业务
  　　D．可以动态地提高网站发送的优先级

  ■ 试题分析　以太网使用退避算法中的一种，即"截断的二进制指数退避算法"，来解决发送数据碰撞问题。这种算法规定，发生碰撞的站等待信道空闲后并不立即发送数据，而是推迟一个随机时间，再进入发送流程。这种方法减少了重传时再次发生碰撞的概率。

  算法如下：
  1）设定基本退避时间为争用期 2τ。
  2）从整数集合中，随机取一个整数 r，则 r×2τ 为发送站等待时间。其中，$k=\min[$重传次数$,10]$。
  3）重传次数大于 16 次，则丢弃该帧数据，并汇报高层。
  这个算法的特点是网络负载越重，可能后退的时间越长。

  ■ 参考答案　(9) B

【考核方式5】 考核其他数据链路层协议。

- HDLC 协议是一种____(10)____，采用____(11)____标志作为帧定界符。
  (10) A．面向比特的同步链路控制协议　　　B．面向字节计数的同步链路控制协议
  　　　C．面向字符的同步链路控制协议　　　D．异步链路控制协议
  (11) A．10000001　　　　　　　　　　　　B．01111110
  　　　C．10101010　　　　　　　　　　　　D．10101011

■ **试题分析** 数据链路控制协议可以分为面向字符的协议和面向比特的协议。HDLC 是一种同步链路控制协议。HDLC 使用统一的帧结构进行同步传输，01111110 作为帧的边界。

■ **参考答案** （10） A （11） B

课堂练习

- 以太网帧格式如图 4-6 所示，其中"长度"字段的作用是＿＿（1）＿＿。

| 前导字段 | 帧起始符 | 目的地址 | 源地址 | 长度 | 数据 | 填充 | 校验和 |

图 4-6 以太网帧格式

（1）A. 表示数据字段的长度
 B. 表示封装的上层协议的类型
 C. 表示整个帧的长度
 D. 既可以表示数据字段的长度，也可以表示上层协议的类型

- 一个运行 CSMA/CD 协议的以太网，数据速率为 1Gb/s，网段长 1km，信号速率为 200000km/s，则最小帧长是＿＿（2）＿＿比特。
 （2）A. 1000 B. 2000 C. 10000 D. 200000

- 千兆以太网标准 IEEE 802.3z 定义了一种帧突发方式（frame bursting），这种方式是指＿＿（3）＿＿。
 （3）A. 一个站可以突然发送一个帧
 B. 一个站可以不经过竞争就启动发送过程
 C. 一个站可以连续发送多个帧
 D. 一个站可以随机地发送紧急数据

- 一对有效码字之间的海明距离是＿＿（4）＿＿。如果信息为 10 位，要求纠正 1 位错，按照海明编码规则，最少需要增加的校验位是＿＿（5）＿＿。
 （4）A. 两个码字的比特数之和 B. 两个码字的比特数之差
 C. 两个码字之间相同的位数 D. 两个码字之间不同的位数
 （5）A. 3 B. 4 C. 5 D. 6

- 某以太网只有两个主机，它们同时发送帧，形成碰撞后按截断二进制指数退避算法进行重传。重传次数记为 i，i=1、2、3、…则一个主机成功发送数据之前的平均重传次数约为＿＿（6）＿＿次。
 （6）A. 1 B. 4.75 C. 1.64 D. 3.25

试题分析

试题（1）分析：以太网帧格式中的"长度"字段的作用是既可以表示数据字段长度，也可以表示上层协议的类型。除此以外，还要注意填充字段、校验和字段和源/目的地址字段的作用。

参考答案：（1）D

试题（2）分析：以太网的最小帧长计算公式：

$$最小帧长=网络速率\times 2\times (最大段长/信号传播速度)$$

代入本公式可得：$1\times 10^9\times 2(1000/200000000)=10000$bit。

参考答案：（2）C

试题（3）分析：千兆以太网（Gigabit Ethernet）IEEE 802.3z 定义了一种帧突发方式，这种方式是指一个站可以连续发送多个帧，用以保证传输站点连续发送一系列帧而不中途放弃对传输媒体的控制，该方式仅适用于半双工模式。在成功传输一帧后，发送站点进入突发模式以允许继续开始传输后面的帧，直到达到每次 65536 比特的"突发限制"。

参考答案：（3）C

试题（4）（5）分析：这里考查码距的基本概念，**海明码距（码距）**是两个码字中不相同的二进制位的个数；**两个码字的码距**是一个编码系统中任意两个合法编码（码字）之间不同的二进制数位数；**编码系统的码距**是整个编码系统中任意两个码字的码距的最小值。设海明码校验位为 k，信息位为 m，则它们之间的关系应满足 $m+k+1\leq 2^k$。

参考答案：（4）D （5）B

试题（6）分析：两个主机选择相同退避时间的概率为 $1/2^{\min(i,10)}$，从而导致再次碰撞；选择不同退避时间的概率为 $1-1/2^{\min(i,10)}$，从而成功发送。

第 1 次重传时，两个主机选择不同退避时间的概率为

$$P_{\text{success}}=1-\frac{1}{2^i}$$

失败的概率为

$$P_{\text{fail}}=1-\frac{1}{2^i}$$

重传次数的期望值 E 可以通过几何分布计算：

$$E\approx \sum_{i=1}^{10} i\cdot P_{\text{success}}\cdot P_{\text{fail}}^{i-1}$$

对于截断二进制指数退避算法，最大重传次数为 10，因此期望值的计算可以近似为

$$E\approx \sum_{i=1}^{10} i\cdot \left(1-\frac{1}{2^i}\right)\cdot \left(\frac{1}{2^i}\right)^{i-1}$$

经过计算，平均重传次数约为 1.64 次。

参考答案：（6）C

第5章 网络层

知识点图谱与考点分析

网络层在考试中占有极其重要的位置,这一知识领域中考查的问题涉及面广,IP 地址、IP 地址规划与子网划分、NAT 技术及 IPv6 是每次考试中都出现的知识点。而且,本知识点所占的分值比重较大,如 IP 地址的规划和子网划分这样的题型,每次都要考 7~9 分,IPv6 相关内容通常要考 3~5 分,因此必须重点掌握。其知识体系图谱如图 5-1 所示。

图 5-1 网络层知识点图谱

知识点：IP 协议与 IP 地址

知识点综述

IP 协议与 IP 地址是网络层中最基本的概念，尤其是与 IP 地址相关的内容，在考试中出现的频率非常高，因此必须掌握。其知识体系图谱如图 5-2 所示。

图 5-2　IP 协议与 IP 地址知识体系图谱

【**考核方式 1**】　考核 IP 协议的基本概念。

- IPv4 协议头中标识符字段的作用是＿＿(1)＿＿。

　　(1) A. 指明封装的上层协议　　　　　B. 表示松散源路由
　　　　C. 用于分段和重装配　　　　　　D. 表示提供的服务类型

■ **试题分析**　图 5-3 给出了 IP 数据报头（Packet Header）格式。

图 5-3　IP 数据报报头格式

标识符（Identifier）字段长度 16 位。同一数据报分段后，标识符必须一致，这样便于重新组成原来的数据报。

■ **参考答案**　(1) C

【考核方式2】 考核如何确定 IP 地址的类型及特殊的 IP 地址。

- 自动专用 IP 地址（Automatic Private IP Address，APIPA）是 IANA（Internet Assigned Numbers Authority）保留的一个地址块，它的地址范围是___(2)___。当___(3)___时，使用 APIPA。

  (2) A. A 类地址块 10.254.0.0～10.254.255.255
  　　B. A 类地址块 100.254.0.0～100.254.255.255
  　　C. B 类地址块 168.254.0.0～168.254.255.255
  　　D. B 类地址块 169.254.0.0～169.254.255.255

  (3) A. 通信对方要求使用 APIPA 地址
  　　B. 由于网络故障而找不到 DHCP 服务器
  　　C. 客户机配置中开启了 APIPA 功能
  　　D. DHCP 服务器分配的租约到期

  ■ 试题分析　169.254.×.× 是保留地址。如果 PC 机上的 IP 地址设置自动获取，而 PC 机又没有找到相应的 DHCP 服务，那么最后 PC 机可能得到保留地址中的一个 IP。这类地址又称为自动专用 IP 地址（Automatic Private IP Address，APIPA）。APIPA 是 IANA（Internet Assigned Numbers Authority）保留的一个地址块。

  ■ 参考答案　(2) D　(3) B

- IP 地址 202.117.17.255/22 是___(4)___。

  (4) A. 网络地址　　　　　　　　　　B. 全局广播地址
  　　C. 主机地址　　　　　　　　　　D. 定向广播地址

  ■ 试题分析　本题也是关于 IP 子网计算的问题，最直接的方式就是将 IP 地址直接换算为二进制，即可看出主机部分的情况。202.117.00010001.11111111 可以看出最后的（32-22）=10bit 即可。最后 10bit 是 01.11111111，不是全 1 也不是全 0，因此不是广播地址，也不是网络地址，而是一个主机地址。

  ■ 参考答案　(4) C

- 下列 IP 地址中，属于私有地址的是___(5)___。

  (5) A. 100.1.32.7　　B. 192.178.32.2　　C. 172.17.32.15　　D. 172.35.32.244

  ■ 试题分析　一共有三个私有地址段，地址范围分别是 10.0.0.0～10.255.255.255；172.16.0.0～172.31.255.255；192.168.0.0～192.168.255.255。

  C 类地址范围：192.0.0.0～223.255.255.255。

  ■ 参考答案　(5) C

【考核方式3】 考核 IP 地址的结构。

- 32 位的 IP 地址可以划分为网络号和主机号两部分。以下地址中，___(6)___不能作为目标地址，___(7)___不能作为源地址。

  (6) A. 0.0.0.0　　　B. 127.0.0.1　　C. 10.0.0.1　　D. 192.168.0.255/24
  (7) A. 0.0.0.0　　　B. 127.0.0.1　　C. 10.0.0.1　　D. 192.168.0.255/24

  ■ 试题分析　特殊地址特性见表 5-1。

表 5-1 特殊地址特性

地址名称	地址格式	特点	可否作为源地址	可否作为目标地址
有限广播	255.255.255.255（网络字段和主机字段全1）	不被路由，会被送到相同物理网络段上的所有主机	N	Y
直接广播	主机字段全1，例如 192.1.1.255	广播会被路由，并会发送到专门网络上的每台主机	N	Y
网络地址	主机位全0的地址，例如 192.168.1.0	表示一个子网	N	N
全0地址	0.0.0.0	代表任意主机	Y	N
环回地址	127.×.×.×	向自己发送数据	Y	Y

■ 参考答案　（6）A　（7）D

知识点：子网规划

知识点综述

子网规划是每年网络工程师考试的重点内容之一，这个知识点在每年的考试中所占的分值为4～6分，因此对子网规划相关的计算都必须重点掌握。本知识点的体系图谱如图5-4所示。

图 5-4　子网规划知识体系图谱

【考核方式1】考核计算 IP 地址段中对应的主机地址、网络地址、广播地址等。

● 以下给出的地址中，属于子网 172.112.15.19/28 的主机地址是＿＿（1）＿＿。

（1）A．172.112.15.17　　　　　B．172.112.15.14
　　C．172.112.15.16　　　　　D．172.112.15.31

■ 试题分析　解答这种类型的 IP 地址计算题，只要计算出该子网对应的 IP 地址范围即可。本题中，由/28可以知道，主机位一共有32-28=4bit，也就是每个子网有 2^4 个地址。因此第一个地址段是 172.112.15.0～172.112.15.15，第 2 个地址段是 172.112.15.16～172.112.15.31，显然

172.112.15.19 处于 172.112.15.16～172.112.15.31 之间，四个选项中，同样处于 172.112.15.16～172.112.15.31 之间的只有选项 A。

■ **参考答案** （1）A

● 一个网络的地址为 172.16.7.128/26，则该网络的广播地址是___(2)___。

（2）A．172.16.7.255　　　　　　　　B．172.16.7.129
　　 C．172.16.7.191　　　　　　　　D．172.16.7.252

■ **试题分析** 给定 IP 地址和掩码，求广播地址，求解过程如图 5-5 所示。

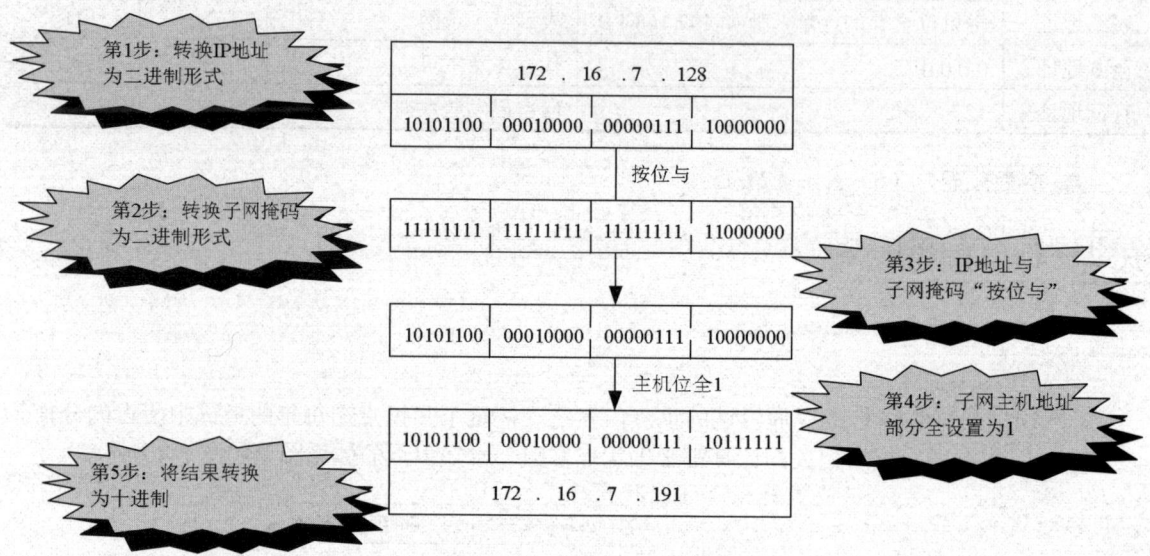

图 5-5　求广播地址过程

■ **参考答案** （2）C

● 设 IP 地址为 18.250.31.14，子网掩码为 255.240.0.0，则子网地址是___(3)___。

（3）A．18.0.0.14　　　　　　　　　 B．18.31.0.14
　　 C．18.240.0.0　　　　　　　　　D．18.9.0.14

■ **试题分析** 本题解题过程见表 5-2。

表 5-2　解题过程

	十进制	二进制
子网地址	18.250.31.14	**00010010.**11111010.00011111.00001110
子网掩码	255.240.0.0	**11111111.**11110000.00000000.00000000
合并后超网地址	18.240.0.0/12	**00010010.**11110000.00000000.00000000

■ **参考答案** （3）C

【考核方式 2】 考核计算 IP 地址的个数。
- 某用户分配的网络地址为 192.24.0.0～192.24.7.0，这个地址块可以用___(4)___表示，其中可以分配___(5)___个主机地址。

    (4) A. 192.24.0.0/20　　　　　　　　　　B. 192.24.0.0/21
    　　C. 192.24.0.0/16　　　　　　　　　　D. 192.24.0.0/24
    (5) A. 2032　　　　B. 2048　　　　C. 2000　　　　D. 2056

    ■ 试题分析　本题解答过程见表 5-3。

表 5-3　解题过程

	十进制	二进制
子网地址	192.24.0.0	11000000.00011000.00000000.00000000
	192.24.7.0	11000000.00011000.00000111.00000000
子网掩码	255.255.248.0	11111111.11111111.11111000.00000000
合并后超网地址	192.24.0.0/21	11000000.00011000.00000000.00000000

可以分配的主机数 $=8\times(2^8-2)=2032$。

　　■ 参考答案　(4) B　(5) A
- 网络 200.105.140.0/20 中可分配的主机地址数是___(6)___。

    (6) A. 1022　　　　B. 2046　　　　C. 4094　　　　D. 8192

    ■ 试题分析　网络 200.105.140.0/20 得到子网掩码 20 位，主机位有 32-20=12 位，则可分配的主机地址数 $=2^{12}-2=4094$。

    ■ 参考答案　(6) C

【考核方式 3】 考核计算子网掩码。
- 给定一个 C 类网络 192.168.1.0/24，要在其中划分出 3 个 60 台主机的网段和 2 个 30 台主机的网段，则采用的子网掩码应该分别为___(7)___。

    (7) A. 255.255.255.128 和 255.255.255.224
    　　B. 255.255.255.128 和 255.255.255.240
    　　C. 255.255.255.192 和 255.255.255.224
    　　D. 255.255.255.192 和 255.255.255.240

    ■ 试题分析　255.255.255.192（11111111.11111111.11111111.11000000）主机位为 6 位，可以容纳 62 台主机。
    255.255.255.224（11111111.11111111.11111111.11100000）主机位为 5 位，可以容纳 30 台主机。

    ■ 参考答案　(7) C
- 如果一个公司有 2000 台主机，则必须给它分配___(8)___个 C 类网络。为了使该公司网络在路由表中只占一行，指定给它的子网掩码应该是___(9)___。

    (8) A. 2　　　　B. 8　　　　C. 16　　　　D. 24

(9) A. 255.192.0.0　　　　　　　　　　B. 255.240.0.0
　　C. 255.255.240.0　　　　　　　　　D. 255.255.248.0

■ **试题分析**　一个 C 类网络可以有 254 台主机，因此 2000 台主机需要 2000/254≈8 个 C 类网络。

在路由表中只占一行，表示要进行 8 个 C 类网络的路由汇聚，即需要向 24 位网络位借 3 位作为子网位。指定给它的子网掩码应该是/21，即 255.255.248.0。

■ **参考答案**　（8）B　（9）D

【**考核方式 4**】　考核计算路由聚合地址。

- 对下面 4 条路由：202.115.129.0/24、202.115.130.0/24、202.115.132.0/24 和 202.115.133.0/24 进行路由汇聚，能覆盖这 4 条路由的地址是＿＿（10）＿＿。

（10）A. 202.115.128.0/21　　　　　　B. 202.115.128.0/22
　　　C. 202.115.130.0/22　　　　　　D. 202.115.132.0/23

■ **试题分析**　地址聚合的计算可以按照以下步骤进行。

第 1 步：将所有十进制的子网转换成二进制。

本题转换结果见表 5-4。

表 5-4　转换结果

	十进制	二进制
子网地址	202.115.129.0/24	**11001010. 01110011.10000** 001.00000000
	202.115.130.0/24	**11001010. 01110011.10000** 010.00000000
	202.115.132.0/24	**11001010. 01110011.10000** 100.00000000
	202.115.133.0/24	**11001010. 01110011.10000** 101.00000000
合并后超网地址	202.115.128.0/21	**11001010. 01110011.10000** 000.00000000

第 2 步：从左到右，找连续的相同位及相同位数。

从表 5-4 可以发现，相同位为 21 位，即 **11001010. 01110011.10000**000.00000000 为新网络地址，将其转换为点分十进制，得到的汇聚网络为 202.115.128.0/21。

■ **参考答案**　（10）A

- 无类别域间路由（CIDR）技术有效地解决了路由缩放问题。使用 CIDR 技术把 4 个网络 C1：192.24.0.0/21、C2：192.24.16.0/20、C3：192.24.8.0/22、C4：192.24.34.0/23 汇聚成一条路由信息，得到的网络地址是＿＿（11）＿＿。

（11）A. 192.24.0.0/13　　　　　　　　B. 192.24.0.0/24
　　　C. 192.24.0.0/18　　　　　　　　D. 192.24.8.0/20

■ **试题分析**　本题的解答过程与第（10）题完全一样，这种题型每年都会考到，因此一定要掌握这个方法。

■ **参考答案**　（11）C

网络层 第 5 章

- 下列选项中的地址段可以聚合为 172.16.40.0/21 的是___（12）___。

  （12）A．172.16.41.0 和 172.16.43.0　　　　B．172.16.42.0 和 172.16.43.0
  　　　C．172.16.41.0 和 172.16.42.0　　　　D．172.16.40.0 和 172.16.44.0

  ■ **试题分析**　本题是一个地址聚合计算题。很显然 4 个选项中只有 D 选项的最小聚合范围是 172.16.40.0/21。而其他选项中的两个地址经过聚合之后，它们的范围可以比题干中的地址范围要更小。

  ■ **参考答案**　（12）D

【考核方式 5】 考核子网划分。

- 某公司网络的地址是 133.10.128.0/17，被划分成 16 个子网，下列选项中不属于这 16 个子网的地址是___（13）___。

  （13）A．133.10.136.0/21　　　　　　　　B．133.10.162.0/21
  　　　C．133.10.208.0/21　　　　　　　　D．133.10.224.0/21

  ■ **试题分析**　地址 133.10.128.0/17 转化为点分二进制形式 10000101.00001010.10000000.00000000，其中前 17 位是网络位，后面则是主机位。按要求划分 16 个子网，则需要在主机位划出 4 位作为子网位。

  将其划分为 16 个子网，则各个子网的地址为：
  10000101.00001010.10000000.00000000 转换为点分十进制为 133.10.128.0/21
  10000101.00001010.10001000.00000000 转换为点分十进制为 133.10.136.0/21
  10000101.00001010.10010000.00000000 转换为点分十进制为 133.10.144.0/21
  10000101.00001010.10011000.00000000 转换为点分十进制为 133.10.152.0/21
  10000101.00001010.10100000.00000000 转换为点分十进制为 133.10.160.0/21
  10000101.00001010.10101000.00000000 转换为点分十进制为 133.10.168.0/21
  10000101.00001010.10110000.00000000 转换为点分十进制为 133.10.176.0/21
  10000101.00001010.10111000.00000000 转换为点分十进制为 133.10.184.0/21
  10000101.00001010.11000000.00000000 转换为点分十进制为 133.10.192.0/21
  10000101.00001010.11001000.00000000 转换为点分十进制为 133.10.200.0/21
  10000101.00001010.11010000.00000000 转换为点分十进制为 133.10.208.0/21
  10000101.00001010.11011000.00000000 转换为点分十进制为 133.10.216.0/21
  10000101.00001010.11100000.00000000 转换为点分十进制为 133.10.224.0/21
  10000101.00001010.11101000.00000000 转换为点分十进制为 133.10.232.0/21
  10000101.00001010.11110000.00000000 转换为点分十进制为 133.10.240.0/21
  10000101.00001010.11111000.00000000 转换为点分十进制为 133.10.248.0/21

  这里只有 B 选项不是子网的子网地址。这种方式计算量稍大，使用《网络工程师 5 天修炼（适配第 6 版考纲）》中的 IP 地址快速计算法，可以简化计算过程。

  ■ **参考答案**　（13）B

知识点：网络层其他协议

知识点综述

本知识点主要考查 IP 伪装和 NAT 的基本概念，以及其他常用网络层协议的工作原理和应用。其中 ICMP 协议是考试的一个重要内容。本知识点的体系图谱如图 5-6 所示。

图 5-6　网络层其他协议知识体系图谱

参考题型

【考核方式 1】　考核 NAT 与 IP 伪装的概念。

- 有一种 NAT 技术叫作"地址伪装"（Masquerading），下列关于地址伪装的描述中，正确的是＿＿(1)＿＿。

　　（1）A．把多个内部地址翻译成一个外部地址和多个端口号
　　　　B．把多个外部地址翻译成一个内部地址和一个端口号
　　　　C．把一个内部地址翻译成多个外部地址和多个端口号
　　　　D．把一个外部地址翻译成多个内部地址和一个端口号

　　■ 试题分析　　Masquerading 伪装地址方式是通过改写数据包的源 IP 地址为自身接口的 IP 地址，可以指定 port 对应的范围。这个功能与 SNAT 不同的是，当进行 IP 伪装时，不需要指定伪装成哪个 IP 地址，这个 IP 地址会自动从网卡读取，尤其是当使用 DHCP 方式获得地址时，Masquerading 特别有用。

　　■ 参考答案　　（1）A

【考核方式 2】　考核 ICMP 协议的相关概念。

- 以下关于 ICMP 协议的说法中，正确的是＿＿(2)＿＿。

　　（2）A．由 MAC 地址求对应的 IP 地址
　　　　B．在公网 IP 地址与私网 IP 地址之间进行转换
　　　　C．向源主机发送传输错误警告
　　　　D．向主机分配动态 IP 地址

■ **试题分析** Internet 控制报文协议（Internet Control Message Protocol，ICMP）是 TCP/IP 协议簇的一个子协议，是网络层协议，用于在 IP 主机、路由器之间传递控制消息。控制消息是指网络通不通、主机是否可达、路由是否可用等网络本身的消息。这些控制消息虽然并不传输用户数据，但是对于用户数据的传递起着重要的作用。

ICMP 报文分为 **ICMP 差错报告报文** 和 **ICMP 询问报文**，具体见表 5-5。

表 5-5 常考的 ICMP 报文

报文种类	类型值	报文类型	报文定义	报文内容
差错报告报文	3	目的不可达	路由器与主机不能交付数据时，就向源点发送目的不可达报文	包括网络不可达、主机不可达、协议不可达、端口不可达、需要进行分片但是设置了不分片、源路由失败、目的网络未知、目的主机未知、目的网络被禁止、目的主机被禁止、由于服务类型 TOS 网络不可达、由于服务类型 TOS 主机不可达、主机越权、优先权中止生效
	4	源点抑制	由于拥塞而丢弃数据报时，就向源点发送抑制报文，降低发送速率	
	5	重定向（改变路由）	路由器将重定向报文发送给主机，优化或改变主机路由	包括网络重定向、主机重定向、对服务类型和网络重定向、对服务类型和主机重定向
	11	时间超时	丢弃 TTL 为 0 的数据，向源点发送时间超时报文	
	12	参数问题	发现数据报首部有不正确字段时，丢弃报文，并向源点发送参数问题报文	
询问报文	0	回送应答	收到**回送请求报文**的主机必须回应源主机**回送应答报文**	
	8	回送请求		
	13	时间戳请求	请求对方回答当前日期、时间	
	14	时间戳应答	回答当前日期、时间	

由此可知，正确答案是 C。

■ **参考答案** （2）C

【考核方式 3】 考核 ARP、RARP 协议的相关概念。

● 以下关于 RARP 协议的说法中，正确的是＿＿＿（3）＿＿＿。

（3）A．RARP 协议根据主机 IP 地址查询对应的 MAC 地址

B．RARP 协议用于对 IP 协议进行差错控制
C．RARP 协议根据 MAC 地址求主机对应的 IP 地址
D．RARP 协议根据交换的路由信息动态改变路由表

■ **试题分析** 反向地址解析（Reverse Address Resolution Protocol，RARP）是将 48 位的以太网地址解析成为 32 位的 IP 地址。

■ **参考答案** （3）C

● ARP 协议的作用是___（4）___，它的协议数据单元封装在___（5）___中传送。ARP 请求是采用___（6）___方式发送的。

（4）A．由 MAC 地址求 IP 地址　　　　B．由 IP 地址求 MAC 地址
　　　C．由 IP 地址查域名　　　　　　D．由域名查 IP 地址
（5）A．IP 分组　　B．以太帧　　C．TCP 段　　D．UDP 报文
（6）A．单播　　　B．组播　　　C．广播　　　D．点播

■ **试题分析** ARP 协议是在网络层的协议，主要用于解析 IP 地址对应的 MAC 地址。数据封装在以太帧里面，因为要对所有的机器发出请求，因此其目的地址是广播地址，所以是以广播形式发送的。

■ **参考答案** （4）B　（5）B　（6）C

知识点：IPv6

知识点综述

IPv6 在近年来的考试中出现越来越频繁，分值也越来越高，因此对于 IPv6 的基本概念、地址类型及 IPv4 与 IPv6 兼容的方式等知识要重点了解。本知识点的体系图谱如图 5-7 所示。

图 5-7　IPv6 知识点体系图谱

参考题型

【考核方式1】 考核 IPv6 协议的相关概念。

- 下列关于 IPv6 的描述中，最准确的是____（1）____。

  （1）A．IPv6 可以允许全局地址重复使用

  B．IPv6 解决了全局 IP 地址不足的问题

  C．IPv6 的出现使得卫星联网得以实现

  D．IPv6 的设计目标之一是支持光纤通信

■ **试题分析** IPv6（Internet Protocol Version 6）是 IETF 设计的用于替代现行 IPv4 的下一代 IP 协议。IPv6 地址为 128 位长，但通常写作 8 组，每组为 4 个十六进制数的形式。设计的主要目的就是要解决 IPv4 地址不足的问题。

■ **参考答案** （1）B

【考核方式2】 考核 IPv6 协议的地址类型。

- IPv6 地址分为三种类型，它们是____（2）____。

  （2）A．A 类地址、B 类地址、C 类地址

  B．单播地址、组播地址、任意播地址

  C．单播地址、组播地址、广播地址

  D．公共地址、站点地址、接口地址

■ **试题分析** 单播地址用于表示单台设备的地址。发送到此地址的数据包被传递给标识的设备。单播地址和多播的区别在于高 8 位不同。多播的高 8 位总是十六进制的 FF。

单播地址有以下几类：

1）全球单播地址。全球单播地址是指这个单播地址是全球唯一的，其地址结构如图 5-8 所示。

48位	16位	64位
全球路由选择前缀	子网ID	接口ID

图 5-8 全球单播地址格式

当前分配的全球单播地址最高位为 001（二进制）。

> 链路本地单播地址。链路本地单播地址在邻居发现协议等功能中很有用，该地址主要用于启动时及系统尚未获取较大范围的地址时，链路节点自动地址配置。该地址起始 10 位固定为 1111111010（FE80::/10）。

> 地区本地单播地址。这个地址是仅仅在一个给定区域内是唯一的，其他区域内可以使用相同的地址。但这类方式争议较大，地区本地单播地址起始 10 位固定为 1111111011（FEC0::/10）。

2）任意播地址。任意播地址更像一种服务，而不是一台设备，并且相同的地址可以驻留在提供相同服务的一台或多台设备中。任意广播地址取自单播地址空间，而且在语法上不能与其他地址区别开来。寻址的接口依据其配置确定单播和任意广播地址之间的差别。使用任意播地址的好处是，

路由器总是选择到达"最近的"或者"代价最低的"服务器路由。因此，提供一些通用服务的服务器能够通过一个大型的网络进行传播，并且流量可以由本地传送到最近的服务器，这样可以使得流量模型变得更加有效。

3）组播地址。多播地址标识不是一台设备，而是多台设备组成一个多播组。发送给一个多播组的数据包可以由单台设备发起。一个多播数据包通常包括一个单播地址作为其源地址，一个多播地址作为其目的地址。一个数据包中，多播地址从来不会作为源地址出现。IPv6 中的组播在功能上与 IPv4 中的组播类似：表现为一组接口可以同时接收某一类的数据流量。

■ **参考答案** （2）B

● 在 IPv6 的单播地址中有两种特殊地址，其中地址 0:0:0:0:0:0:0:0 表示_____（3）_____，地址 0:0:0:0:0:0:0:1 表示_____（4）_____。

（3）A．不确定地址，不能分配给任何节点

B．回环地址，节点用这种地址向自身发送 IM 分组

C．不确定地址，可以分配给任何节点

D．回环地址，用于测试远程节点的连通性

（4）A．不确定地址，不能分配给任何节点

B．回环地址，节点用这种地址向自身发送 IPv6 分组

C．不确定地址，可以分配给任何节点

D．回环地址，用于测试远程节点的连通性

■ **试题分析** 在 IPv6 的单播地址中有两种特殊地址，其中地址 0:0:0:0:0:0:0:0 表示不确定地址，不能分配给任何节点，地址 0:0:0:0:0:0:0:1 表示回环地址，节点用这种地址向自身发送 IPv6 分组。

■ **参考答案** （3）A （4）B

【考核方式3】考核 IPv6 地址的表示形式。

● IPv6 地址 33AB:0000:0000:CD30:0000:0000:0000:0000/60 可以表示成各种简写形式，以下写法中正确的是_____（5）_____。

（5）A．33AB:0:0:CD30::/60 B．33AB:0:0:CD3/60

C．33AB::CD30/60 D．33AB::CD3/60

■ **试题分析** IPv6 简写法。

1）字段前面的 0 可以省去，后面 0 不可以省。

例如：00351 可以简写为 351，35100 不可以简写为 351。

2）一个或者多个字段 0 可以用 "::" 代替，但是只能替代一次。

例如：

7000:0000:0000:0000:0351:4167:79AA:DACF 可以简写为 7::351:4167:79AA:DACF。

12AB:0000:0000:CD30:0000:0000:0000:0000/60 可以简写为 12AB:0:0:CD30::/60

33AB:**0000:0000**:CD30:**0000:0000:0000:0000**/60，标黑的地方均可以简写，正确的形式是 33AB:0:0:CD30::/60。

■ **参考答案** （5）A

【考核方式 4】 考核 IPv6 的协议结构。

- 下列 IPv6 数据报头的字段在 IPv4 报头中无对应功能的是＿＿（6）＿＿。

（6）A．Payload Length　　　　　　　B．Traffic Class
　　　C．Hop Limit　　　　　　　　　D．Flow Label

■ 试题分析　IPv6 是 IPv4 的升级版本，对 IPv4 进行精简，并采用了新的流的概念。IPv6 流是指从特定源发送到特定目的地的数据包序列。这些数据包可以是单播、任播或组播，并且流的状态可以通过 IPv6 流标签来标记和识别。流标签位于 IPv6 数据包的扩展头部分，用于提高数据包的传输效率和网络资源的有效利用。

■ 参考答案　（6）D

【考核方式 5】 考核 IPv4-IPv6 过渡机制。

- 阅读以下说明，回答问题 1 至问题 2，将解答填入答题纸对应的解答栏内。

【说明】某单位的两个分支机构各有 1 台采用 IM 的主机，计划采用 IPv6-over-IPv4 GRE 隧道技术实现两个分支机构的 IM 主机通信，其网络拓扑结构如图 5-9 所示。

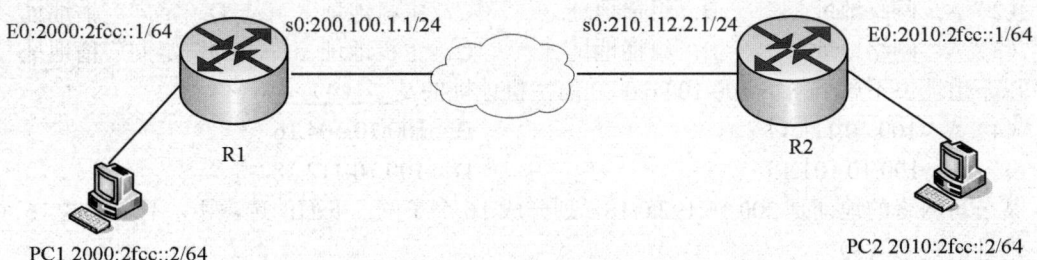

图 5-9　网络拓扑结构

【问题 1】（2 分）

使用 IPv6-over-IPv4 GRE 隧道技术，可在 IPv4 的 GRE 隧道上承载 IM 数据报文。此时＿＿（1）＿＿作为乘客协议，＿＿（2）＿＿作为承载协议。

【问题 2】（1 分）

IPv6 主机 PC1 的 IP 地址为 2000:2fcc::2/64，在这种配置环境下，其网关地址应为＿＿（3）＿＿。

■ 试题分析

【问题 1】

使用 IPv6-over-IPv4 GRE 隧道技术，可在 IPv4 的 GRE 隧道上承载 IM 数据报文。此时 **IPv6** 作为乘客协议，**IPv4 GRE** 作为承载协议。

【问题 2】

题目给出 PC1 的 IPv6 地址为 2000:2fcc::2/64，该 PC1 的网关地址即为路由器 R1 的 E0 口地址，即 2000:2fcc::1/64。

■ 参考答案

【问题1】
（1）IPv6
（2）IPv4 GRE

【问题2】
（3）2000:2fcc::1/64

课堂练习

一、基础知识题

- IP地址分为公网地址和私网地址，以下地址中属于私有网络地址的是___（1）___。

  （1）A. 10.216.33.124　　　　　　　　B. 127.0.0.1
  　　C. 172.34.21.15　　　　　　　　　D. 192.32.146.23

- 地址192.168.37.192/25是___（2）___，地址172.17.17.255/23是___（3）___。

  （2）A. 网络地址　　B. 组播地址　　C. 主机地址　　D. 定向广播地址
  （3）A. 网络地址　　B. 组播地址　　C. 主机地址　　D. 定向广播地址

- 以下地址中不属于网络100.10.96.0/20的主机地址的是___（4）___。

  （4）A. 100.10.111.17　　　　　　　　B. 100.10.104.16
  　　C. 100.10.101.15　　　　　　　　D. 100.10.112.18

- 某公司网络的地址是200.16.192.0/18，划分成16个子网，下面的选项中，不属于这16个子网地址的是___（5）___。

  （5）A. 200.16.236.0/22　　　　　　　B. 200.16.224.0/22
  　　C. 200.16.208.0/22　　　　　　　D. 200.16.254.0/22

- 下列地址中，属于154.100.80.128/26的可用主机地址的是___（6）___。

  （6）A. 154.100.80.128　　　　　　　B. 154.100.80.190
  　　C. 154.100.80.192　　　　　　　D. 154.100.80.254

- SP分配给某公司的地址块为199.34.76.64/28，则该公司得到的地址数是___（7）___。

  （7）A. 8　　　　B. 16　　　　C. 32　　　　D. 64

- 如果子网172.6.32.0/20被划分为子网172.6.32.0/26，则下面的结论中正确的是___（8）___。

  （8）A. 被划分为62个子网　　　　　B. 每个子网有64个主机地址
  　　C. 被划分为64个子网　　　　　D. 每个子网有62个主机地址

- 可以用于表示地址块220.17.0.0～220.17.7.0的网络地址是___（9）___，这个地址中可以分配___（10）___个主机地址。

  （9）A. 220.17.0.0/20　　　　　　　B. 220.17.0.0/21
  　　C. 220.17.0.0/16　　　　　　　D. 220.17.0.0/24
  （10）A. 2032　　　B. 2048　　　C. 2000　　　D. 2056

- 使用 CIDR 技术把 4 个 C 类网络 192.24.12.0/24、192.24.13.0/24、192.24.14.0/24 和 192.24.15.0/24 汇聚成一个超网，得到的地址是___(11)___。
  (11) A. 192.24.8.0/22　　　　　　　　　B. 192.24.12.0/22
  　　 C. 192.24.8.0/21　　　　　　　　　D. 192.24.12.0/21
- 某公司有 2000 台主机，则必须给它分配___(12)___个 C 类网络。为了使该公司的网络地址在路由表中只占一行，给它指定的子网掩码必须是___(13)___。
  (12) A. 2　　　　B. 8　　　　C. 16　　　　D. 24
  (13) A. 255.192.0.0　　　　　　　　　B. 255.240.0.0
  　　 C. 255.255.240.0　　　　　　　　D. 255.255.248.0
- 所谓"代理 ARP"是指由___(14)___假装目标主机回答源主机的 ARP 请求。
  (14) A. 离源主机最近的交换机　　　　　B. 离源主机最近的路由器
  　　 C. 离目标主机最近的交换机　　　　D. 离目标主机最近的路由器
- 为了确定一个网络是否可以连通，主机应该发送 ICMP___(15)___报文。
  (15) A. 回应请求　　　　　　　　　　　B. 路由重定向
  　　 C. 时间戳请求　　　　　　　　　　D. 地址掩码请求
- ARP 表用于缓存设备的 IP 地址与 MAC 地址的对应关系，采用 ARP 表的好处是___(16)___。
  (16) A. 便于测试网络连接数　　　　　　B. 减少网络维护工作量
  　　 C. 限制网络广播数量　　　　　　　D. 解决网络地址冲突
- IPv6 的"链路本地地址"是将主机的___(17)___附加在地址前缀 1111 1110 10 之后产生的。
  (17) A. IPv4 地址　　　　　　　　　　　B. MAC 地址
  　　 C. 主机名　　　　　　　　　　　　D. 任意字符串
- IPv6 地址 12AB:0000:0000:CD30:0000:0000:0000:0000/60 可以表示成各种简写形式，下列选项中，写法正确的是___(18)___。
  (18) A. 12AB:0:0:CD30::/60　　　　　　B. 12AB:0:0:CD3/60
  　　 C. 12AB::CD30/60　　　　　　　　D. 12AB::CD3/60
- 假设分配给用户 U1 的网络号为 192.25.16.0～192.25.31.0，则 U1 的地址掩码应该为___(19)___；假设分配给用户 U2 的网络号为 192.25.64.0/20，如果路由器收到一个目标地址为 11000000.00011001.01000011.00100001 的数据报，则该数据报应传送给用户___(20)___。
  (19) A. 255.255.255.0　　　　　　　　　B. 255.255.250.0
  　　 C. 255.255.248.0　　　　　　　　D. 255.255.240.0
  (20) A. U1　　　　　　　　　　　　　　B. U2
  　　 C. U1 或 U2　　　　　　　　　　　D. 不可到达
- IP 数据报首部中 IHL（Internet 首部长度）字段的最小值为___(21)___。
  (21) A. 5　　　　B. 20　　　　C. 32　　　　D. 128
- 当 IP 报文在网络中传输时，如果其生存时间（TTL）减至 0，将会发送的 ICMP 消息是___(22)___。
  (22) A. Parameter Problem　　　　　　　B. TTL Exceeded
  　　 C. Source Quench　　　　　　　　 D. Destination Unreachable

二、应用技术题

1. 阅读以下说明，回答问题 1 至问题 2，将解答填入答题纸的对应栏内。

【说明】某单位网络内部部署有 IPv4 主机和 IPv6 主机，该单位计划采用 ISATAP 隧道技术实现两类主机的通信，其网络拓扑结构如图 5-10 所示，路由器 R1、R2、R3 通过串口经 IPv4 网络连接，路由器 R1 连接 IPA 网络，路由器 R3 连接 IPv6 网段。通过 ISATAP 隧道将 IPv6 的数据包封装到 IPv4 的数据包中，实现 PC1 和 PC2 的数据传输。

图 5-10 网络拓扑结构

【问题 1】（2 分）

双栈主机使用 ISATAP 隧道时，IPv6 报文的目的地址和隧道接口的 IPv6 地址都要采用特殊的 ISATAP 地址。在 ISATAP 地址中，前 64 位是向 ISATAP 路由器发送请求得到的，后 64 位由两部分构成，其中前 32 位是___(1)___，后 32 位是___(2)___。

（1）A．0:5EFE　　　　B．5EFE:0　　　　C．FFFF:FFFF　　　D．0:0

（2）A．IPv4 广播地址　　B．IPv4 组播地址　　C．IPv4 单播地址

【问题 2】（1 分）

实现 ISATAP 需要在 PC1 进行配置，请完成下面的命令。

C:\>netsh interface ipv6 isatap set router___(3)___

2. 阅读以下说明，回答问题 1 至问题 2，将解答填入答题纸的对应栏内。

【说明】某单位在实验室部署了 IPv6 主机，在对现有网络不升级的情况下，计划采用 NAT-PT 方式进行过渡，实现 IPv4 主机与 IPv6 主机之间的通信，其网络结构如图 5-11 所示。其中，IPv6 网络使用的 NAT-PT 前缀是 2001:aaaa:0:0:0:1::/96，IPv6 网络中的任意节点动态映射到地址池 16.23.31.10~16.23.31.20 中的 IPv4 地址。

图 5-11 网络结构

【问题 1】（4分）

使用 NAT-PT 方式完成 IPv4 主机与 IPv6 主机通信需要路由器支持，在路由器上需要配置 DNS-ALG 和 FTP-ALG 这两种常用的应用网关。

没有 DNS-ALG 和 FTP-ALG 的支持，无法实现___(1)___节点发起的与___(2)___节点之间的通信。

【问题 2】（3分）

NAT-PT 机制定义了三种不同类型的操作，其中，___(3)___提供一对一的 IPv6 地址和 IPv4 地址的映射；___(4)___也提供一对一的映射，但是使用一个 IPv4 地址池；___(5)___提供多个有 NAT-PT 前缀的 IPv6 地址和一个源 IPv4 地址间的多对一动态映射。

试题分析

一、基础知识题

试题（1）分析：IP 地址的范围如下：

A 类地址范围：1.0.0.0～126.255.255.255。
- 10.×.×.×是私有地址。
- 127.×.×.×是保留地址，叫作环回（Loopback）地址。

B 类地址范围：128.0.0.0～191.255.255.255。
- 172.16.0.0～172.31.255.255 是私有地址。
- 169.254.×.×是保留地址，叫作（APIPA）地址，PC 无法获得动态地址时，作为临时的主机地址。

C 类地址范围：192.0.0.0～223.255.255.255。
- 192.168.×.×是私有地址。地址范围：192.168.0.0～192.168.255.255。

D 类地址范围：224.0.0.0～239.255.255.255，组播地址。

E 类地址范围：240.0.0.0～247.255.255.255，保留用作实验。

对于常用的地址范围必须要记住，属于识记类型。

参考答案：（1）A

试题（2）（3）分析：典型的子网掩码计算题型，通过子网掩码计算地址的类型。这里的/25 表明子网掩码是 255.255.255.128，也就是说 192.168.37.192 属于地址段 192.168.37.128～192.168.37.255 之间的一个地址，所以属于一个普通的主机地址。172.17.17.255/23 化为二进制，可以得知 172.17.000010001.255/23（此处只需要将第 3 字节化为二进制就可以）后面连续 9bit 都是 1，因此是一个定向广播地址。

参考答案：（2）C （3）D

试题（4）分析：将各地址转换为点分二进制，见表 5-6。

表 5-6 地址转换表

点分十进制	点分二进制	
	网络位	主机位
100.10.96.0/20	01100100.00001010.0110	0000.00000000
100.10.111.17	01100100.00001010.0110	1111.00010001
100.10.104.16	01100100.00001010.0110	1000.00001111
100.10.101.15	01100100.00001010.0110	0101.00001111
100.10.112.18	01100100.00001010.0111	0000.00010010

D 选项的网络位不匹配。

参考答案：（4）D

试题（5）分析：某公司网络的地址是 200.16.192.0/18，网络位有 18 位，主机位有 16 位。而题目要求公司网络划分为 16 个子网，因此需要从主机位划分 4 位作为子网。

具体划分见表 5-7。

表 5-7 子网具体划分

	十进制	二进制
子网地址	200.16.192.0/22	11001000.00010000.11000000.00000000
	200.16.196.0/22	11001000.00010000.11000100.00000000
	200.16.200.0/22	11001000.00010000.11001000.00000000
	200.16.204.0/22	11001000.00010000.11001100.00000000
	200.16.208.0/22	11001000.00010000.11010000.00000000
	200.16.212.0/22	11001000.00010000.11010100.00000000
	200.16.216.0/22	11001000.00010000.11011000.00000000
	200.16.220.0/22	11001000.00010000.11011100.00000000
	200.16.224.0/22	11001000.00010000.11100000.00000000
	200.16.228.0/22	11001000.00010000.11100100.00000000
	200.16.232.0/22	11001000.00010000.11101000.00000000
	200.16.236.0/22	11001000.00010000.11101100.00000000
	200.16.240.0/22	11001000.00010000.11110000.00000000
	200.16.244.0/22	11001000.00010000.11110100.00000000
	200.16.248.0/22	11001000.00010000.11111000.00000000
	200.16.252.0/22	11001000.00010000.11111100.00000000
超网地址	200.16.192.0/18	11001000.00010000.11000000.00000000

参考答案：（5）B

试题（6）分析：先转换为二进制，见表 5-8。

表 5-8 地址转换

	十进制	二进制
子网地址	154.100.80.128/26	**10011010. 1100100. 1010000. 10**000000
广播地址	154.100.80.191	**10011010. 1100100. 1010000. 10**111111
可用地址范围	154.100.80.129～154.100.80.190	

所以只有 154.100.80.190 在其范围内。

参考答案：（6）B

试题（7）分析：199.34.76.64/28 中，主机位=32-28=4 位。因此可获得地址数=2^4=16。

参考答案：（7）B

试题（8）分析：典型的子网划分问题。从题目可以知道，原来的掩码是/20，划分子网后变为/26，也就是借用了 26-20=6bit 作为子网部分。因此可以知道一共有 2^6=64 个子网，每个子网的主机位数是 32-26=6 位，因此每个子网可包含的主机数为 2^6=64 个，但是由于主机位全 0 或全 1 的地址分别作为网络地址和广播地址使用，因此可用主机地址仅为 64-2=62 个。

参考答案：（8）D

试题（9）（10）分析：此题的解题思路与第（8）题完全一样，可以得出表示地址块 220.17.0.0～220.17.7.255 的网络地址是 220.17.0.0/21，选 B 项。

这个地址段实际是由 8 个 C 类地址组成，如果按照 C 类地址来使用，每个 C 类地址可以分配给主机使用的地址数是 254，因此全部可以分配给主机的地址数为 254×8=2032 个。另一种计算主机地址数的方式是 8×2^8-2=2048-2=2046 个，两种方式的结果不一样是因为第二种方式不考虑按照 C 类地址使用，直接看作一个网段使用，因此只需要减去网络地址和广播地址即可。考试中这两种方式都有可能出现，具体需要根据选项中的答案确定使用哪一种。

参考答案：（9）B （10）A

试题（11）分析：第 1 步：将所有十进制的子网转换成二进制。

本题转换结果见表 5-9。

表 5-9 转换结果

	十进制	二进制
子网地址	192.24.12.0/24	**11000000. 00011000. 00001100.** 00000000
	192.24.13.0/24	**11000000. 00011000. 000011**01.00000000
	192.24.14.0/24	**11000000. 00011000. 000011**10.00000000
	192.24.15.0/24	**11000000. 00011000. 000011**11.00000000
合并后超网地址	192.24.12.0/22	**11000000. 00011000. 000011**00.00000000

第 2 步：从左到右，找连续的相同位及相同位数。

从表 5-9 可以发现，相同位为 22 位。即 **11000000.00011000.00001100.00000000** 为新网络地址，将其转换为点分十进制，得到的汇聚网络为 192.24.12.0/22。

参考答案：（11）B

试题（12）（13）分析： 本题是一道简单计算题，每个 C 类网络最多可以拥有 254 个主机，而公司有 2000 台计算机，因此至少需要 2000/254=7.8 个网络，也就是说，只要分配 8 个 C 类网络即可。为了使该公司的网络地址在路由表中只占一行，也就是要将这 8 个 C 类地址聚合到一起，变成一个超网，那么只要计算出超网的掩码即可。从分析可以看出，要聚合 8 个网络，至少需要 $\log_2 8=3$ 个 bit，因此子网掩码应该是 24-3=21bit，换算过来就是 255.255.248.0，因此选 D。

参考答案：（12）B　（13）D

试题（14）分析： 所谓"代理 ARP"，实际上是离源主机最近的一个三层设备（通常是路由器或者服务器）暂时充当目标机器，对 ARP 请求给予回应，将自己的 MAC 地址作为目标主机的 MAC 地址发给请求方。

参考答案：（14）B

试题（15）分析： 回应请求/应答 ICMP 报文对用于测试目的主机或路由器的可达性。

参考答案：（15）A

试题（16）分析： 主机 ARP 缓存表用于动态存储 IP 地址与 MAC 地址的对应关系。主机要做 ARP 请求时，首先查询 ARP 缓存表，如果没有，再向网络内发送 ARP 广播请求。采用 ARP 表的好处是限制网络广播数量。

参考答案：（16）C

试题（17）分析： 链路本地单播地址在邻居发现协议等功能中很有用，该地址主要用于启动时以及系统尚未获取较大范围的地址时，链路节点自动地址配置。该地址起始 10 位固定为 1111111010（FE80::/10）。链路本地单播地址是将主机的 MAC 地址附加在地址前缀 1111 1110 10 之后产生的。

参考答案：（17）B

试题（18）分析： IPv6 简写法如下：

1）字段前面的 0 可以省去，后面 0 不可以省。

例如：00351 可以简写为 351，35100 不可以简写为 351。

2）一个或者多个字段 0 可以用"::"代替，但是只能替代一次。

例如：

7000:0000:0000:0000:0351:4167:79AA:DACF 可以简写为 7::351:4167:79AA:DACF。

12AB:0000:0000:CD30:0000:0000:0000:0000/60 可以简写为 12AB:0:0:CD30: : /60。

参考答案：（18）A

试题（19）（20）分析：

第（19）空是典型的子网计算题型。这里是计算子网掩码，只需要将 IP 的首地址和末地址化为二进制数，从左到右找出相同的 bit 数即可。这里有个相对比较简单的方法，就是只要计算首地址和末地址不同的部分即可。从题干中可知 192.25.16.0～192.25.31.0 这个地址段中，第 3 字节不同，所以只要将第 3 字节化为二进制。16 对应 00010000，31 对应 00011111，因此第 3 字节相同的 bit

数就是前面 4 个 bit。因此掩码的长度就是前 2 个字节的 16bit 加上第 3 字节的 4bit 等于 20bit。因此子网掩码就是 255.255.240.0。第（20）空是将目标地址的二进制表示形式化为十进制，再和 U2 所在的 IP 地址对比即可知道。

目标地址 11000000.00011001.01000011.00100001 化为十进制就是 192.25.67.33 。而 U2 的地址是 192.25.64.0/20，对应的地址范围是 192.25.64.0～192.25.79.255。因此是发给 U2 的数据包。

参考答案：（19）D （20）B
试题（21）分析：头部长度（Internet Header Length，IHL）长度为 4 位。该字段表示数的单位是 32 位，即 4 字节。常用的值是 5，也是可取的最小值，表示报头为 20 字节；可取的最大值是 15，表示报头为 60 字节。

参考答案：（21）A
试题（22）分析：如果在 IP 包到达目的 IP 之前，TTL 减少为 0，路由器将会丢弃收到的 TTL=0 的 IP 包，并向 IP 包的发送者发送 ICMP time Exceeded 消息。

参考答案：（22）B

二、应用技术题

试题 1 分析：
【问题 1】
站内自动隧道寻址协议（Intra-Site Automatic Tunnel Addressing Protocol，ISATAP）是一种站点内部的 IPv6 网络将 IPv4 网络视为一个非广播型多路访问（NBMA）链路层的 IPv6 隧道技术，即将 IPv4 网络当作 IPv6 的虚拟链路层。

双栈主机使用 ISATAP 隧道时，IPv6 报文的目的地址和隧道接口的 IPv6 地址都要采用特殊的 ISATAP 地址。在 ISATAP 地址中，**前 64 位是向 ISATAP 路由器发送请求得到的**；后 64 位中由两部分构成，其中后 64 位中的前 32 位是 **0:5EFE**；后 32 位是 **IPv4 单播地址**。即 ISATAP 接口 ID 必须为**::0:5EFE:IPv4 地址**的形式。具备该地址形式的双栈主机可以和同一子网内的其他 ISATAP 主机进行 IPv6 通信；如果要跨网段，ISATAP 路由器还需要使用全球单播地址（2001:、2002:）开头。

ISATAP 隧道技术不要求隧道节点拥有公网 IPv4 地址，只要求双栈主机具有 IPv4 地址。

【问题 2】
PC1 要使用 ISATAP 传输数据，就要知道该 ISATAP 隧道的出口地址。对 PC1 来说，隧道出口地址为 192.2.2.1。所以，PC1 完整命令为 C:\>netsh interface ipv6 isatap set router 192.2.2.1。

参考答案：
【问题 1】
（1）A
（2）C
【问题 2】
（3）192.2.2.1

试题 2 分析:
【问题 1】
网络地址转换器（Network Address Translation-Protocol，NAT-PT）是一种纯 IPv6 节点和 IPv4 节点间的互通方式，所有包括地址、协议在内的转换工作都由网络设备来完成。支持 NAT-PT 的网关路由器应具有 IPv4 地址池，在从 IPv6 向 IPv4 域中转发包时使用，地址池中的地址是用来转换 IPv6 报文中的源地址的。此外，网关路由器需要 DNS-ALG 和 FTP-ALG 这两种常用的应用层网关的支持，在 IPv6 节点访问 IPv4 节点时发挥作用。如果没有 DNS-ALG 的支持，只能实现由 IPv6 节点发起的与 IPv4 节点之间的通信，反之则不行。如果没有 FTP-ALG 的支持，IPv4 网络中的主机将不能用 FTP 软件从 IPv6 网络中的服务器上下载文件或者上传文件，反之亦然。

【问题 2】
NAT-PT 机制定义了三种不同类型的操作，其中，**静态模式**提供一对一的 IPv6 地址和 IPv4 地址的映射；**动态模式**也提供一对一的映射，但是使用一个 IPv4 地址池；**NAPT-PT（网络地址端口转换协议）**提供多个有 NAT-PT 前缀的 IPv6 地址和一个源 IPv4 地址间的多对一动态映射。

参考答案：
【问题 1】
（1）IPv4
（2）IPv6
【问题 2】
（3）静态模式
（4）动态模式
（5）NAPT-PT（网络地址端口转换协议）

第6章 传输层

知识点图谱与考点分析

传输层的两个主要协议就是 TCP 和 UDP,考试中对 TCP 协议的考查相对比较多。本章需主要掌握这两个协议的一些基本概念。其知识体系图谱如图 6-1 所示。

图 6-1 传输层知识体系图谱

知识点:基本概念

知识点综述

传输层的基本协议主要是 TCP 和 UDP,因此本知识点主要考查 TCP 与 UDP 协议中的基本概念,如 TCP 报文格式、UDP 报文格式、两者之间的区别等,尤其是从 2024 年开始,也比较重视 UDP 协议的报文格式,因此后续复习中,要注意 UDP 协议报文格式的相关知识。本知识点的体系图谱如图 6-2 所示。

基本概念 — 传输层协议的基本概念

图 6-2 基本概念知识体系图谱

参考题型

【考核方式】 考核传输层协议的基本概念。

- 当 TCP 实体要建立连接时,其段头中的 ___(1)___ 标志置 1。

  (1) A. SYN B. FIN C. RST D. URG

  ■ 试题分析 TCP 报文首部格式如图 6-3 所示。

源端口(16)							目的端口(16)
序列号(32)							
确认号(32)							
报头长度(4)	保留(6)	URG	ACK	PSH	RST	SYN	FIN	窗口(16)
校验和(16)							紧急指针(16)
选项(长度可变)							填充
TCP 报文的数据部分(可变)							

  图 6-3 TCP 报文结构

  该字段包含字段有:紧急(URG)——紧急有效,需要尽快传送;确认(ACK)——建立连接后的报文回应,ACK 设置为 1;推送(PSH)——接收方应该尽快将这个报文段交给上层协议,不需要等缓存满;复位(RST)——重新连接;同步(SYN)——发起连接;终止(FIN)——释放连接。

  ■ 参考答案 (1) A

- 主机 A 向主机 B 发送一个长度为 L 字节的文件,假设 TCP 的 MSS 为 1460 字节,则在 TCP 的序号不重复使用的前提下,L 的最大值是 ___(2)___。

  (2) A. $2^{16}-1$ B. 2^{16} C. 2^{32} D. $2^{32}-1$

  ■ 试题分析 TCP 按照字节进行编号,最大支持 2^{32} 个字节,其编号的取值从 $0 \sim 2^{32}-1$。但本题问的是序号不重复使用的前提下 L 的最大值。因为 L 表示的是文件的大小,在不重复使用编号时,文件的最大值是 2^{32} 个字节。

  ■ 参考答案 (2) C

- 如果 TCP 连接的接收窗口是 20KB,往返时间(RTT)是 100ms,最大吞吐量约为 ___(3)___。

  (3) A. 20KB/s B. 2MB/s C. 200KB/s D. 100KB/s

  ■ 试题分析 最大吞吐量通常等于接收窗口大小/RTT。不过这里需要注意单位转换的问题。

接收窗口是 20KB，也就是 20×1024 字节，转换成比特需乘以 8，但是从题目的参考答案来看，使用的都是 KB/s，因此不要化为比特。RTT 是 100ms，也就是 0.1 秒。所以吞吐量应该是（窗口大小比特）/ RTT=200KB/s

■ 参考答案 （3）C

知识点：TCP

知识点综述

TCP 协议中的三次握手是网络工程师考试中的考查重点，对于握手的过程必须要详细了解。本知识点体系图谱如图 6-4 所示。

图 6-4　TCP 三次握手知识体系图谱

参考题型

【考核方式】 考核 TCP 三次握手的相关概念。

- 当一个 TCP 连接处于___（1）___状态时等待应用程序关闭端口。

（1）A．CLOSED　　　　　　　　　　B．ESTABLISHED
　　　C．CLOSE-WAIT　　　　　　　　D．LAST-ACK

■ 试题分析　1）TCP 会话通过**三次握手**来建立连接。

三次握手的目标是使数据段的发送和接收同步。同时也向其他主机表明其一次可接收的数据量（窗口大小），并建立逻辑连接。这三次握手的过程可以简述如下：

双方通信之前均处于 **CLOSED** 状态。

第一次握手：

源主机发送一个同步标志位 SYN=1 的 TCP 数据段。此段中同时标明初始序号（Initial Sequence Number，ISN）。ISN 是一个随时间变化的随机值，即 **SYN=1，SEQ=x**。源主机进入 **SYN-SENT** 状态。

第二次握手：

目标主机接收到 SYN 包后，发回确认数据报文。该数据报文 ACK=1，同时确认序号字段，表明目标主机期待收到源主机下一个数据段的序号，即 ACK=x+1（表明前一个数据段已收到并且没有错误）。

此外，此段中设置 SYN=1，并包含目标主机的段初始序号 y，即 ACK=1，确认序号 ACK=x+1，

SYN=1，自身序号 SEQ=y。此时目标主机进入 SYN-RCVD 状态，源主机进入 ESTABLISHED 状态。

第三次握手：

源主机再回送一个确认数据段，同样带有递增的发送序号和确认序号（**ACK=1，确认序号 ACK=y+1，自身序号 SEQ**），TCP 会话的三次握手完成。接下来，源主机和目标主机可以互相收发数据。三次握手的过程如图 6-5 所示。

图 6-5 表示当 TCP 处于 SYN_SEND 状态时，协议实体已主动发出连接建立请求。

图 6-5 TCP 三次握手过程

2）TCP 释放连接。

TCP 释放连接分为四步，如图 6-6 所示。具体过程如下：

双方通信之前均处于 **ESTABLISHED** 状态。

第 1 步：源主机发送一个释放报文（FIN=1，自身序号 SEQ =x），源主机进入 FIN-WAIT 状态。

第 2 步：目标主机接收报文后，发出确认报文（**ACK=1，确认序号为 ACK=x+1，序号 SEQ=y**），目标主机进入 **CLOSE-WAIT** 状态。这个时候，源主机停止发送数据，但是目标主机仍然可以发送数据，此时 TCP 连接为半关闭状态（**HALF-CLOSE**）。

源主机接收到 ACK 报文后，等待目标主机发出 FIN 报文，这可能会持续一段时间。

第 3 步：目标主机确定没有数据，向源主机发送后，发出释放报文（FIN=1，ACK=1，确认序号 ACK=x+1，序号 SEQ=z）。目标主机进入 LAST-ACK 状态。

注意：这里由于处于半关闭状态（HALF-CLOSE），目标主机还会发送一些数据，其序号不一定为 y+1，因此设为 z。而且，目标主机必须重复发送一次确认序号 ACK=x+1。

第 4 步：源主机接收到释放报文后，对此发送确认报文（**ACK=1，确认序号 ACK=z+1，自身序号 SEQ=x+1**），在等待一段时间确定确认报文到达后，源主机进入 **CLOSED** 状态。

目标主机在接收到确认报文后，也进入 **CLOSED** 状态。

图 6-6 释放连接

■ 参考答案 （1）C

● TCP 协议在建立连接的过程中可能处于不同的状态，用 netstat 命令显示出 TCP 连接的状态为 SYN_SEND，则这个连接正处于＿＿（2）＿＿。

（2）A．监听对方的建立连接请求
　　B．已主动发出连接建立请求
　　C．等待对方的连接释放请求
　　D．收到对方的连接建立请求

■ 试题分析　参见上题分析。
■ 参考答案　（2）B

知识点：UDP

知识点综述

UDP 协议是传输层中的无连接的协议。相对 TCP 协议而言，其本身要精简不少，执行效率相对较高。本知识点主要考查 UDP 协议的基本特性，其知识点体系图谱如图 6-7 所示。

图 6-7　UDP 协议知识体系图谱

参考题型

【考核方式】 考核 UDP 协议的基本特性。

- UDP 协议在 IP 层之上提供了___(1)___能力。

    (1) A. 连接管理   B. 差错校验和重传

          C. 流量控制   D. 端口寻址

    ■ **试题分析** 用户数据报协议（User Datagram Protocol，UDP）协议在 IP 层之上提供了端口寻址能力。由于 UDP 是一种不可靠的、无连接的数据报服务，所以 UDP 不具备连接管理、差错校验和重传、流量控制等功能。

    ■ **参考答案** (1) D

- UDP 段可容纳的最大负载是___(2)___字节。

    (2) A. 65535   B. 4096   C. 1024   D. 65527

    ■ **试题分析** UDP 的长度字段表示整个 UDP 数据报的长度，包括头部和数据部分。由于长度字段只有 16 位，因此最大长度为 65535 字节（64KB），本题目考查的是负载的大小，还要减去首部长度 8 字节，因此是 65527。这类题目一定要认真看清楚题目问的是什么，因此后续考试中，对于 UDP 的报文结构也要求掌握。

    ■ **参考答案** (2) D

课堂练习

- 下列___(1)___字段的信息出现在 TCP 头部，而不出现在 UDP 头部。

    (1) A. 目标端口号   B. 顺序号

          C. 源端口号   D. 校检和

- TCP 协议使用___(2)___次握手机制建立连接，当请求方发出 SYN 连接请求后，等待对方回答___(3)___，这样可以防止建立错误的连接。

    (2) A. 一   B. 二   C. 三   D. 四

    (3) A. SYN，ACK   B. FIN，ACK

          C. PSH，ACK   D. RST，ACK

- 基于 TCP 协议的序号 L 最大值的情况下，假设运输层、网络层和数据链路层所用的首部开销共 66 字节，链路的数据率为 10Mb/s，则发送该文件所需的最短时间为___(4)___。

    (4) A. 3591.29s   B. 3435.97s

          C. 429.49s   D. 448.91s

试题分析

试题（1）分析：传输控制协议（Transmission Control Protocol，TCP）是一种可靠的、面向连接的字节流服务。源主机在传送数据前，需要先和目标主机建立连接。然后，在此连接上，被编号的数据段按序收发。同时,要求对每个数据段进行确认,保证了可靠性。

TCP 的三种机制:TCP 是建立在无连接的 IP 基础之上,因此使用了 3 种机制实现面向连接的服务。

- 使用序号对数据报进行标记。这种方式便于 TCP 接收服务在向高层传递数据之前调整失序的数据包。
- TCP 使用确认、校验和定时器系统提供可靠性。当接收者按照顺序识别出数据报未能到达或者发生错误时,接收者将通知发送者;或者接收者在特定时间没有发送确认信息,那么发送者就会认为发送的数据报并没有到达接收方。这时发送者就会考虑重传数据。
- TCP 使用窗口机制调整数据流量。窗口机制可以减少因接收方缓冲区满而造成丢失数据报文的可能性。

而 UDP 是一种无连接的协议,不需要使用顺序号。

参考答案:(1)B

试题(2)(3)分析:TCP 协议是一种可靠的、面向连接的协议,通信双方使用三次握手机制来建立连接。当一方收到对方的连接请求时,回答一个同意连接的报文,这两个报文中的 SYN=1,并且返回的报文当中还有一个 ACK=1 的信息,表示是一个确认报文。

参考答案:(2)C (3)A

试题(4)分析:因为 TCP 协议的序号采用 32bit 表示,因此 L 的最大值是 2^{32}=4GB。在此条件下,一个最大长度为 4GB 的报文,需要分段传输。

因为 TCP 的报文段数据部分最大长度为 1460 字节,因此需要分成的 TCP 报文段数目为 X=4GB/1460B。

而每个报文段在发送时,需要加上各种首部长度,根据题干意思,这个总长度为 66 字节,因此发送的总字节数为原始数据加上所传输报文段的首部,因此 $N=X\times(1460+66)$。

数据的传输所花费的时间为 $(N\times 8)/(10\times 10\times 10)=3591.29s$。

参考答案:(4)A

第7章 应用层

知识点图谱与考点分析

应用层涉及的概念比较多,都是属于识记类型的。在考试中涉及应用层的服务主要有 WWW、FTP、DNS、DHCP、E-mail 等。其中尤以 DHCP、DNS 和电子邮件考查得多。本章的知识体系图谱如图 7-1 所示。

图 7-1 应用层知识体系图谱

知识点:DNS 服务

知识点综述

DNS 服务是整个 Internet 服务的基础。所有基于域名服务的应用都需要有 DNS 服务的支持才能正常地工作,因此考试对 DNS 服务也给予了足够的重视。DNS 服务的知识体系图谱如图 7-2 所示。

应用层 第 7 章

图 7-2 DNS 服务知识体系图谱

参考题型

【考核方式 1】 考核考生对 DNS 服务器类型的了解。
- 以下关于 DNS 服务器的叙述中,错误的是___(1)___。
  (1)A. 用户只能使用本网段内 DNS 服务器进行域名解析
     B. 主域名服务器负责维护这个区域的所有域名信息
     C. 辅助域名服务器作为主域名服务器的备份服务器提供域名解析服务
     D. 转发域名服务器负责非本地域名的查询
  ■ 试题分析 中继方式使得跨网段使用 DNS 服务器进行域名解析成为可能。
  ■ 参考答案 (1) A
- 以下域名服务器中,没有域名数据库的是___(2)___。
  (2)A. 缓存域名服务器   B. 主域名服务器
     C. 辅域名服务器   D. 转发域名服务器
  ■ 试题分析 按域名服务器的作用可以分为:主域名服务器、辅域名服务器、缓存域名服务器、转发域名服务器。具体功能见表 7-1。

表 7-1 按作用划分的域名服务器

名称	定义	作用
主域名服务器	维护区所有域名信息,信息存于磁盘文件、数据库中	提供本区域名解析,区内域名信息的权威。**具有域名数据库。一个域有且只有一个主域名服务器**
辅域名服务器	主域名服务器的备份服务器提供域名解析服务,信息存于磁盘文件、数据库中	主域名服务器备份,可进行域名解析的负载均衡。**具有域名数据库**
缓存域名服务器	向其他域名服务器进行域名查询,将查询结果保存在缓存中的域名服务器	改善网络中 DNS 服务器的性能,减少反复查询相同域名的时间,提高解析速度,节约出口带宽。**获取的解析结果耗时最短,没有域名数据库**
转发域名服务器	负责**非本地和缓存中**无法查到的域名。接收域名查询请求,首先查询自身缓存,如果找不到对应的,则转发到指定的域名器查询	负责域名转发,由于转发域名服务器同样可以有缓存,因此可以减少流量和查询次数。**具有域名数据库**

■ **参考答案** （2）A

【考核方式2】 考核DNS的查询过程。
● DNS 服务器进行域名解析时，若采用递归方法，发送的域名请求为___（3）___。
  （3）A. 1条 B. 2条
      C. 3条 D. 多条

■ **试题分析** 递归查询为最主要的域名查询方式。主机有域名解析的需求时，首先查询本地域名服务器，成功则由本地域名服务器反馈结果；如果失败，则查询上一级的域名服务器，然后由上一级的域名服务器完成查询。图 7-3 是一个递归查询，表示主机 123.abc.com 要查询域名为 www.itct.com.cn 的 IP 地址。

图 7-3 DNS 递归查询过程

递归域名查询过程中，如果查询不成功，交给上级 DNS 查询；如果成功，反馈结果。某 DNS 服务器进行域名解析时，若采用递归方法，发送的域名请求为1条。

■ **参考答案** （3）A

● 在域名解析过程中，通常主机会首先查找___（4）___。
  （4）A. 转发域名服务器 B. 辅助域名服务器
      C. 缓存域名服务器 D. 主域名服务器

■ **试题分析** DNS 域名解析的查询顺序如下：
1）主机首先会查找缓存中是否有该域名的解析记录。
2）如果在缓存中没有找到，主机将会查找本机的 hosts 文件。
3）如果在 hosts 文件中也没有找到，主机将会向配置的 DNS 服务器发送域名解析请求。

首先在本地 DNS 服务器无法解析域名时，会向转发域名服务器、根域名服务器、主域名服务器（当主域名服务器失效时，辅助域名服务器接替其工作）发送请求进行查找。显然选项 A、B、D 都不是域名查找过程中首先查找的服务器。而缓存域名服务器更接近于描述本地缓存或 DNS 服务器缓存的行为，是可能最先访问到的。

■ **参考答案** （4）C

【考核方式3】 考核 DNS 的记录类型和域名的类别。

- 若 DNS 资源记录中的记录类型为 A，则记录的值为____(5)____。

（5）A．名字服务器　　　　　　　　B．主机描述
　　　C．IP 地址　　　　　　　　　　D．别名

■ **试题分析** DNS 中的记录类型多种多样，考试中常用到，因此需要特别留意。常见资源记录见表 7-2。

表 7-2 常见资源记录

资源记录名称	作用	举例（Windows 系统下的 DNS 数据库）
A	将 DNS 域名映射到 IPv4 的 32 位地址中	host1.itct.com.cn. IN A 202.0.0.10
AAAA	将 DNS 域名映射到 IPv4 的 128 位地址中	ipv6_ host2.itct.com.cn. IN AAAA 2002:0:1:2:3:4:567:89ab
CNAME	规范名资源记录。允许将多个名称对应同一主机	aliasname.itct.com.cn. CNAME truename.itct.com.cn
MX	邮件交换器资源记录。其后数字首选参数值（0~65535），指明与其他邮件交换服务器有关的邮件交换服务器的优先级。较低的数值被授予较高的优先级	example.itct.com.cn. MX 10 mailserver1.itct.com.cn
NS	域名服务器记录，指明该域名由哪台服务器来解析	example.itct.com.cn. IN NS nameserver1.itct.com.cn
PTR	指针，用于将一个 IP 地址映射为一个主机名	202.0.0.10.in-addr.arpa. PTR host.itct.com.cn

■ **参考答案** （5）C

- 在域名系统中，根域下面是顶级域（TLD）。在下面的选项中，____(6)____属于全世界通用的顶级域。

（6）A．org　　　　　　　　　　　　B．cn
　　　C．Microsoft　　　　　　　　　 D．mil

■ **试题分析** 顶级域名（Top Level Domain，TLD）在根域名下，分为三大类：国家顶级域名、通用顶级域名、国际顶级域名。最常用的域名见表 7-3。

表 7-3 常用域名

域名名称	作用
.com	商业机构
.edu	教育机构
.gov	政府部门
.int	国际组织
.mil	美国军事部门
.net	网络组织，例如因特网服务商和维修商，现在任何人都可以注册
.org	非营利组织
.biz	商业
.info	网络信息服务组织
.pro	用于会计、律师和医生
.name	用于个人
.museum	用于博物馆
.coop	用于商业合作团体
.aero	用于航空工业
国家代码	国家（如 cn 代表中国）

■ 参考答案 （6）A

知识点：FTP 服务

知识点综述

FTP 服务是 Internet 中的一种常用服务，其工作方式比较特别，服务分别通过命令端口传输命令和数据端口建立数据传输连接，最近几年这个内容考得很少，但是作为基本应用，还是要了解基本概念。本知识点体系图谱如图 7-4 所示。

图 7-4 FTP 服务知识体系图谱

参考题型

【考核方式】 考核对 FTP 的端口的掌握。

- FTP 客户上传文件时,通过服务器 20 端口建立的连接是___(1)___,FTP 客户端应用进程的端口可以为___(2)___。

  (1) A. 建立在 TCP 之上的控制连接
  　　B. 建立在 TCP 之上的数据连接
  　　C. 建立在 UDP 之上的控制连接
  　　D. 建立在 UDP 之上的数据连接

  (2) A. 20　　　　B. 21　　　　C. 80　　　　D. 4155

  ■ **试题分析** FTP 客户上传文件时,通过服务器 20 号端口建立的连接是建立在 **TCP** 之上的**数据连接**,通过服务器 21 号端口建立的连接是建立在 **TCP** 之上的**控制连接**。

  客户端命令端口为 N,数据传输端口为 $N+1$($N \geq 1024$)。

  ■ **参考答案**　(1) B　(2) D

- 匿名 FTP 访问通常用___(3)___作为用户名。

  (3) A. guest　　　　　　　　　　B. IP 地址
  　　C. Administrator　　　　　　D. Anonymous

  ■ **试题分析** Anonymous 就是匿名账户,是使用非常广泛的一种登录形式。对于没有 FTP 账户的用户,可以用 Anonymous 为用户名,任意字符(通常是自己的电子邮件地址)为密码进行登录。当匿名用户登录 FTP 服务器后,其登录目录为匿名 FTP 服务器的根目录/var/ftp。在实际的服务器中,出于安全和负载压力的考虑,往往禁用匿名账户。

  ■ **参考答案**　(3) D

知识点:DHCP 服务

知识点综述

　　DHCP 服务在网络中也是常用的服务之一,作用是为用户配置 IP 协议参数。因此在网络工程师考试中,DHCP 协议的工作过程、租约的管理等是考查比较多的内容。本知识点的体系图谱如图 7-5 所示。

图 7-5　DHCP 服务知识体系图谱

参考题型

【考核方式】 主要考核DHCP的工作过程和租约的问题。

- 可以把所有使用DHCP协议获取IP地址的主机划分为不同的类别进行管理。下面的选项列出了划分类别的原则，其中合理的是___(1)___。

    (1) A. 移动用户划分到租约期较长的类

    B. 固定用户划分到租约期较短的类

    C. 远程访问用户划分到默认路由类

    D. 服务器划分到租约期最短的类

    ■ **试题分析** 远程访问用户划分到默认路由类；服务器要使用固定IP地址。

    ■ **参考答案** (1) C

- 以下关于DHCP协议的描述中，错误的是___(2)___。

    (2) A. DHCP客户机可以从外网段获取IP地址

    B. DHCP客户机只能收到一个DHCPOFFER

    C. DHCP不会同时租借相同的IP地址给两台主机

    D. DHCP分配的IP地址默认租约期为8天

    ■ **试题分析** DHCP通过中继代理方式可以获取外网IP地址，DHCP不会同时租借相同的IP地址给两台主机，DHCP分配的IP地址默认租约期为8天。

    客户机可能从不止一台DHCP服务器收到DHCPOFFER信息。客户机选择最先到达的DHCPOFFER，并发送DHCPREQUEST消息包。

    ■ **参考答案** (2) B

- 在局域网中使用DHCP服务器为客户端分配IP地址的优点不包括___(3)___，客户端采用___(4)___方式发送DHCPDISCOVER报文，以查找网络中的DHCP服务器。

    (3) A. 减少人员工作量　　　　　　B. 提高IP地址使用

    　　C. 效率降低地址重复分配可能　D. 提高网络传输效率

    (4) A. 广播　　　　　　　　　　　B. 单播

    　　C. 任意播　　　　　　　　　　D. 组播

    ■ **试题分析** 使用DHCP服务器为客户端分配IP地址的优点包括管理简单、节省地址空间、简化配置过程、灵活性和扩展性等。DHCP服务器的主要作用是自动化IP地址的分配和管理，提高网络管理的效率和灵活性，而并不直接提高网络传输效率。

    在发现阶段，DHCP客户端通过发送DHCPDISCOVER报文来寻找DHCP服务器。由于DHCP服务器的IP地址对于客户端来说是未知的，所以DHCP客户端以广播方式发送DHCPDISCOVER报文。

    ■ **参考答案** (3) D　(4) A

知识点：E-mail 服务

知识点综述

电子邮件服务中，最主要的两个协议是 SMTP 和 POP3，本章需要重点了解这两个协议的特点。本知识点体系图谱如图 7-6 所示。

图 7-6　E-mail 服务知识体系图谱

参考题型

【考核方式】　考核电子邮件相关协议的基本概念。

- POP3 协议采用　(1)　模式，当客户机需要服务时，客户端软件（Outlook Express 或 Foxmail）与 POP3 服务器建立　(2)　连接。
  - (1) A．Browser/Server　　　　　　　B．Client/Server
  　　　C．Peer to Peer　　　　　　　　D．Peer to Server
  - (2) A．TCP　　　　B．UDP　　　　C．PHP　　　　D．IP

  ■ 试题分析　邮局协议（Post Office Protocol，POP）目前的版本为 POP3，POP3 是把邮件从邮件服务器中传输到本地计算机的协议。该协议工作在 TCP 协议的 110 号端口。由于使用了客户端软件，可以看作 C/S 模式。

  ■ 参考答案　(1) B　(2) A

- SMTP 服务器端使用的端口号默认为　(3)　。
  - (3) A．21　　　　B．25　　　　C．53　　　　D．80

  ■ 试题分析　SMTP 服务器端使用的端口号默认为 25。

  ■ 参考答案　(3) B

知识点：其他服务

知识点综述

网络服务非常多，除了常用的 Web、FTP 之外，还有很多其他的服务，如 Windows 系统中自带的远程桌面服务就是一个常用的服务。本知识点的体系图谱如图 7-7 所示。

图 7-7 其他服务知识体系图谱

参考题型

【考核方式】 考核考生对基本网络服务访问方式的概念的理解。

- Telnet 采用客户端/服务器工作方式，采用___(1)___格式实现客户端和服务器的数据传输。

  (1) A．NTL   B．NVT   C．BASE-64   D．RFC 822

  ■ **试题分析** TCP/IP 终端仿真协议（TCP/IP Terminal Emulation Protocol，Telnet）是一种基于 TCP 的虚拟终端通信协议，端口号为 23。Telnet 采用客户端/服务器工作方式，采用网络虚拟终端（Net Virtual Terminal，NVT）实现客户端和服务器的数据传输，可以实现远程登录、远程管理交换机、路由器。NVT 代码包含了标准 ASCII 字符集和 Telnet 命令集，是本地终端和远程主机之间的网络接口。

  ■ **参考答案** (1) B

- HTTP 协议中，用于读取一个网页的操作方法为___(2)___。

  (2) A．READ   B．GET   C．HEAD   D．POST

  ■ **试题分析** HTTP 协议中的基本操作有以下几种：
  - GET：读网页。
  - HEAD：读网页头。
  - POST：推送网页信息。

  ■ **参考答案** (2) B

课堂练习

- 在进行域名解析过程中，由___(1)___获取的解析结果耗时最短。

  (1) A．主域名服务器   B．辅域名服务器
       C．缓存域名服务器   D．转发域名服务器

- DNS 服务器在名称解析过程中正确的查询顺序为___(2)___。

  (2) A．本地缓存记录→区域记录→转发域名服务器→根域名服务器
       B．区域记录→本地缓存记录→转发域名服务器→根域名服务器
       C．本地缓存记录→区域记录→根域名服务器→转发域名服务器
       D．区域记录→本地缓存记录→根域名服务器→转发域名服务器

- DNS 服务器中提供了多种资源记录，其中___(3)___定义了区域的邮件服务器及其优先级。

  (3) A．SOA   B．NS   C．PTR   D．MX

- DNS 服务器中提供了多种资源记录，其中___(4)___定义了区域的授权服务器。
  - (4) A．SOA   B．NS   C．PTR   D．MX
- FTP 默认的控制连接端口是___(5)___。
  - (5) A．20   B．21   C．23   D．25
- DHCP 客户端启动时会向网络发出一个 DHCPDISCOVER 包来请求 IP 地址，其源 IP 地址为___(6)___。
  - (6) A．192.168.0.1   B．0.0.0.0
      C．255.255.255.0   D．255.255.255.255
- 当使用时间到达租约期的___(7)___时，DHCP 客户端和 DHCP 服务器将更新租约。
  - (7) A．50%   B．75%   C．87.5%   D．100%
- 采用 DHCP 分配 IP 地址无法做到___(8)___，当客户机发送 DHCPDISCOVER 报文时，采用___(9)___方式发送。
  - (8) A．合理分配 IP 地址资源   B．减少网管员的工作量
      C．减少 IP 地址分配出错可能   D．提高域名解析速度
  - (9) A．广播   B．任意播   C．组播   D．单播
- 下列不属于电子邮件协议的是___(10)___。
  - (10) A．POP3   B．SMTP   C．SNMP   D．IMAP4
- DNS 反向查询功能的作用是___(11)___，资源记录 MX 的作用是___(12)___，DNS 资源记录___(13)___定义了区域的反向搜索。
  - (11) A．定义域名服务器的别名   B．将 IP 地址解析为域名
       C．定义域邮件服务器地址和优先级   D．定义区域的授权服务器
  - (12) A．定义域名服务器的别名   B．将 IP 地址解析为域名
       C．定义域邮件服务器地址和优先级   D．定义区域的授权服务器
  - (13) A．SOA   B．NS   C．PTR   D．MX
- 1 电子邮件采用 SMTP 协议进行传输，在___(14)___的支持下确保了其传输的邮件内容包括但不限于文字形式。
  - (14) A．MIME   B．HTML   C．MIMO   D．ASCII
- 1DNS 是目前互联网上最常见的流量调度方式，其本质是使用___(15)___资源记录实现的。
  - (15) A．A   B．CNAME   C．AAAA   D．PTR

试题分析

试题（1）分析：按域名服务器的作用可以分为：主域名服务器、辅域名服务器、缓存域名服务器、转发域名服务器。缓存域名服务器特殊，有高速缓存，因此获取的解析结果耗时最短。

参考答案：(1) C

试题（2）分析：DNS 服务器在名称解析过程中正确的查询顺序为：本地缓存记录→区域记录→转发域名服务器→根域名服务器。

参考答案：(2) A

试题 (3) 分析：DNS 服务器中常用的记录类型有以下几种：

NS 记录：表明是域名服务器的记录。通常情况下不需要设置 NS 记录，因为此时的域名解析是通过 ISP 提供的域名服务器解析的，若用户需要自己用 DNS 服务器来解析自己的域名，则要创建 NS 记录，并且将域名服务器的 IP 地址告诉 ISP 登记即可。

A 记录：用于指明一个域名对应的 IP 地址。

CNAME 记录：也就是别名记录，可以将多个不同名称指向同一个服务器。在创建别名记录之前，必须要先创建 A 记录。

MX 记录：用于指明邮件服务器的 IP 地址。

参考答案：(3) D

试题 (4) 分析：DNS 记录包括以下几种：

资源记录：DNS 数据库包括 DNS 服务器所使用的一个或多个区域文件。每个区域都拥有一组结构化的资源记录。资源记录的格式是：[Domain] [TTL] [class] record-type record-specific-data。资源里记录的类型有多种，其中 NS 记录，也称为域名服务器记录，指明该域名由哪台服务器来解析。

Domain：资源记录引用的域对象名。它可以是单台主机，也可以是整个域。Domain 字串用"."分隔，只要没有用一个"."标识结束，就与当前域有关系。

TTL：生存时间记录字段。它以秒为单位定义该资源记录中的信息存放在高速缓存中的时间长度。通常该字段为空，表示生存周期在授权资源记录开始中指定。

class：指定网络的地址类。对于 TCP/IP 网络使用 IN。

record-type：记录类型。标识这是哪一类资源记录。

record-specific-data：指定与这个资源记录有关的数据。这个值是必要的。数据字段的格式取决于类型字段的内容。

参考答案：(4) B

试题 (5) 分析：FTP 的默认控制端口是 21，数据端口是 20。

参考答案：(5) B

试题 (6) 分析：DHCP 客户机启动后，发出一个 DHCPDISCOVER 消息，其封包的源地址为 0.0.0.0，目标地址为 255.255.255.255。

参考答案：(6) B

试题 (7) 分析：DHCP 服务器向 DHCP 客户机出租的 IP 地址一般都有一个租借期限，期满后，DHCP 服务器便会收回出租的 IP 地址。如果 DHCP 客户机要延长其 IP 租约，则必须更新其 IP 租约。DHCP 客户机启动或 IP 租约期限过一半时，DHCP 客户机都会自动向 DHCP 服务器发送更新其 IP 租约的信息。

参考答案：(7) A

试题 (8)(9) 分析：DHCP 协议是一个自动给客户机配置 IP 参数的协议，由于客户端自动获取服务器提供的配置参数，因此可以大大减少管理员的工作量。超过租约或者用户释放的 IP 地址又可以由服务器收回，重新分配给其他主机使用，因此可以更加合理地分配地址资源。同时由于服务器对地址池的管理，可以减少分配地址时出错概率。图 7-8 为 DHCP 工作过程。

图 7-8　DHCP 工作过程

第 1 步：DHCP 客户端发送 IP 租用请求。

DHCP 客户机启动后，发出一个 DHCPDISCOVER 消息，其封包的源地址为 0.0.0.0，目标地址为 255.255.255.255。

第 2 步：DHCP 服务器提供 IP 租用服务。

当 DHCP 服务器收到 DHCPDISCOVER 数据包后，通过 UDP 端口 68 给客户机回应一个 DHCPOFFER 信息，其中包含一个还没有被分配的有效 IP 地址。

第 3 步：DHCP 客户端 IP 租用选择。

客户机可能从不止一台 DHCP 服务器收到 DHCPOFFER 信息。客户机选择最先到达的 DHCPOFFER，并发送 DHCPREQUEST 消息包。

第 4 步：DHCP 客户端 IP 租用确认。

DHCP 服务器收到 DHCPREQUEST 消息包后，向客户机发送一个确认（DHCPACK）信息，信息中包括 IP 地址、子网掩码、默认网关、DNS 服务器地址以及 IP 地址的租约（Windows 中默认为 8 天）。

第 5 步：DHCP 客户端重新登录。

获取 IP 地址后的 DHCP 客户端每次重新联网时，不再发送 DHCPDISCOVER，直接发送包含前次分配地址信息的 DHCPREQUEST 请求。DHCP 服务器收到请求后，如果该地址可用，则返回 DHCPACK 确认；否则，发送 DHCPNACK 信息否认。收到 DHCPNACK 的客户端需要从第 1 步开始重新申请 IP 地址。

第 6 步：更新租约。

DHCP 服务器向 DHCP 客户机出租的 IP 地址一般都有一个租借期限，期满后，DHCP 服务器便会收回出租的 IP 地址。如果 DHCP 客户机要延长其 IP 租约，则必须更新其 IP 租约。DHCP 客户机启动时及 IP 租约期限超过 50%时，DHCP 客户机都会自动向 DHCP 服务器发送更新其 IP 租约的信息。若没有得到响应，则在整个租约的 87.5%时，再次请求。再次请求使用广播的形式发送。

这里需要注意几个特别的情况：

1）当用户不再需要使用此分配的 IP 地址时，就会主动向 DHCP 服务器发送 DHCPRELEASE 报文，告诉服务器用户不再需要分配 IP 地址，DHCP 服务器会释放被绑定的租约。

2）DHCP 客户端收到 DHCP 服务器回应的 ACK 报文后，通过地址冲突检测发现服务器分配的地址冲突或者由于其他原因导致不可用时，则向服务器发送 DHCPDECLINE 报文，通知服务器所分配的 IP 地址不可用。

3）还有一种极少用到的情况，DHCP 客户端如果需要从 DHCP 服务器端获取更为详细的配置信息,则发送 DHCPINFORM 报文向服务器进行请求,服务器收到该报文后,将根据租约进行查找,找到相应的配置信息后,发送 ACK 报文回应 DHCP 客户端。

4)Client 在开机的时候会主动发送 4 次请求信息,第一次等待时间为 1 秒,其余 3 次的等待时间分别是 9、13、16 秒。如果还是没有 DHCP 服务器的响应,则在 5 分钟之后,继续重复这一动作。

参考答案:(8)D (9)A

试题(10)分析: 常见的电子邮件协议有:

1)简单邮件传输协议(Simple Mail Transfer Protocol,SMTP)。SMTP 主要负责底层的邮件系统如何将邮件从一台机器传至另外一台机器。该协议工作在 TCP 协议的 25 号端口。

2)邮局协议(Post Office Protocol,POP)。目前的版本为 POP3,POP3 是把邮件从邮件服务器中传输到本地计算机的协议。该协议工作在 TCP 协议的 110 号端口。

3)Internet 邮件访问协议(Internet Message Access Protocol,IMAP)。目前的版本为 IMAP4,是 POP3 的一种替代协议,提供了邮件检索和邮件处理的新功能。用户可以完全不必下载邮件正文,就可以看到邮件的标题、摘要;使用邮件客户端软件就可以对服务器上的邮件和文件夹目录等进行操作。IMAP 协议增强了电子邮件的灵活性,同时也减少了垃圾邮件对本地系统的直接危害,同时相对节省了用户查看电子邮件的时间。除此之外,IMAP 协议可以记忆用户在脱机状态下对邮件的操作(如移动邮件、删除邮件等),在下一次打开网络连接的时候会自动执行。该协议工作在 TCP 协议的 143 号端口。

参考答案:(10)C

试题(11)(12)(13)分析: 反向域名解析就是从 IP 地址解析成域名,所以(11)选 B,MX 邮件交换记录,定义域邮件服务器地址和优先级,因此(12)选 C,PTR 是记录指针,用于通过地址反向搜索域名,因此(13)选 C。

参考答案:(11)B (12)C (13)C

试题(14)分析: 多用途互联网邮件扩展类型(Multipurpose Internet Mail Extensions,MIME)是设定某种扩展名的文件用一种应用程序来打开的方式类型,当该扩展名文件被访问的时候,浏览器会自动使用指定应用程序来打开。

参考答案:(14)A

试题(15)分析: DNS 流量调度技术是用 DNS 来负载均衡和区域调度,通过判断访问者的来源,为不同的访问者智能返回不同的 IP 地址,所以实质是通过 A 记录实现的,域名对应 IP(不同的 IP 地址)。

参考答案:(15)A

第8章 交换技术原理

知识点图谱与考点分析

交换技术是目前使用最为广泛的局域网技术之一,因此网络工程师考试中对交换技术的原理考查得比较多。主要考点包括交换机基本工作原理、交换机交换方式、VLAN 与 TRUNK、STP 等技术原理与配置。本章的知识体系图谱如图 8-1 所示。

图 8-1 交换技术原理知识体系图谱

知识点:交换机工作原理

知识点综述

交换机基本工作原理主要包括交换过程、交换方式及不同交换方式的特点。本知识点的体系图谱如图 8-2 所示。

```
交换机工作原理 ─┬─ 三层交换机的工作原理
                └─ 交换机工作方式
```

图 8-2　交换机工作原理知识体系图谱

参考题型

【考核方式1】 考核交换机工作方式及每种方式的特点。

- 以太网交换机的交换方式有三种，这三种交换方式不包括___(1)___。
  - (1) A．存储转发交换　　　　　　　B．IP 交换
  　　 C．直通交换　　　　　　　　　D．无碎片转发交换
  - ■ 试题分析　以太网交换机的交换方式有三种：存储转发交换、直通交换、无碎片转发交换。
  - ■ 参考答案　(1) B

- 一个以太网交换机读取整个数据帧，对数据帧进行差错校验后再转发出去，这种交换方式称为___(2)___。
  - (2) A．存储转发交换　　　　　　　B．直通交换
  　　 C．无碎片转发交换　　　　　　D．无差错交换
  - ■ 试题分析　以太网交换机的交换方式有三种：存储转发交换、直通交换、无碎片转发交换。
    - ➢ 直通交换：只要信息有目标地址，就可以开始转发。这种方式没有中间错误检查的能力，但转发速度快。
    - ➢ 存储转发交换：接收到的信息先缓存，检测正确性。确定正确后才开始转发。这种方式中间节点需要存储数据，时延较大。
    - ➢ 无碎片转发交换：接收到 64 字节之后才开始转发。
  - ■ 参考答案　(2) A

【考核方式2】 考核三层交换机的工作原理。

- 第三层交换根据___(3)___对数据包进行转发。
  - (3) A．MAC 地址　　B．IP 地址　　C．端口号　　D．应用协议
  - ■ 试题分析　第三层属于网络层，第三层交换根据 IP 地址对数据包进行转发。
  - ■ 参考答案　(3) B

知识点：VLAN

知识点综述

VLAN 技术是整个交换网络中最重要的一个技术，因此 VLAN 的工作原理、TRUNK 技术原理

与配置是每年必考的考点。主要需掌握 VLAN 的基本划分方法和 IEEE 802.1q 协议的封装。VLAN 知识体系图谱如图 8-3 所示。

图 8-3　VLAN 知识体系图谱

参考题型

【考核方式 1】　考核 IEEE 802.1q 的基本格式。

- IEEE 802.1q 协议的作用是＿＿(1)＿＿。

　　(1) A．生成树协议　　　　　　　　B．以太网流量控制
　　　　C．生成 VLAN 标记　　　　　　D．基于端口的认证

■ 试题分析　IEEE 802.1q：俗称 dot1q，由 IEEE 创建。它是一个通用协议，在思科和非思科设备之间不能使用 ISL，必须使用 IEEE 802.1q。IEEE 802.1q 所附加的 VLAN 识别信息位于数据帧中的源 MAC 地址与类型字段之间。基于 IEEE 802.1q 附加的 VLAN 信息，就像在传递物品时附加的标签。IEEE 802.1q VLAN 最多可支持 4096 个 VLAN 组，并可跨交换机实现。

　　IEEE 802.1q 协议在原来的以太帧中增加了 4 个字节的标记（Tag）字段，如图 8-4 所示。增加了 4 个字节后，交换机默认最大 MTU 应由 1500 字节改为至少 1504 个字节。因此普通的接口接收到这种数据帧，会被认为是超大数据帧（giant），被直接丢弃。

图 8-4　IEEE 802.1q 格式

■ 参考答案　(1) C

【考核方式 2】　考核各种典型的 VLAN 的特点和应用场景。

- 下列关于 MUX VLAN 的说法，正确的是＿＿(2)＿＿。

　　(2) A．隔离型子 VLAN 仅可以和主 VLAN 通信，且与同 VLAN 内其他接口无法通信
　　　　B．MUX WAN 是三层交换机才支持的功能

C. 2个互通型 VLAN 之间的接口可以相互通信
D. MUX VLAN 是将多个 VLAN 聚合成一个逻辑 VLAN，实现网关共用

■ **试题分析** MUX VLAN 划分表见表 8-1。

表 8-1 MUX VLAN 划分表

MUX VLAN	VLAN 类型	所属接口	通信权限
Principal VLAN（主 VLAN）	—	Principal port	Principal port 可以和 MUX VLAN 内的所有接口进行通信
Subordinate VLAN（从 VLAN）	Separate VLAN（隔离型从 VLAN）	Separate port	Separate port 只能和 Principal port 进行通信，和其他类型的接口实现完全隔离。每个 Separate VLAN 必须绑定一个 Principal VLAN
	Group VLAN（互通型从 VLAN）	Group port	Group port 可以和 Principal port 进行通信，在同一组内的接口也可互相通信，但不能和其他组接口或 Separate port 通信。每个 Group VLAN 必须绑定一个 Principal VLAN

VLAN 聚合（VLAN Aggregation），也称 Super VLAN，指在一个物理网络内，用多个 VLAN（称为 Sub-VLAN）隔离广播域，并将这些 Sub-VLAN 聚合成一个逻辑的 VLAN（称为 Super-VLAN），这些 Sub-VLAN 使用同一个 IP 子网和缺省网关，进而达到节约 IP 地址资源的目的。

■ **参考答案** （2）A

● _____（3）_____ 技术可以实现两层 VLAN 标签封装，专用网络的内部标签和公共网络的外部标签。
（3）A. VxLAN B. Untag VLAN
C. VLAN-TAG D. QinQ

■ **试题分析** QinQ 技术最初主要是为拓展 VLAN 的数量空间而产生的，它是在原有的 802.1q 报文的基础上又增加一层 802.1q 标签实现的，使 VLAN 数量增加到 4K×4K。后来，有了更多的应用场景，内外层 Tag 可以代表不同的信息，如内层 Tag 代表用户，外层 Tag 代表业务。另外，QinQ 报文带着两层 Tag 穿越运营商网络（公网），内层 Tag 透明传送（私网）。

■ **参考答案** （3）D

知识点：生成树协议

知识点综述

生成树协议是交换网络中为了确保可靠性、避免环路的重要协议，有标准生成树协议、快速生

成树协议和多生成树协议三种，考试中往往对这三种协议的基本特点进行考查。另外，在生成树协议中，交换机各个端口的状态变化及持续时间也是考试中的一个重要考点。本知识点的体系图谱如图 8-5 所示。

图 8-5　生成树协议知识体系图谱

参考题型

【考核方式 1】　考核生成树中端口的各种状态。

- 按照 IEEE 802.1d 协议，当交换机端口处于___(1)___状态时，既可以学习 MAC 帧中的源地址，又可以把接收到的 MAC 帧转发到适当的端口。

  (1) A．阻塞（Blocking）　　　　　　B．学习（Learning）
  　　C．转发（Forwarding）　　　　　D．侦听（Listening）

  ■ 试题分析　启动了 STP 的交换机，其接口状态和作用见表 8-2。

表 8-2　接口状态及其作用

状态	用途
阻塞（Blocking）	只接收 BPDU、不转发帧
侦听（Listening）	接收 BPDU、不转发帧、接收网管消息
学习（Learning）	接收 BPDU、不转发帧、接收网管消息、把终端站点位置信息添加到地址数据库（构建网桥表）
转发（Forwarding）	发送和接收用户数据、接收 BPDU、接收网管消息、把终端站点位置信息添加到地址数据库
禁用（Disable）	端口处于 shutdown 状态，不转发 BPDU、不转发数据帧

其中，阻塞状态到侦听状态需要 20 秒，侦听状态到学习状态需要 15 秒，学习状态到转发状态需要 15 秒。这个表中涉及的 5 种不同的状态及在不同的状态之间改变的时间参数是考试中的重要命题点，因此必须要记住。

■ 参考答案　(1) C

【考核方式2】 考核根桥的选择过程和标准。
- 在生成树协议（STP）IEEE 802.1d 中，根据____(2)____来选择根交换机。
  (2) A. 最小的 MAC 地址　　　　　　　　B. 最大的 MAC 地址
      C. 最小的交换机 ID　　　　　　　　D. 最大的交换机 ID
  ■ 试题分析　每台交换机都有一个唯一的网桥 ID（BID），**最小 BID 值**的交换机为根交换机。其中 BID 是由 2 字节的网桥优先级字段和 6 字节的 MAC 地址字段组成，在选根交换机时，通常先比较优先级，相等的情况下，再比较 MAC 地址。BID 也可以看作交换机 ID。
  ■ 参考答案　(2) C

【考核方式3】 考核生成树协议中路径开销的计算。
- 图 8-6 表示一个局域网的互连拓扑，方框中的数字是网桥 ID，用字母来区分不同的网段。按照 IEEE 802.1d 协议，ID 为____(3)____的网桥被选为根网桥，如果所有网段传输费用为 1，则 ID 为 92 的网桥连接网段____(4)____的端口为根端口。

图 8-6　某局域网的互连拓扑

  (3) A. 3　　　　　　B. 7　　　　　　C. 92　　　　　　D. 12
  (4) A. a　　　　　　B. b　　　　　　C. d　　　　　　D. e
  ■ 试题分析　按照 IEEE 802.1d 协议，ID 最小的网桥被选为根网桥。从图 8-7 看出，3 的 ID 最小，因此选 A 项。其他网桥连接根网桥的费用最小的端口成为根端口。
  根网桥确定了，ID 为 92 的网桥到根网桥的路有：
  ➢　92→b→根，花费 2

➢ 92→d→24→a→根,花费3

根据到根的费用大小比较可知,92→b→根的费用最小,所以连接b的端口就是根端口。这个STP的根桥选举的过程,涉及的相关参数等是考试中的一个重要知识点,应该给予足够的重视。

图8-7 计算过程

■ 参考答案　（3）A　（4）B

课堂练习

- 通过以太网交换机连接的一组工作站＿＿（1）＿＿。
  （1）A. 组成一个冲突域,但不是一个广播域
  　　B. 组成一个广播域,但不是一个冲突域
  　　C. 既是一个冲突域,又是一个广播域
  　　D. 既不是冲突域,也不是广播域
- 下列关于交换机的说法中,正确的是＿＿（2）＿＿。
  （2）A. 以太网交换机可以连接运行不同网络层协议的网络
  　　B. 从工作原理上讲,以太网交换机是一种多端口网桥
  　　C. 集线器是一种特殊的交换机
  　　D. 通过交换机连接的一组工作站形成一个冲突域

● 网络中存在各种交换设备，下面的说法中错误的是___(3)___。
　(3) A．以太网交换机根据 MAC 地址进行交换
　　　B．帧中继交换机只能根据虚电路号 DLCI 进行交换
　　　C．三层交换机只能根据第三层协议进行交换
　　　D．ATM 交换机根据虚电路标识进行信元交换
● 在交换机之间的链路中，能够传送多个 VLAN 数据包的是___(4)___。
　(4) A．中继连接　　　　　　　　　B．接入链路
　　　C．控制连接　　　　　　　　　D．分支链路
● 按照 IEEE 802.1d 生成树协议（STP），在交换机互连的局域网中，___(5)___的交换机被选为根交换机。
　(5) A．MAC 地址最小的　　　　　　B．MAC 地址最大的
　　　C．ID 最小的　　　　　　　　　D．ID 最大的
● 如图 8-8 所示，网桥 A、B、C 连接多个以太网，已知网桥 A 为根网桥，各个网桥的 a、b、f 端口为指定端口。那么按照快速生成树协议标准 IEEE 802.1d-2004，网桥 B 的 c 端口为___(6)___。

图 8-8　习题用图

　(6) A．根端口（Root Port）　　　　　B．指定端口（Designated Port）
　　　C．备份端口（Backup Port）　　　D．替代端口（Alternate Port）
● 下列关于 STP 的说法，正确的是___(7)___。
　(7) A．非根设备上距离根桥最近的端口称为指定端口
　　　B．每条链路上只有一个根端口
　　　C．非根设备上除指定端口外，其他端口会被阻塞
　　　D．根桥上的端口称为根端口

试题分析

试题（1）分析：以太网交换机连接的所有端口是同一个广播域，每个端口是一个单独冲突域。

参考答案：（1）B

试题（2）分析：以太网交换机又称为多端口网桥，可连接多个以太局域网，实现这些局域网之间的数据交换。交换机连接的所有设备同处一个冲突域，而交换机每个端口都是一个单独冲突域。

参考答案：（2）B

试题（3）分析：以太网交换机工作在数据链路层，根据 MAC 地址进行交换，三层交换机在工作时既用第三层协议，也用第二层协议。

参考答案：（3）C

试题（4）分析：中继（TRUNK）能传输多个 VLAN 的数据。

参考答案：（4）A

试题（5）分析：STP 选择根网桥：每台交换机都有一个唯一的网桥 ID（BID），**最小 BID 值**的交换机为根交换机。其中 BID 是由 2 字节的网桥优先级字段和 6 字节的 MAC 地址字段组成。

参考答案：（5）C

试题（6）分析：

STP 工作原理：STP 首先选举根网桥（Root Bridge），然后选择根端口（Root Port），最后选择指定端口（Designated Port）。

下面讲述具体的 STP 选择过程。

1）选择根网桥。每台交换机都有一个唯一的网桥 ID（BID），**最小 BID 值**的交换机为根交换机。其中 BID 是由 2 字节网桥优先级字段和 6 字节的 MAC 地址字段组成。比较 BID 值大小时，先比较优先级，再比较 MAC 地址。图 8-9 描述了根网桥的选择过程。

图 8-9 根网桥的选择

2）选择根端口。选择根网桥后，其他的非根桥选择一个距离根桥最近的端口为根端口。

选择根端口的依据如下：

a．交换机中到根桥**总路径成本**最低的端口。**路径成本**根据带宽计算得到，如 10Mb/s 的路径成本为 100，100Mb/s 的路径成本为 19，1000Mb/s 的路径成本为 4。

b．直连的网桥 ID 最小的端口。

c．直连的邻居端口 ID 最小的端口。端口 ID 由端口优先级（8 位）和端口编号（8 位）组成。

图 8-10 描述了根端口的选择过程。

图 8-10　根端口的选择

3）选择指定端口。

每个网段选择一个指定端口，根桥端口均为指定端口。

选定非根桥的指定端口的依据如下：

a．到根路径成本最低。

b．端口所在的网桥的 ID 值较小。

c．端口 ID 值较小。

图 8-11 描述了指定端口的选择过程。

图 8-11　指定端口的选择

交换机中所有的根端口和指定端口之外的端口，称为非指定端口。此时非指定端口被 STP 协议设置为阻塞状态，这时没有环的网络就生成了。

参考答案：（6）A

试题（7）分析：在三层树中，根桥的所有端口都是指定端口。非根桥设备上距离跟桥最近的端口往往是根端口，除此之外，还有若干的指定接口。非根端口和非指定端口才可能被堵塞。每个非根桥有一个根端口，通常只有一个。每条链路上只有一个指定端口。

参考答案：（7）B

第9章 交换机配置

知识点图谱与考点分析

交换机是目前使用最广泛的局域网设备,因此考试中对交换技术的配置考查的内容比较多,如交换机的配置连接方式、交换机操作系统中各种配置模式的切换、用户密码的配置、VLAN 配置等。本章的知识点体系图谱如图 9-1 所示。

图 9-1 交换机配置知识体系图谱

知识点:基本配置

知识点综述

交换机基本配置是考试中常考的知识点,主要包括配置方式、配置视图的切换命令及用户名和用户密码的配置。基本配置图谱如图 9-2 所示。

第 9 章 交换机配置

图 9-2 基本配置图谱

参考题型

【考核方式 1】 考核交换机密码设置。

- 在交换机上要配置 console 接口的口令，需使用命令___(1)___先进入 console 接口。

（1）A．interface console　　　　　　B．user-interface console 0
　　　C．interface console 0　　　　　　D．user-interface console

■ 试题分析　要配置交换机的 console 接口，必须使用 user-interface console 0 命令进入 console 接口，然后再对该接口进行进一步的配置。

■ 参考答案　（1）B

【考核方式 2】 考核交换机配置模式的切换。

- 交换机命令<Switch>system 的作用是___(2)___。

（2）A．配置访问口令　　　　　　　　B．进入系统视图
　　　C．更改主机名　　　　　　　　　D．显示当前系统信息

■ 试题分析　交换机的命令状态见表 9-1。

表 9-1　交换机的命令状态

常用视图名称	进入视图	视图功能
用户视图	用户从终端成功登录至设备即进入用户视图，在屏幕上显示<Huawei>	用户可以完成查看运行状态和统计信息等功能。在其他视图下，都可使用 return 直接返回用户视图
系统视图	在用户视图下，输入命令 system-view 后按 Enter 键，进入系统视图。 <Huawei>system-view 　[Huawei]	在系统视图下，用户可以配置系统参数以及通过该视图进入其他的功能配置视图
接口视图	使用 interface 命令并指定接口类型及接口编号，可以进入相应的接口视图。 [Huawei] interface gigabitethernetX/Y/Z [Huawei-GigabitEthernetX/Y/Z] X/Y/Z 为需要配置的接口编号，分别对应"槽位号/子卡号/接口序号"	配置接口参数的视图称为接口视图。在该视图下可以配置接口相关的物理属性、链路层特性及 IP 地址等重要参数

常用视图名称	进入视图	视图功能
路由协议视图	在系统视图下,使用路由协议进程运行命令可以进入到相应的路由协议视图。 [Huawei] isis [Huawei-isis-1]	路由协议的大部分参数是在相应的路由协议视图下进行配置的。如 IS-IS 协议视图、OSPF 协议视图、RIP 协议视图,要退回到上一层命令,可以使用 quit 命令

■ **参考答案**　(2) B

【考核方式3】 考核交换机基本配置命令。

- 查看 ospf 接口的开销、状态、类型、优先级等的命令是___(3)___；查看 OSPF 在接收报文时出错记录的命令是___(4)___。

  (3) A. display ospf　　　　　　　B. display ospf error
  　　C. display ospf interface　　　D. display ospf neighbor
  (4) A. display ospf　　　　　　　B. display ospf error
  　　C. display ospf interface　　　D. display ospf neighbor

  ■ **试题分析**　这是华为设备的基本命令。display ospf 是干扰项,目前的系统不支持该命令,从题干意思来看,需要获取接口的开销、状态等信息,自然是查看 ospf interface。

  ■ **参考答案**　(3) C　(4) B

- 如图 9-3 所示,Switch A 通过 Switch B 和 NMS 跨网段相连并正常通信。Switch A 与 Switch B 配置相似,从给出的 Switch A 的配置文件可知该配置实现的是___(5)___,验证配置结果的命令是___(6)___。

图 9-3　习题用图

Switch A 的配置:

Sysname SwitchA
Vlan batch 10
BFD
Interface vlanif 10
IP address10.1.1.1 255.255.255.0
Interface GigabitEthernet 0/0/1
Port link-type trunk
Port trunk allow-pass vlan 10
BFD aa bind peer-ip 10.1.1.2
Discriminator local 10

```
Discriminator remote 20
Commit
Ip route-static 10.2.2.0 255.255.255.0 10.1.1.2 track bfd-session aa
Return
```

　　（5）A．实现毫秒级链路故障感知并刷新路由表
　　　　B．能够感知链路故障并进行链路切换
　　　　C．将感知到的链路故障通知 NMS
　　　　D．自动关闭故障链路接口并刷新路由表
　　（6）A．display nqa results　　　　　　B．display bfd session all
　　　　C．display efm session all　　　　　D．display current-configuration|include nqa

■ **试题分析**　会话建立后会周期性地快速发送 BFD 报文，如果在检测时间内没有收到 BFD 报文则认为该双向转发路径发生了故障，通知被服务的上层应用进行相应的处理。
检查结果使用 display bfd session all 比较合适。

■ **参考答案**　（5）A　（6）B

● 在交换机上执行 display stp topology-change 命令，其作用是＿＿（7）＿＿。
　　（7）A．查看端口 TC/TCN 报文收发计数　　B．查看桥的生成树状态详细信息
　　　　C．查看运行生成树协议的异常端口信息　D．查看 MSTP 拓扑变化相关的统计信息

■ **试题分析**　display stp topology-change 命令用来查看 MSTP 拓扑变化相关的统计信息。

■ **参考答案**　（7）D

知识点：应用配置

知识点综述

　　VLAN 技术在二层交换网络中有无可替代的位置，因此考查交换机配置的环节中，对这个技术的考查是必不可少的。VLAN 的配置主要包括如何创建 VLAN、如何将指定端口划入指定 VLAN、如何设置 TRUNK 模式等。应用配置图谱如图 9-4 所示。

图 9-4　应用配置图谱

参考题型

【**考核方式 1**】考核 VLAN 的基本配置。

● 能进入 VLAN 配置状态的交换机命令是＿＿（1）＿＿。

（1）A．<huawei> vlan 10　　　　　　　B．<huawei> interface vlan
　　　C．[huawei] vlan 10　　　　　　　D．[huawei]interface ge0/0/1

■ **试题分析**　VLAN 配置方式为系统视图下输入 Vlan vlan-number 命令。

■ **参考答案**　（1）C

【考核方式 2】　考核交换机端口处理 VLAN TAG 的方式。

- 数据报文从二层交换机端口 g0/0/2 进入交换机，从端口 g0/0/10 送出交换机，拓扑结构如图 9-5 所示，则该数据报文被送出时，其 Tag 情况是＿＿＿（2）＿＿＿。

图 9-5　习题用图

（2）A．untaged tag=10　　B．taged tag=10　　C．taged tag=20　　D．untaged tag=20

■ **试题分析**　二层交换机连接的两个设备分别属于 VLAN10 和 VLAN20，因此 G0/0/10 和 G0/0/2 口的 pvid 应配置为 20 和 10。当交换机从 G0/0/2 口接收到数据帧时，如果数据不带 TAG，会加上该接口的 pvid，也就是 TAG 10，从 G0/0/10 口发出时，由于该接口接的 PC，因此其 link-type 可能是 Hybrid 或 Access。由于一般的 PC 无法识别带 TAG 的帧，因此交换机会剥离 TAG 再发送，此时剥离的 TAG 是 10。因此本题选择 A 选项。

■ **参考答案**　（2）A

- 下列关于交换机 Trunk 端口处理数据帧的说法，正确的是＿＿＿（3）＿＿＿。

（3）A．Trunk 端口发送数据帧时，携带的 VLAN 标签与端口的 PVID 不同时，直接丢失该数据帧

　　　B．Trunk 端口接收数据帧时，携带的 VLAN 标签与端口的 PVID 相同时，则保留 VLAN 标签并转发

　　　C．Trunk 端口接收到未携带 LAN 标签的数据帧时，直接丢弃

　　　D．Trunk 端口接收到携带 VLAN 标签的数据帧时，若在 VLAN 允许列表，则保留 VLAN 标签并转发

■ **试题分析** 不同类型的接口处理报文的特性见表 9-2。

表 9-2 不同类型的接口处理报文的特性

接口类型	对接收不带 Tag 报文处理	对接收带 Tag 报文处理	发送帧处理过程
Access 接口	接收该报文，并打上缺省的 VLAN ID	当 VLAN ID 与缺省 VLAN ID 相同时，接收该报文。当 VLAN ID 与缺省 VLAN ID 不同时，丢弃该报文	先剥离帧的 PVID Tag，然后再发送。因此所有帧都不带 Tag
Trunk 接口	打上缺省的 VLAN ID，当缺省 VLAN ID 在允许通过的列表中，接收该报文。打上缺省的 VLAN ID，当缺省 VLAN ID 不在允许通过的列表中时，丢弃该报文	当 VLAN ID 在接口允许通过的列表中时，接收该报文。当 VLAN ID 不在接口允许通过的列表中时，丢弃该报文	当 VLAN ID 与缺省 VLAN ID 相同，且是该接口允许通过的 VLAN ID 时，去掉 Tag，发送该报文。当 VLAN ID 与缺省 VLAN ID 不同，且是该接口允许通过的 VLAN ID 时，保持原有 Tag，发送该报文
Hybrid 接口	同 Trunk	同 Trunk	当 VLAN ID 是该接口允许通过的 VLAN ID 时，发送该报文。可以通过命令设置发送时是否携带 Tag

华为交换机的端口的工作模式有三种：Access 模式（或接入模式）、Trunk 模式和 Hybrid 模式（混合模式）。

1）Access 端口只能属于单个 VLAN，一般用于连接计算机的端口。

2）Trunk 端口允许多个 VLAN 通过，可以接收和发送多个 VLAN 的报文，一般用于交换机之间连接的端口。

3）Hybrid 端口是华为设备中的一种新端口类型，特点是允许多个 VLAN 通过，可以接收和发送多个 VLAN 的报文，既可用于交换机之间连接，也可用于连接用户的计算机。

但是 Hybrid 端口与 Trunk 端口是有区别的。在接收数据时，Hybrid 端口和 Trunk 端口的处理方法是一样的，唯一不同之处在于发送数据时，Hybrid 端口可以允许多个 VLAN 的报文发送时不打标签，而 Trunk 端口只允许默认 VLAN 的报文发送时不打标签。

■ **参考答案** （3）D

课堂练习

1. 阅读以下说明，回答问题 1 至问题 4，将解答填入答题纸对应的解答栏内。

【说明】某公司有 1 个总部和 2 个分部，各个部门都有自己的局域网。该公司申请了 4 个 C 类 IP 地址块 202.114.10.0/24～202.114.13.0/24。公司各部门通过帧中继网络进行互连，网络拓扑结构如图 9-6 所示。

【问题 1】（4 分）

请根据图 9-6 完成 R0 路由器的配置：

[R0]interface s0/0　　　　　　　　　（进入串口配置模式）

[R0-Serial0/0] ip address 202.114.13.1   （1）   （设置 IP 地址和掩码）
[R0-Serial0/0] link-protocol   （2）   （设置串口工作模式）

【问题 2】（5 分）
　　Switch0、Switch1、Switch2 和 Switch3 均为二层交换机。总部拥有的 IP 地址块为 202.114.12.0/24。Switch0 的端口 E0/24 与路由器 R2 的端口 E0/0 相连，请根据图 9-6 完成路由器 R2 和 Switch0 的配置。

[R2]interface Ethernet 0/0.1
[R2-Ethernet0/0.1]dot1q   termination vid   （3）
[R2-Ethernet0/0.1]ip address 202.114.12.1 255.255.255.192
[R2-Ethernet0/0.1]undo shutdown
[R2-Ethernet0/0.1]quit
[R2]interface Ethernet0/0.2
[R2-Ethernet0/0.2]dot1q   termination vid   （4）
[R2-Ethernet0/0.2]ip address 202.114.12.65 255.255.255.192
[R2-Ethernet0/0.2]undo shutdown
[R2-Ethernet0/0.2]quit
[R2]interface Ethernet 0/0.3
[R2-Ethernet0/0.3]dot1q   termination vid   （5）
[R2-Ethernet0/0.3]ip address 202.114.12.129   255.255.255.192
[R2-Ethernet0/0.3]undo shutdown
[R2-Ethernet0/0.3]quit

[Switch0] interface Ethernet 0/24
[Switch0- Ethernet 0/24]port   link-type   （6）

[switch0-Ethernet0/24]port trunk allow-pass   （7）

图 9-6　网络拓扑结构

【问题 3】（3 分）

若主机 A 与 Switch1 的 E0/2 端口相连，请完成 Switch1 相应端口设置。

[switch0]interface Ethernet 0/2
[switch0-Ethernet0/2] ___(8)___ （设置端口为接入链路模式）
[switch0-Ethernet0/2] ___(9)___ （把 E0/2 分配给 VLAN 100）

若主机 A 与主机 D 通信，请填写主机 A 与 D 之间的数据转发顺序。

主机 A→ ___(10)___ →主机 D。

（10） A．Switch1→Switch0→R2（s0/0）→Switch0→Switch2
　　　 B．Switch1→Switch0→R2（e0/0）→Switch0→Switch2
　　　 C．Switch1→Switch0→R2（e0/0）→R2（s0/0）→R2（e0/0）→Switch0→Switch2
　　　 D．Switch1→Switch0→Switch2

【问题 4】（3 分）

为了部门 A 中用户能够访问服务器 Server1，请在 R0 上配置一条特定主机路由。

[R0]ip route-static 202.114.10.253 ___(11)___ ___(12)___

2．阅读以下说明，回答问题 1 至问题 3，将解答填入答题纸对应的解答栏内。

【说明】某企业的网络结构如图 9-7 所示，Router 作为企业出口网关。该企业有两个部门 A 和 B，为部门 A 和 B 分配的网段地址是：10.10.1.0/25 和 10.10.1.128/25。

图 9-7　习题用图

【问题 1】（2 分）

在公司地址规划中，计划使用网段中第一个可用 IP 地址作为该网段的网关地址，部门 A 的网关地址是___(1)___，部门 B 的网关地址是___(2)___。

【问题 2】（10 分）

公司在路由器上配置 DHCP 服务，为两个部门域名分配 IP 地址，名为 abc.com，其中部门 A

DNS 服务器的地址租用期限为 30 天，部门 B 的地址和使用期限为 2 天，地址为 10.10.1.2，请根据描述，将以下配置代码补充完整。

部门 A 的 DHCP 配置：

```
<Route>____(3)____
[Router]____(4)____GigabitEthernet0/0/1
[Router-GigabitEthernet0/0/1]ip address 10.10.1.1 255.255.255.128
[Router-GigabitEthernet0/0/1]dhcp select ____(5)____ //接口工作在全局地址池模式
[Router-GigabitEthernet0/0/1]____(6)____
[Router] ip pool pool1
[Router-ip-pool-pool1] network 10.10.1.0 mask ____(7)____
[Router-ip-pool-pool1] excluded-ip-address ____(8)____
[Router-ip-pool-pool1] ____(9)____ 10.10.1.2  //设置DNS
[Router-ip-pool-pool1] ____(10)____ 10.10.1.1  //设置默认网关
[Router-ip-pool-pool1] ____(11)____ day 30 hour 0 minute 0
[Router-ip-pool-pool1] ____(12)____ abc.com
[Router-ip-pool-pool1] quit
```

部门 B 的 DHCP 配置略。

【问题 3】（3 分）

企业内网地址规划为私网地址，且需要访问 Internet 公网，因此，需要通过配置 NAT 实现私网地址到公网地址的转换。公网地址范围为 200.100.1.3～200.100.1.6。连接 Router 出接口 GE0/0/3 的对端 IP 地址为 200.100.1.1/24，请根据描述，将下面的配置代码补充完整。

```
[Router]nat address-group 0 200.100.1.3 200.100.1.6
[Router]acl number 2000
[Router-acl-basic-2000]rule 5 ____(13)____ source 10.10.1.0 0.0.0.255
[Router]interface GigabitEthernet0/0/3
[Router-GigabitEthernet0/0/3]nat ____(14)____ 2000 address-group 0 no-pat
[Router-GigabitEthernet0/0/3]quit
[Router]ip route-static 0.0.0.0 0.0.0.0 ____(15)____
```

试题分析

试题 1 分析：

【问题 1】

（1）设置路由器 R0 的 S0/0 端口 IP 地址的掩码，而图 9-6 标注该端口的 IP 地址和掩码形式为 202.114.13.1/24，所以其子网掩码为 255.255.255.0。因此空（1）为 255.255.255.0。

（2）在 S0/0 端口接口封装帧中继协议，封装命令为 link-protocol fr。

【问题 2】

本题涉及单臂路由的配置。通过路由器交换不同 VLAN 间的数据，这类路由器就称为单臂路由，这种方式目前已经不常用了。

VLAN 100：202.114.12.0/26 的 IP 地址范围是 202.114.12.0～202.114.12.63，该接口地址属于 VLAN 100。因此空（3）为 100。

同理，空（4）为200，空（5）为300。

由图9-8可知，Switch0的E0/24口要与不同的VLAN通信，因此需要配置为Trunk口，因此空（6）为trunk。

图9-8 部分拓扑结构

配置所有VLAN均可以通过，使用[switch0-Ethernet0/24]port trunk allow-pass vlan all，因此空（7）为vlan all。

【问题3】
设置端口为接入链路模式命令，在对应端口配置模式下输入 port link-type access 命令。

使用 port default vlan <vlan-id>命令，指定端口默认的VLAN。本题为 port default vlan 100。

由图9-9可以看出，主机A与D之间的数据转发顺序为：Switch1→Switch0→R2（e0/0）→Switch0→Switch2。

图9-9 数据转发顺序

【问题4】
静态路由命令格式：

[Router] **ip route-static** ip-address 掩码网关地址

为了部门A中用户能够访问服务器Server1，在R0上配置命令为：

[Router]**ip route-static** 202.114.10.253 255.255.255.255 202.114.13.2。

参考答案：
【问题1】
（1）255.255.255.0
（2）fr
【问题2】
（3）100
（4）200
（5）300
（6）trunk
（7）vlan all
【问题3】
（8）port link-type access
（9）port default vlan 100
（10）B
【问题4】
（11）255.255.255.255（2分）
（12）202.114.13.2（1分）

试题2分析：
【问题1】 这个题目实际上就是考查IP地址计算的问题，要求计算出IP地址段内的第一个可用IP地址即可。因此掌握好IP地址计算的问题，不仅仅选择题可以得分，案例分析题同样可以得分。根据题干"部门A和B分配的网段地址是：10.10.1.0/25和10.10.1.128/25。"可以计算出部门A的地址范围是：10.10.1.0/25～10.10.1.127/25之间。第一个可用IP地址就是10.10.1.1/25；部门B网段地址是：10.10.1.128/25～10.10.1.255/25。第一个地址就是10.10.1.129/25。但是题目问的是地址，直接填写IP地址即可，无须掩码。

【问题2】 华为命令配置填空或者解释，这是每年必考的题。考试中必须注意上下文，才能确定命令用的是什么。第（3）空中，可以看下一行的提示，用的是[Router]，这是系统视图的提示符，因此使用system-view。

第（4）空结合上下文"[Router]（4）GigabitEthernet0/0/1 [Router-GigabitEthernet0/0/1]ip address 10.10.1.1 255.255.255.128"，可知这是进入一个接口下面进行配置，因此是interface命令。

第（5）空从后面的解释"//接口工作在全局地址池模式"可知，是用的dhcp select global。

第（6）空从"[Router-GigabitEthernet0/0/1]（6）[Router]"这个上下文可以知道该命令是quit。

第（7）空从mask可知是一个掩码，计算可知（7）是255.255.255.128。

第（8）空从"excluded-ip-address（8）"知道是排除地址，这里要从上下文看，还有哪些地址被固定使用，不能分配，通常就是DNS服务器地址，默认网关地址在华为设备中，会自动排除。强行添加会出现"Error:Only idle or expired IP address can be disabled."但是本题中，gateway-list在这个配置之后，因此可以添加，但是当我们添加gateway-list的时候也会报错。"Error:The IP address's status is error."因此答案是dns服务器地址，10.10.1.2。

第（9）空和第（10）空比较简单，后面的解释很清楚，直接使用 dns-list 和 gateway-list 即可。

第（11）空就是一个租约期限，使用的 lease。

第（12）空设置的域名，domain-name。

【问题3】配置 nat，这是我们要求掌握的基本配置。先设定一个基本 ACL，定义需要转换的数据的源地址，因此（13）空是 permit。（14）空是在接口使用 nat，基本命令格式 nat outbound ACLnumber address-group groupnumber [no-pat]。因此是 outbound。

第（15）空就是默认网关地址，对应的地址就是公网接口对端设备的地址，题干给出"连接 Router 出接口 GE0/0/3 的对端 IP 地址为 200.100.1.1/24"，因此就是 200.100.1.1

参考答案：

【问题1】（1）10.10.1.1　　　　　（2）10.10.1.129

【问题2】（3）system-view　　　 （4）interface
　　　　　（5）global　　　　　　（6）quit
　　　　　（7）255.255.255.128　　（8）10.10.1.2
　　　　　（9）dns-list　　　　　 （10）gateway-list
　　　　　（11）lease　　　　　　（12）domain-name

【问题3】（13）permit　　　　　（14）outbound　　　　　（15）200.100.1.1

第10章
路由原理与路由协议

知识点图谱与考点分析

路由原理主要包括各种基本的路由概念、路由算法和常见的路由协议的类型等,在考试中常见的协议如 RIP、OSPF、BGP 等都是主要考查协议。需主要掌握协议的基本特点和参数,如更新时间、路由代价计算等。本章的知识体系图谱如图 10-1 所示。

图 10-1　路由原理与路由协议知识体系图谱

知识点：基本概念

知识点综述

路由的基本概念在考试中考得比较多，主要是考查路由算法特点和原理及一些基本参数。本知识点的体系图谱如图 10-2 所示。

图 10-2　路由基本概念知识体系图谱

参考题型

【考核方式 1】 考核路由的基本概念。

- 在互联网中可以采用不同的路由选择算法，所谓松散源路由，是指 IP 分组＿＿＿(1)＿＿＿。

　　（1）A．必须经过源站指定的路由器　　　　B．只能经过源站指定的路由器
　　　　C．必须经过目标站指定的路由器　　　D．只能经过目标站指定的路由器

　　■ **试题分析**　松散源路由（Loose Source Route）：只给出 IP 数据报**必须经过源站指定的路由器**，并不给出一条完备的路径，没有直连的路由器之间的路由需要有寻址功能的软件支撑。

　　■ **参考答案**　（1）A

【考核方式 2】 考核最短路径算法。

- 网络由 6 个路由器互连而成，路由器之间的链路费用如图 10-3 所示。从 PC 机到服务器的最短路径是＿＿(2)＿＿，通路费用是＿＿(3)＿＿。

图 10-3　习题用图

（2）A. 1→3→6　　　　B. 1→4→5→6　　　　C. 1→4→3→6　　　　D. 1→2→4→5→6
（3）A. 4　　　　　　　B. 5　　　　　　　　C. 2　　　　　　　　D. 6

■ **试题分析**　题目给出的四个选项中：
➢ 路径1→3→6，通路费用=5+2=7。
➢ 路径1→4→5→6，通路费用=1+1+2=4。
➢ 路径1→4→3→6，通路费用=1+3+2=6。
➢ 路径1→2→4→5→6，通路费用=2+2+1+2=7。
所以路径1→4→5→6为最短路径。

■ **参考答案**　（2）B　（3）A

【考核方式3】　考核考生对基本的路由类型的了解。

● 在距离矢量路由协议中，每一个路由器接收的路由信息来源于＿＿＿（4）＿＿＿。
（4）A. 网络中的每一个路由器
　　　B. 它的邻居路由器
　　　C. 主机中存储的一个路由总表
　　　D. 距离不超过两个跳步的其他路由器

■ **试题分析**　距离矢量名称的由来是因为路由是以矢量（距离、方向）的方式被通告出去的，这里的距离是根据度量来决定的。**距离矢量路由算法是动态路由算法**。它的工作流程是：每个路由器维护一张矢量表，表中列出了当前已知的到每个目标的最佳距离及所使用的线路。通过在邻居之间相互交换信息，路由器不断地更新它们内部的表。

■ **参考答案**　（4）B

知识点：RIP 协议

知识点综述

路由信息协议（Routing Information Protocol，RIP）是一种最常见的动态路由协议，属于距离向量类型的典型代表，其路由代价是用跳数（Hop Count）来衡量的，最大跳数不能超过15，否则视为不可达。考试中对 RIP 协议的基本特性和基本时间参数考查比较多。本知识点的体系图谱如图10-4所示。

图10-4　RIP协议知识体系图谱

参考题型

【考核方式 1】 考核 RIP 协议的基本特性。

- RIPv2 是增强的 RIP 协议，下列关于 RIPv2 的描述中，错误的是___(1)___。

  (1) A．使用广播方式来传播路由更新报文

  B．采用了触发更新机制来加速路由收敛

  C．支持可变长子网掩码和无类别域间路由

  D．使用经过散列的口令字来限制路由信息的传播

  ■ **试题分析**　RIPv2 使用组播方式更新报文。RIPv2 采用了触发更新机制来加速路由收敛，即路由变化立即发送更新报文，而无须等待更新周期时间到达。

  RIPv2 属于无类别协议，而 RIPv1 是有类别协议。

  RIPv2 支持认证，使用经过散列的口令字来限制更新信息的传播。

  RIPv1 和 RIPv2 的其他特性均相同，如以跳步计数来度量路由费用、允许的最大跳步数为 15 等。

  ■ **参考答案**　(1) A

- RIPv2 对 RIPv1 协议有三方面的改进。下面的选项中，RIPv2 的特点不包括___(2)___。在 RIPv2 中，可以采用水平分割法来消除路由循环，这种方法是指___(3)___。

  (2) A．使用组播而不是广播来传播路由更新报文

  B．采用了触发更新机制来加速路由收敛

  C．使用经过散列的口令来限制路由信息的传播

  D．支持动态网络地址变换来使用私网地址

  (3) A．不能向自己的邻居发送路由信息

  B．不要把一条路由信息发送给该信息的来源

  C．路由信息只能发送给左右两边的路由器

  D．路由信息必须用组播而不是广播方式发送

  ■ **试题分析**　RIPv1 与 RIPv2 的对比见表 10-1。

表 10-1　RIPv1 与 RIPv2 的对比

	RIPv1	RIPv2
是否支持 VLSM（可变长子网掩码）	否	是
是否支持 CIDR（无类别域间路由）	否	是
更新报文方式	广播	组播
是否属于 Classful（有类别）路由协议	是	否
有无认证	无	MD5 认证限制更新信息
路由更新	固定更新周期	触发更新结合更新周期
最大跳步	15	15
算法	距离矢量	距离矢量

RIP 协议采用水平分割（Split Horizon）技术解决路由环路（Routing Loops）问题。水平分割

是指路由器某一接口学习到的路由信息不再反方向传回。

毒性逆转的水平分割（Split Horizon with Poisoned Reverse）是"邻居学习到的路由费用设置为无穷大，并发送给邻居"。这种方式能立刻中断环路，而水平分割要等待一个更新周期。

■ **参考答案** （2）D （3）B

[辅导专家提示] RIP 协议有几种不同的版本，特性也各不相同，尤其是 v2 新增的特性与 v1 有较大区别。考试中对这两个版本的区别考查较多，因此应理解清楚。

【考核方式 2】 考核 RIP 协议的基本时间参数。

- RIP 协议默认的路由更新周期是___(4)___秒。
  (4) A. 30　　　　B. 60　　　　C. 90　　　　D. 100

  ■ **试题分析** RIP 路由更新周期为 **30 秒**，路由器 **180 秒**没有回应则标志路由不可达，**240 秒**内没有回应则删除路由表信息。

  ■ **参考答案** （4）A

- RIP 协议在更新和维护路由信息时主要使用四个定时器，___(5)___超时，立即发送更新报文。
  (5) A. Update timer　　　　　　　　B. Age timer
  　　 C. Garbage-Collect Timer　　　 D. Suppress timer

  ■ **试题分析** Update timer（更新定时器）是 RIP 协议中的一个关键定时器，用于控制路由更新的频率。

  ■ **参考答案** （5）A

知识点：OSPF 协议

知识点综述

开放式最短路径优先（Open Shortest Path First，OSPF）协议是链路状态类型路由协议的典型代表，也是目前网络中使用最为广泛的 IGP 类型的路由协议，OSPF 的基本特征和时间参数是考查的重点。本知识点的体系图谱如图 10-5 所示。

图 10-5　OSPF 协议知识体系图谱

参考题型

【考核方式 1】 考核 OSPF 的基本特征。

- 在 OSPF 协议中，链路状态算法用于___(1)___。

  (1) A. 生成链路状态数据库　　　　　　B. 计算路由表

  C. 产生链路状态公告　　　　　　　　D. 计算发送路由信息的组播树

  ■ **试题分析**　开放式最短路径优先（OSPF）是一个**内部网关协议**（Interior Gateway Protocol，IGP），用于在**单一自治系统**（Autonomous System，AS）内决策路由。各个 OSPF 路由器维护一张全网的链路状态数据库，采用 Dijkstra 的**最短路径优先算法**（Shortest Path First，SPF）计算生成路由表。

  ■ **参考答案**　(1) B

- 以下两种路由协议中，错误的是___(2)___。

  (2) A. 链路状态协议在网络拓扑发生变化时发布路由信息

  B. 距离矢量协议是周期性发布路由信息

  C. 链路状态协议的所有路由器都发布路由信息

  D. 距离矢量协议是广播路由信息

  ■ **试题分析**　运行距离矢量路由协议的路由器，会将它知道的所有**路由信息与邻居共享**，当然只是与直连邻居共享。运行链路状态路由协议的路由器，只将它所**直连的链路状态与邻居共享**。

  链路状态路由协议和距离矢量路由协议的对比见表 10-2。

  表 10-2　两种类型路由协议的比较

	距离矢量路由协议	链路状态路由协议
发布路由触发条件	周期性发布路由信息	网络拓扑变化发布路由信息
发布路由信息的路由器	所有路由器	指定路由器（Designated Router，DR）
发布方式	广播	组播
应答方式	不要求应答	要求应答
支持协议	RIP、IGRP、BGP（增强型距离矢量路由协议）	OSPF、IS-IS

  ■ **参考答案**　(2) C

【考核方式 2】 考核 OSPF 网络的类型。

- OSPF 协议适用于 4 种网络。下面的选项中，属于广播多址网络的是___(3)___，属于非广播多址网络的是___(4)___。

  (3) A. Ethernet　　　　B. PPP　　　　C. Frame Relay　　　　D. RARP

  (4) A. Ethernet　　　　B. PPP　　　　C. Frame Relay　　　　D. RARP

  ■ **试题分析**　OSPF 网络类型见表 10-3。

表 10-3 OSPF 网络类型

OSPF 网络类型	特点	数据传输方式
点到点网络（Point-to-Point）	有效邻居总是可以形成邻居关系	组播地址 224.0.0.5，该地址称为 AllSPFRouters
点到多点网络（Point-to-Multicast）	不选举 DR/BDR，可看作多个 Point-to-Point 链路的集合	单播（Unicast）
广播型网络（Broadcast）	选举 DR/BDR，所有路由器和 BR/BDR 交换信息。DR/BDR 不能被抢占。广播型网络有：以太网、Token Ring 和 FDDI	DR、BDR 组播到 224.0.0.5；DR/BDR 侦听 224.0.0.6，该地址称为 AllDRRouters
非广播型（NBMA）	没有广播，需手动指定邻居，Hello 消息单播。NBMA 网络有 X.25、Frame Relay、ATM	单播
虚链接（Virtual Link）	虚链路一旦建立，就不再发送 Hello 消息。应用：通过一个非 Area 0 连接到 Area 0；一个非 Area 0 连接 Area 0 的两个分段骨干区域	单播

■ 参考答案　（3）A　（4）C

【考核方式 3】　考核 OSPF 网络的区域类型。

● 为了限制路由信息传播的范围，OSPF 协议把网络划分成 4 种区域（Area），其中＿＿（5）＿＿的作用是连接各个区域的传输网络，＿＿（6）＿＿不接收本地自治系统以外的路由信息。

（5）A．不完全存根区域　　　　　　　　B．标准区域

　　C．主干区域　　　　　　　　　　　　D．存根区域

（6）A．不完全存根区域　　　　　　　　B．标准区域

　　C．主干区域　　　　　　　　　　　　D．存根区域

■ 试题分析　为了限制路由信息传播的范围，OSPF 协议把网络划分成 4 种区域（Area），其中主干区域的作用是连接各个区域的传输网络，存根区域不接收本地自治系统以外的路由信息。

■ 参考答案　（5）C　（6）D

【考核方式 4】　考核 OSPF 的报文类型与作用。

● OSPF 用＿＿（7）＿＿来维护邻居关系。

（7）A．Hello 报文　　　　　　　　　　B．LSR（Link-State Request）报文

　　C．LSU（Link-State Update）报文　　D．DD（Database Description）报文

■ 试题分析　OSPF 集中的主要报文的作用如下：

1）Hello。Hello 用于发现邻居，保证邻居之间 keepalive，能在 NBMA 网络上选举指定路由器（DR）、备份指定路由器（BDR）。默认 Hello 报文的发送间隔时间是 10 秒，默认无效时间间隔是 Hello 时间间隔的 4 倍，即如果在 40 秒内没有从特定的邻居接收到这种分组，路由器就认为那个邻居不存在了。

2）链路状态请求（LSR）消息。请求一个或多个 LSA，告知邻接路由器提供 LSA 的详细信息给发送路由器。

3）链路状态更新（LSU）消息。包含 LSA 的详细信息，一般用来响应 LSR 消息。

■ **参考答案** （7）A

- Type-3 类型 LSA 的发布者是＿＿（8）＿＿。

    （8）A．ABR 路由器　　B．任意路由器　　C．ASBR 路由器　　D．IR 路由器

■ **试题分析** OSPF 的数据包类型见表 10-4。

表 10-4　OSPF 的数据包类型

LSA 类型	产生者	传播区域	描述
LSA1（Router LSA）	所有路由器	只在所描述的区域内泛洪	描述某区域内路由器端口链路状态的集合
LSA 2（Network LSA）	DR 或 BDR	只在 DR、BDR 所属的区域内泛洪	描述广播型网络和 NBMA 网络，包含了该网络上所连接路由器 Route ID 列表
LSA 3（Network Summary LSA）	ABR	通告给其他相关区域	区域内所有网段的路由信息
LSA 4（ASBR Summary LSA）	ABR	通告给除 ASBR 所在区域的其他相关区域	描述到 ASBR 的路由
LSA 5（Autonomous System External LSA）	ASBR	通告到所有的区域（除了 Stub 区域和 NSSA 区域）	描述到 AS 外部的路由
LSA 7（NSSA External LSA）	ASBR	只在 NSSA 区域传播	在 NSSA 区域中允许存在 ASBR，所以也就可以引入外部路由。这个外部路由在 NSSA 区域内以 LSA 7 存在。当 LSA 7 路由离开 NSSA 区域进入别的区域时，NSSA 的 ABR 会进行 LSA 7 向 LSA 5 的转换

由表可知，Type-3 类型的发布者是 ABR。

■ **参考答案** （8）A

【考核方式 5】 考核 OSPF 的故障排除。

- 某企业的拓扑如图 10-6 所示，骨干区域的 3 台路由器运行 OSPF 协议，在排除网络故障时，发现 RA 只收到了 RB 的 Hello 报文，但是收不到 RC 的 Hello 报文，可能的原因是＿＿（9）＿＿。

图 10-6　网络拓扑图

（9）A．RC 与 RA 连接的接口被配置为 OSPF 静默接口
　　　B．RC 与 RA 连接的接口被配置为 OSPF 区域 1
　　　C．RC 被选举为 DR 路由器
　　　D．RC 与 RA 连接的接口被配置为 NSSA 区域

■ 试题分析　从题干的信息可以看到 RA 和 RB 之间能够建立邻居关系，而 RC 与 RA 之间没有 Hello 报文。其中一种可能情况是当 OSPF 路由器的某个接口被配置为静默接口时就不会发送 Hello 报文。而其他三个选项都不可能导致这种情况。

■ 参考答案　（9）A

知识点：BGP 协议

知识点综述

边界网关协议（Border Gateway Protocol，BGP）是外部网关协议（Exterior Gateway Protocol，EGP）类型的路由协议的典型代表，因此考试中对 BGP 协议相关的基本概念和 BGP 的报文类型考得比较多，尤其是 BGP 协议的报文类型是考试的重点。本知识点的体系图谱如图 10-7 所示。

图 10-7　BGP 协议知识体系图谱

参考题型

【考核方式 1】　考核自治系统的概念。

● 下列关于边界网关协议 BGP4 的描述中，不正确的是　（1）　。
　（1）A．BGP4 网关向对等实体（Peer）发布可以到达的 AS 列表
　　　B．BGP4 网关采用逐跳路由（Hop-by-Hop）模式发布路由信息
　　　C．BGP4 可以通过路由汇聚功能形成超级网络（Supernet）
　　　D．BGP4 报文直接封装在 IP 数据报中传送

■ 试题分析　BGP 是边界网关协议，目前版本为 BGP4，是一种增强的距离矢量路由协议。该协议运行在不同 AS 的路由器之间，用于选择 AS 之间花费最小的协议。BGP 协议基于 TCP 协议，端口为 179。使用面向连接的 TCP 可以进行身份认证，可靠地交换路由信息。BGP 协议在发

布路由信息时，各个 BGP 网关向对等体发布自己可以到达的 AS 列表，以逐跳路由模式发布路由信息。BGP4+支持 IPv6。

BGP 的特点：
- ➢ 不用周期性发送路由信息。
- ➢ 路由变化，发送增量路由（变化了的路由信息）。
- ➢ 周期性发送 Keepalive 报文校验 TCP 的连通性。

■ 参考答案　（1）D

【考核方式2】 考核 BGP 协议的几种基本报文及其作用。

● 边界网关协议（BGP）的报文＿＿（2）＿＿传送。一个外部路由器通过发送＿＿（3）＿＿报文与另一个外部路由器建立邻居关系，如果得到应答，就能周期性地交换路由信息。

（2）A．通过 TCP 连接　　　　　　　B．封装在 UDP 数据报中
　　　C．通过局域网　　　　　　　　 D．封装在 ICMP 包中
（3）A．Update　　　B．Keepalive　　　C．Open　　　D．Notification

■ 试题分析　BGP 是边界网关协议，目前版本为 BGP4，是一种增强的距离矢量路由协议。该协议运行在不同 AS 的路由器之间，用于选择 AS 之间花费最小的协议。BGP 协议基于 TCP 协议，端口号为 179。使用面向连接的 TCP 可以进行身份认证，可靠地交换路由信息。BGP4+支持 IPv6。

BGP 的特点：
- ➢ 不用周期性发送路由信息。
- ➢ 路由变化，发送增量路由（变化了的路由信息）。
- ➢ 周期性发送 Keepalive 报文校验 TCP 的连通性。

BGP 常见的四种报文，分别是 Open 报文、Keepalive 报文、Update 报文、Notification 报文。

Open 报文：建立邻居关系。

Keepalive 报文：保持活动状态，周期性确认邻居关系，对 Open 报文回应。

Update 报文：发送新的路由信息。

Notification 报文：报告检测到的错误。

■ 参考答案　（2）A　（3）C

● 在 BGP4 协议中，＿＿（4）＿＿报文建立两个路由器之间的邻居关系，＿＿（5）＿＿报文给出了新的路由信息。

（4）A．Open　　　B．Update　　　C．Keepalive　　　D．Notification
（5）A．Open　　　B．Update　　　C．Keepalive　　　D．Notification

■ 试题分析　BGP 常见的四种报文，分别是 Open 报文、Keepalive 报文、Update 报文、Notification 报文。

Open 报文：建立邻居关系。

Keepalive 报文：保持活动状态，周期性确认邻居关系，对 Open 报文回应。

Update 报文：发送新的路由信息。

Notification 报文：报告检测到的错误。

发送过程如图 10-8 所示。

图 10-8 BGP 报文工作流程

BGP 工作流程：
1) BGP 路由器直接进行 TCP 三次握手，建立 TCP 会话连接。
2) 交换 Open 信息，确定版本等参数，建立邻居关系。
3) 路由器交换所有 BGP 路由，直到平衡。之后，只交换变化了的路由信息。
4) 路由更新由 Update 完成。
5) 通过 Keepalive 验证路由器是否可用。
6) 出现问题，发送 Notification 消息通知错误。

■ 参考答案　（4）A　（5）B

● 在 BGP4 协议中，路由器通过发送___(6)___报文将正常工作信息告知邻居。当出现路由信息的新增或删除时，采用___(7)___报文告知对方。
　　(6) A. Hello　　　　B. Update　　　　C. Keepalive　　　　D. Notification
　　(7) A. Hello　　　　B. Update　　　　C. Keepalive　　　　D. Notification

■ 试题分析
1) Open 报文：建立邻居关系。
2) Keepalive 报文：保持活动状态，周期性确认邻居关系，对 Open 报文回应。
3) Update 报文：发送新的路由信息。
4) Notification 报文：报告检测到的错误。

■ 参考答案　（6）C　（7）B

【考核方式3】 考核 BGP 防环机制。

- 下列属于 BGP 路由协议防环措施的是____(8)____。

（8）A. 从 EBGP 邻居收到的路由不会转发给另外一个 EBGP 邻居

B. 从 IBGP 邻居收到的路由转发给 EBGP 邻居时，修改下一跳地址

C. 设置最大跳数不超过 15

D. 从 IBGP 邻居收到的路由不会转发给另外一个 IBGP 邻居

■ **试题分析** 从 IBGP 邻居收到的路由不会转发给另一个 IBGP 邻居，这是 BGP（边界网关协议）的默认行为，称为 BGP 水平分割规则。IBGP 邻居之间默认不会转发从其他 IBGP 邻居学到的路由，以避免路由环路。

■ **参考答案** （8）D

【考核方式4】 考核 BGP 的配置与路由反射。

阅读以下说明，回答问题。

【说明】 某网络拓扑如图 10-9 所示，路由器 R1、R2、R3 通过 OSPF 实现网络互通，R1 和 R3 建立 IBGP 邻居关系，R3 和 R5 建立 EBGP 邻居关系，R1 和 R4 建立 EBGP 邻居关系。

图 10-9 网络拓扑

【问题1】（10 分）

各路由器 IP 地址等基本参数已正确配置，且 R1、R4 邻居关系已经建立且完成收敛，在 R4 配置本地回环 Lo0 模拟 ISP 地址 210.23.3.4/32，根据要求完成以下配置。

以 R1 为例配置 BGP：

[R1]bgp____(9)____
[R1-bgp] peer____(10)____as-number____(11)____   //与 R4 建立 BGP 邻居关系
[R1-bgp] peer 10.14.14.4 enable

...
[R1-bgp] peer 3.3.3.3 next-hop-local   //作用是 ___（12）___
在 R4 将 210.23.3.4/32 引入 BGP
[R4] bgp 200
[R4-bgp] ___（13）___   //将 210.23.3.4/32 引入 BGP

【问题 2】（3 分）
上述配置完成后，路由器 R5 上 210.23.3.4/32 的路由信息如下所示，但无法 ping 通 210.23.3.4，请分析原因及解决方案。

Network	NextHop	MED	LocPrf	PreVal	Path/ogn
*> 210.23.3.4	10.35.35.3	0	100	200	?

【问题 3】（7 分）
管理员计划采用 BGP 路由反射功能解决上述问题，路由反射功能需要遵循如下三条原则：
从非客户机学到的路由，反射器发布给 ___（14）___；
从客户机学到的路由，反射器发布给 ___（15）___；
从 EBGP 邻居学到的路由，反射器发布给所有非客户机和客户机。
#BGP 反射器配置片段，配置 R1 为反射器、R2 为客户端
...
略去 R2 和 R1 建立 BGP 邻居配置
[R1-bgp] reflector cluster-id 12 //该条命令的作用是 ___（16）___
R1-bgp] peer ___（17）___ reflect-client

■ 试题分析
【问题 1】指定对等体的 IP 地址可以是以下三种：
➢ 直连对等体的接口 IP 地址。
➢ 直连对等体的子接口 IP 地址。
➢ 路由可达的对等体的 Loopback 接口地址。

本题根据后面的命令 "peer 10.14.14.4 enable" 可知使用的是对端接口地址，并且地址是 10.14.14.4。第（11）空的 as-number 是对端的自治系统号，也就是 200。

当设备通过 EBGP 邻居学到路由再转发给其他 IBGP 邻居时，默认不修改下一跳，但其 EBGP 邻居发来的路由的下一跳都是其 EBGP 邻居的 Peer 地址，本端对等体所属 AS 域内的 IBGP 邻居收到这样的路由后，由于下一跳不可达导致路由无法活跃。因此，需要在 ASBR 上修改 EBGP 邻居发来的路由的 NextHop，改变下一跳地址，使得发给 IBGP 邻居的路由的下一跳是其自身的地址，IBGP 邻居收到这样的路由后（由于域内都配置了 IGP）发现下一跳可达，路由即为活跃路由。缺省情况下，向 IBGP 对等体发布路由时，不修改下一跳地址。因此本题中的配置 netx-hop-lcoal 实际就是配置发布路由时将自身地址作为下一跳。

BGP 协议支持通过以下两种方式引入路由：
Import 方式：按协议类型将 RIP、OSPF、IS-IS、静态路由和直连路由等协议的路由引入到 BGP 路由表中。
Network 方式：将指定前缀和掩码的一条路由引入到 BGP 路由表中，该方式比 Import 更精确。

【问题 2】从 R5 上的 BGP 路由表信息来看，显然是因为遭遇了路由黑洞。

【问题3】 为保证 IBGP 对等体之间的连通性,需要在 IBGP 对等体之间建立全连接(Full-mesh)关系。假设在一个 AS 内部有 n 台 BGP 设备,那么应该建立的 IBGP 连接数就为 $n(n-1)/2$。当 IBGP 对等体数目很多时,对网络资源和 CPU 资源的消耗都很大。利用路由反射可以解决这一问题。

在一个 AS 内,其中一台 BGP 设备作为路由反射器 RR(Route Reflector),其他 BGP 设备作为客户机(Client)。客户机与路由反射器之间建立 IBGP 连接。路由反射器和它的客户机组成一个集群(Cluster)。路由反射器在客户机之间反射路由信息,客户机之间不需要建立 BGP 连接。路由反射器和它的客户机组成一个集群(Cluster)。在一个 AS 内,每个路由反射器使用唯一的 CLUSTER_ID 作为标识。

当路由反射器收到对等体发来的路由,首先使用 BGP 选路策略来选择最佳路由。在向 IBGP 邻居发布学习到的路由信息时,RR 按照如下规则发布路由。

从非客户机 IBGP 对等体学到的路由,发布给此 RR 的所有客户机。

从客户机学到的路由,发布给此 RR 的所有非客户机和客户机。

从 EBGP 对等体学到的路由,发布给所有的非客户机和客户机。

RR 的配置方便,只需要对作为反射器的 BGP 设备进行配置,客户机并不需要知道自己是客户机。

peer { ipv4-address | group-name | ipv6-address } reflect-client

配置 peer reflect-client 命令的 BGP 设备作为路由反射器,并同时将指定的对等体(组)作为其客户机。本题中的 R2 的地址是 2.2.2.2。

■ 参考答案

【问题1】 (9)100 (10)10.14.14.4 (11)200 (12)配置发布路由时将自身地址作为下一跳 (13)network 210.23.3.4 255.255.255.255 或者 import-route direct

【问题2】 路由黑洞,采用 BGP 路由反射解决。

【问题3】 (14)此 RR 的所有客户机 (15)此 RR 的所有客户机和非客户机 (16)指定路由反射器的集群 ID 为 12 (17)2.2.2.2

知识点:MPLS 技术

知识点综述

MPLS 技术是一种新的网络技术,虽然本书将其归为路由技术,实际上 MPLS 的标签交换技术是基于交换技术和路由技术的结合,在目前网络中应用越来越广泛,考试中主要考查 MPLS 的基本概念。本知识点体系图谱如图 10-10 所示。

图 10-10 MPLS 技术知识体系图谱

参考题型

【考核方式】 考核 MPLS 技术的基本概念和配置。

- MPLS 根据标记对分组进行交换，其标记中包含___(1)___。

　　(1) A. MAC 地址　　　B. IP 地址　　　C. VLAN 编号　　　D. 分组长度

■ **试题分析**　多协议标记交换（Multi-Protocol Label Switching，MPLS）是核心路由器利用含有边缘路由器在 IP 分组内提供的前向信息的标签（Label）或标记（Tag），实现网络层交换的一种交换方式。

MPLS 技术主要是为了提高路由器转发速率而提出的，其核心思想是利用标签交换取代复杂的路由运算和路由交换；该技术实现的核心就把 **IP 数据报**封装在 **MPLS** 数据包中。MPLS 将 IP 地址映射为简单、固定长度的标签，这和 IP 中的包转发、包交换不同。

MPLS 根据标记对分组进行交换。以以太网为例，MPLS 包头的位置应插入到以太帧头与 IP 头之间，是属于二层和三层之间的协议，也称为 2.5 层协议。其结构如图 10-11 所示。

另外要注意 MPLS VPN 承载平台由 **P 路由器**、**PE 路由器**和 **CE 路由器**组成。

1）P（Provider）路由器。

P 路由器是 MPLS 核心网中的路由器，在运营商网络内，这种路由器只负责**依据 MPLS 标签完成数据包的高速转发**，P 路由器只维护到 PE 路由器的路由信息，而不维护 VPN 相关的路由信息。P 路由器是不连接任何 CE 路由器的骨干网路由设备，它相当于标签交换路由器（Label Switch Router，LSR）。

2）PE（Provider Edge）路由器。

PE 路由器是 MPLS 边缘路由器，负责待传送数据包的 **MPLS 标签的生成和去除**，还负责发起根据路由**建立交换标签的动作**。它相当于标签边缘路由器（Label Edge Router，LER）。PE 路由器连接 CE 路由器和 P 路由器，是最重要的网络节点。用户的流量通过 PE 路由器流入用户网络，或者通过 PE 路由器流到 MPLS 骨干网。

图 10-11　MPLS 标签结构与承载

3）CE（Customer Edge）路由器。

CE 路由器是用户边缘设备，是直接与电信运营商相连的用户端路由器，该设备上不存在任何带有标签的数据包。CE 路由器通过连接一个或多个 PE 路由器，为用户提供服务接入。CE 路由器通常是一台 IP 路由器，它与连接的 PE 路由器建立邻接关系。

■ **参考答案** （1）B

● 阅读以下说明，回答问题。

【说明】某公司计划在骨干网络上建立静态 MPLS，以便部署 L2VPN 或者 L3VPN 业务。其网络拓扑结构如图 10-12 所示。

图 10-12　网络拓扑

【问题 1】（6 分）

MPLS 基于___(2)___进行转发，进行 MPLS 标签交换和报文转发的网络设备称为___(3)___，构成 MPLS 域（MPLS Domain）。位于 MPLS 域边缘、连接其他网络设备的 LSR 称为___(4)___，区域内部的 LSR 称为核心 LSR（Core LSR）。IP 报文进入 MPLS 网络时，MPLS 入口设备分析 IP 报文的内容并为其添加合适的标签，所有 MPLS 网络中的 LSR 根据标签转发数据。当该 IP 报文离开 MPLS 网络时，标签由出口 LER 弹出，IP 报文在 MPLS 网络中经过的路径称为___(5)___。LSP 是一个单向路径，与数据流的方向一致，LSP 的入口 LER 称为___(6)___；位于 LSP 中间的 LSR 称为中间节点（Transit），LSP 的出口 LER 称为___(7)___。一条 LSP 可以有 0 个、1 个或多个中间节点，但只有一个入节点和一个出节点。

备选答案：

A．标签交换路由器（LSR）

B．标签交换路径（Label Switching Path，LSP）

C．标签

D．入节点（Ingress）

E．边缘路由器（Label Edge Router，LER）

F．出节点（Egress）

【问题 2】（9 分）

图 10-12 中，骨干网络中已完成路由协议配置，各个节点之间可以互通。下面是为该网络配置静态 MPLS 的代码，请将下面的配置代码补充完整。

```
#使能 LSR-1 及各接口的 MPLS 功能
[LSR-1] mpls     (8)     1.1.1.9
```

```
[LSR-1]      (9)
[LSR-1-mpls] quit
[LSR-1] interface     (10)    100
[LSR-1-vlanif100] mpls
[LSR-1-vlanif100] quit

#创建从 LSR-1 到 LSR-3 的静态 LSP
[LSR-1] static-lsp ingress LSP1 destination 3.3.3.9 32 nexthop 172.1.1.2    (11)    20
[LSR 2] static-lsp transit LSP1 incoming-interface vlanif 100 in-label    (12)    nexthop 172.2.1.2 out-label    (13)
[LSR 3] static-lsp egress LSP1 incoming-interface vlanif 200    (14)    40
#创建从 LSR 3 到 LSR 1 静态 LSP
[LSR 3] static-lsp ingress LSP2 destination 1.1.1.9 32 nexthop 172.2.1.1 out-label 30
[LSR 2] static-lsp transit LSP2 incoming-interface vlanif 200 in-label    (15)    nexthop 172.1.1.1 out-label 60
[LSR 1] static-lsp egress LSP2 incoming-interface vlanif 100 in-label    (16)
```

■ **试题分析**

【问题1】本题来自华为 MPLS 技术文档。MPLS 基于标签进行转发，进行 MPLS 标签交换和报文转发的网络设备称为标签交换路由器（LSR）；由 LSR 构成的网络区域称为 MPLS 域（MPLS Domain）。位于 MPLS 域边缘、连接其他网络的 LSR 称为边缘路由器（LER），区域内部的 LSR 称为核心 LSR（Core LSR）。IP 报文进入 MPLS 网络时，MPLS 入口的 LER 分析 IP 报文的内容并且为这些 IP 报文添加合适的标签，所有 MPLS 网络中的 LSR 根据标签转发数据。当该 IP 报文离开 MPLS 网络时，标签由出口 LER 弹出。

IP 报文在 MPLS 网络中经过的路径称为标签交换路径（LSP）。LSP 是一个单向路径，与数据流的方向一致。

LSP 的入口 LER 称为入节点（Ingress）；位于 LSP 中间的 LSR 称为中间节点（Transit）；LSP 的出口 LER 称为出节点（Egress）。一条 LSP 可以有 0 个、1 个或多个中间节点，但有且只有一个入节点和一个出节点。

根据 LSP 的方向，MPLS 报文由 Ingress 发往 Egress，则 Ingress 是 Transit 的上游节点，Transit 是 Ingress 的下游节点。同理，Transit 是 Egress 上游节点，Egress 是 Transit 的下游节点。

【问题2】本题完全可以根据上下文之间对应的标签关系来解决。尽管这些内容超纲，但是这种以上下文提示的命题的方式大大降低了难度，考试时只需要仔细对照上下文，就可以正确填写。

■ **参考答案**

【问题1】(2) C　(3) A　(4) E　(5) B　(6) D　(7) F

【问题2】(8) lsr-id　(9) mpls　(10) vlanif　(11) out-label　(12) 20　(13) 40　(14) in-label　(15) 30　(16) 60

课堂练习

- RIPv1 不支持 CIDR，对于运行 RIPv1 协议的路由器，不能设置的网络地址是___(1)___。

(1) A. 10.16.0.0/8　　　　　　　　　B. 172.16.0.0/16
　　C. 172.22.0.0/18　　　　　　　　D. 192.168.1.0/24

- RIPv2 相对 RIPv1 主要有三方面的改进，其中不包括___(2)___。

  (2) A．使用组播来传播路由更新报文

  　　B．采用了分层的网络结构

  　　C．采用了触发更新机制来加速路由收敛

  　　D．支持可变长子网掩码和路由汇聚

- RIP 协议中可以使用多种方法防止路由循环，以下不属于这些方法的是___(3)___。

  (3) A．垂直翻转　　　　　　　　　　B．水平分割

  　　C．反向路由毒化　　　　　　　　D．设置最大度量值

- 两个自治系统（AS）之间的路由协议是___(4)___。

  (4) A．RIP　　　　B．OSPF　　　　C．BGP　　　　D．IGRP

- MPLS（多协议标记交换）根据标记对分组进行交换，MPLS 包头的位置应插入到___(5)___。

  (5) A．以太帧头的前面　　　　　　　B．以太帧头与 IP 头之间

  　　C．IP 头与 TCP 头之间　　　　　　D．应用数据与 TCP 头之间

- OSPF 将路由器连接的物理网络划分为以下 4 种类型，以太网属于___(6)___。

  (6) A．点对点网络　　　　　　　　　B．广播多址网络

  　　C．点对多点网络　　　　　　　　D．非广播多址网络

- 下列关于 OSPF 协议的说法中，错误的是___(7)___。

  (7) A．OSPF 的每个区域（Area）运行路由选择算法的一个实例

  　　B．OSPF 采用 Dijkstra 算法计算最佳路由

  　　C．OSPF 路由器向各个活动端口组播 Hello 分组来发现邻居路由器

  　　D．OSPF 协议默认的路由更新周期为 30 秒

- 某广播型网络的拓扑如图 10-13 所示，所有路由器均运行 OSPF 路由协议，R1 和 R2 的接口优先级为 0。R3 的接口优先级为 100，R4 的接口优先级为 101。则路由器___(8)___会被选举为 DR 路由器，R1 和 R2 的 OSPF 邻居状态为___(9)___。

图 10-13　网络拓扑

　　(8) A．R2　　　　　B．R3　　　　　C．R4　　　　　D．R1

　　(9) A．2-Way　　　B．Full　　　　C．Init　　　　D．Exstart

- 某网络拓扑如图 10-14 所示，路由器 R1、R2、R3 已完成相关配置，且建立 OSPF 邻居关系，在路由器 R3 配置静态路由并引入到 OSPF，具体配置见配置清单 1。在路由器 R1 上配置 ACL 过滤 10.0.1.0 的路由条目，在 OSPF 的引入配置见配置清单 2，ACL 配置完成后，路由器 R1 的路由表信息如图 10-15 所示，此时，在路由器 R1 没有到 23.1.1.0,10.0.2.0 的路由，造成该问题的原因是_____（10）_____。

图 10-14　网络拓扑

```
<R1>display ospf routing
    OSPF Process 1 with Router ID 1.1.1.1
              Routing Tables
Routing for Network
Destination      Cost   Type      NextHop      AdvRouter    Area
12.1.1.0/24      1      Transit   12.1.1.1     1.1.1.1      0.0.0.0
23.1.1.0/24      2      Inter-area 12.1.1.2    2.2.2.2      0.0.0.0
34.1.1.0/24      3      Inter-area 12.1.1.2    2.2.2.2      0.0.0.0

Routing for ASEs
Destination      Cost   Type   Tag   NextHop      AdvRouter
10.0.1.0         1      Type2  1     12.1.1.2     3.3.3.3
10.0.2.0         1      Type2  1     12.1.1.2     3.3.3.3

<R1>display ip routing-table
Route Flags: R — relay, D — download to fib
─────────────────────────────────────────────────────────────
Routing Tables: Public
        Destinations: 7    Routes: 7

Destination/Mask      Proto    Pre  Cost  Flags  NextHop     Interface
12.1.1.255/32         Direct   0    0     D      127.0.0.1   GigabitEthernet0/0/0
127.0.0.0/8           Direct   0    0     D      127.0.0.1   InLoopBack0
127.0.0.1/32          Direct   0    0     D      127.0.0.1   InLoopBack0
127.255.255.255/32    Direct   0    0     D      127.0.0.1   InLoopBack0
255.255.255.255/32    Direct   0    0     D      127.0.0.1   InLoopBack0
```

图 10-15　路由表信息

配置清单 1：

[R3]ip route-static 10.0.1.0 24 g0/0/0
[R3]ip route-static 10.0.2.0 24 g0/0/0
[R3]ospf 1
……
[R3-ospf-1]import-route static

配置清单 2：

[R1]acl 2001
[R1-acl-basic-2001]rule 10 deny source 10.0.1.0 0
[R1-acl-basic-2001]quit
[R1]ospf 1
[R1-ospf-1]filter-policy 2001 import

（10）A. ACL 2001 中未配置放行规则
　　　B. ACL 2001 的 rule 10 中配置的通配符为 0 造成过滤范围扩大
　　　C. 基本 ACL 无法实现该要求，应使用高级 ACL 配置规则过滤
　　　D. ACL 无法实现该要求，应使用 IP-Prefix 前缀列表配置规则过滤

试题分析

试题（1）分析：RIPv1 不支持 CIDR，属于有类别的协议。因此，RIPv1 的掩码仅仅有/24、/16、/8 三种形式。

参考答案：（1）C

试题（2）分析：RIPv2 使用组播方式更新报文。RIPv2 采用了触发更新机制来加速路由收敛，即路由变化立即发送更新报文，而无须等待更新周期时间是否到达。

RIPv2 属于无类别协议，而 RIPv1 是有类别协议，即 RIPv2 下 255.255.0.0 掩码可以用于 A 类网络 1.0.0.0，而 RIPv1 则不行。

RIPv2 支持认证，使用经过散列的口令字来限制更新信息的传播。

RIPv1 和 RIPv2 的其他特性均相同，如以跳步计数来度量路由费用、允许的最大跳步数为 15 等。

参考答案：（2）B

试题（3）分析：距离矢量协议容易形成路由循环、传递好消息快、传递坏消息慢等问题。解决这些问题可以采取下面几个措施，这几个措施实际上就是软考中考查 RIP 协议的一个重要考点，因此必须非常熟悉。

1）水平分割（Split Horizon）。路由器某一接口学习到的路由信息不再反方向传回。

2）路由中毒（Router Poisoning）。路由中毒又称为反向抑制的水平分割，不立刻将不可达网络从路由表中删除该路由信息，而是将路由信息度量值置为无穷大（RIP 中设置跳数为 16），该中毒路由被发给邻居路由器以通知这条路径失效。

3）反向中毒（Poison Reverse）。路由器从一个接口学习到一个度量值为无穷大的路由信息，则应该向同一接口返回一条路由不可达的信息。

4）设置最大度量值。RIP 中设置最大有效跳数为 15。

参考答案：（3）A

试题（4）分析：BGP 是边界网关协议，目前版本为 BGP4，是一种增强的距离矢量路由协议。该协议运行在不同 AS 的路由器之间，用于选择 AS 之间花费最小的协议。BGP 协议基于 TCP 协议，端口号 179。使用面向连接的 TCP 可以进行身份认证，可靠交换路由信息。BGP4+支持 IPv6。

参考答案：（4）C

试题（5）分析：MPLS 根据标记对分组进行交换。以以太网为例，MPLS 包头的位置应插入到以太帧头与 IP 头之间，是属于二层和三层之间的协议，也称为 2.5 层协议。

参考答案：（5）B

试题（6）分析：这是一个基本概念，必须要记住，参见本章图 10-5。

参考答案：（6）B

试题（7）分析：OSPF 没有固定的路由更新周期，这个 30 秒是 RIP 的更新周期。

参考答案：（7）D

试题（8）（9）分析：在 OSPF 中，只有在广播或 NBMA 类型接口选举 DR/BDR，点对点或点对多点接口无须选举，同时，只有所有路由器的优先级默认为 1，只有优先级大于 0 的路由器才能参与选举。其中优先级为 0 的路由器会被当作 DR Other 处理。

DR 的具体选择规则：优先级最高的路由器将被选为 DR，优先级次高的成为 BDR。如果优先级相同，则具有最高 Router ID 的路由器将被选为 DR。需要注意的是"选举完成后，即使新加入更高优先级的路由器，也不会抢占现有 DR/BDR 角色，当 DR 故障时，BDR 自动接替 DR 角色，并重新选举新的 BDR"。

在路由器中，Route-ID 选举规则：手工配置优先级，如果进行了手工配置，则按照配置的优先级进行选举。

Loopback 接口：如果设备有 Loopback 接口，路由器会选取所有 Loopback 接口上数值最高的 IP 地址。

物理端口：如果没有 Loopback 接口，则在所有物理端口中选取一个数值最高的 IP 地址。

本题中，R4 的优先级高，选为 DR。

在 OSPF 中常见的状态有如下几种。

Down：这是初始状态，表示邻居关系还未建立。

Init：路由器正在尝试建立邻居关系，发送 Hello 消息。

2-Way：这一状态表明两台路由器已经成功建立了双向通信。这意味着两台路由器都收到了对方的 Hello 消息，并且它们的邻居关系被对方认可。在这个状态下，路由器可以开始交换数据库描述（Database Description）和其他控制信息。

Exchange：在这一阶段，路由器开始交换数据库的内容[如链路状态广告（LSA）]。

Loading：在交换了所有必要的 LSA 后，路由器进入这一状态，此时它们开始计算最短路径树（SPF）。

Full：这是最终的、完全建立的状态，此时路由器已经计算出了最短路径，并且可以开始在路由表中安装这些路径。

本题中，R1 和 R2 属于 DR Other，选举出 DR 和 BDR 之后，所有的 DR Other 都只与 DR 通信，因此 DR Other 之间的关系不需要建立邻居关系。只需要通过 Hello 报文保持 **2-Way 状态**，彼此确认可达性即可。

参考答案：（8）C （9）A

试题（10）分析：在 R1 的 filter-policy 中引用的是 ACL 2001，对应的是 deny source 10.0.1.0 0，因此 10.0.1.0 的路由不会引入到 R1 的路由表。

参考答案：（10）A

第11章 路由器配置

知识点图谱与考点分析

路由技术是目前使用最广的一种局域网技术,因此考试中对路由器配置考查内容比较多。需主要掌握路由器的基本模式、配置命令、ACL 配置、路由表相关配置等。本章的知识点体系图谱如图 11-1 所示。

图 11-1　路由器配置知识体系图谱

知识点：路由器基本配置

知识点综述

路由器基本配置主要包括如何连接路由器、如何配置路由器、基本配置模式切换指令、基本配置命令等。其知识体系图谱如图 11-2 所示。

图 11-2　路由器基本配置知识体系图谱

参考题型

【考核方式】 考核路由器的连接方式和参数。

- 配置路由器时，PC 机的串行口与路由器的____(1)____相连，路由器与 PC 机串行口通信的默认数据速率为____(2)____。

(1) A. 以太接口　　　B. 串行接口　　　C. RJ-45 端口　　　D. Console 接口
(2) A. 2400b/s　　　　B. 4800b/s　　　　C. 9600b/s　　　　D. 10Mb/s

■ 试题分析　Console 线连接 PC 机的串口和设备 Console 口，可以通过超级终端配置设备。图 11-3 给出了 Console 的外形。

图 11-3　Console 口

第一次初始配置必须是基于 Console 口的 CLI 配置方式。使用 Console 配置方式时，需要使用超级终端。超级终端连接路由器，需要配置如图 11-4 所示的参数。

图 11-4　超级终端配置参数

- 每秒位数：9600 波特。
- 数据位：8 位。

> 奇偶校验：无。
> 停止位：1 位。
> 数据流控制：无。

■ **参考答案** （1）D （2）C

● 路由器通过光纤连接广域网的是___(3)___。

（3）A．SFP 端口　　　B．同步串行口　　C．Console 端口　　D．AUX 端口

■ **试题分析** SFP（Small Form-factor Pluggable）是 GBIC 的替代和升级版本，是小型的、新的千兆接口标准。路由器通过光纤连接广域网的是 SFP 端口。

■ **参考答案** （3）A

知识点：ACL 配置

知识点综述

ACL 作为网络中对数据控制的一种基本手段，在路由器配置、网络管理、网络安全中有比较重要的地位，因此必须要掌握基本和高级 ACL 配置规则、应用方法，以及两种 ACL 应用场合的区别，另外需要注意可能以表格形式考查 ACL 中的规则。其知识体系图谱如图 11-5 所示。

图 11-5　ACL 配置知识体系图谱

参考题型

【考核方式1】 考核基本 ACL 和高级 ACL 的基本概念。

● 常用基于 IP 的访问控制列表（ACL）有基本和高级两种。下列关于 ACL 的描述中，错误的是___(1)___。

（1）A．基本 ACL 可以根据分组中的 IP 源地址进行过滤

　　　B．高级 ACL 可以根据分组中的 IP 目标地址进行过滤

　　　C．基本 ACL 可以根据分组中的 IP 目标地址进行过滤

　　　D．高级 ACL 可以根据不同的上层协议信息进行过滤

■ **试题分析** 基本 ACL 只能根据分组中的 IP 源地址进行过滤。

■ **参考答案** （1）C

【考核方式2】 考核 ACL 应用到接口的基本命令。

● 将 ACL 应用到路由器接口的命令是＿＿（2）＿＿。

（2）A. [R0-Serial2/0/0]traffic-filter inbound acl 2000
　　B. [R0-Serial2/0/0]traffic-filter acl 2000 inbound
　　C. [R0-Serial2/0/0]traffic-policy 2000 inbound
　　D. [R0-Serial2/0/0]traffic-policy inbound 2000

■ **试题分析** 应用 ACL 接口需要使用 traffic-filter 命令。

进入需要应用的接口，使用 traffic-filter 命令启动访问控制表，基本命令格式是 traffic-filter inbound/outbound acl ××××。

■ **参考答案** （2）A

【考核方式3】 考核 ACL 的具体配置或者解释 ACL 的控制作用。

● 以下 ACL 语句中，含义为"允许 172.168.0.0/24 网段所有 PC 访问 10.1.0.10 中的 FTP 服务"的是＿＿（3）＿＿。

（3）A. rule 5 deny tcp source 172.168.0.0 0.0.0.255 destination 10.1.0.10 0 eq ftp
　　B. rule 5 permit tcp source 172.168.0.0 0.0.0.255 destination 10.1.0.10 0 eq ftp
　　C. rule 5 deny tcp source 10.1.0.10 0 destination 172.168.0.0 0.0.0.255 eq ftp
　　D. rule 5 permit tcp source 10.1.0.10 0 destination 172.168.0.0 0.0.0.255 eq ftp

■ **试题分析** 针对 TCP 和 UDP 的高级访问控制列表配置："允许 172.168.0.0/24 网段所有 PC 访问 10.1.0.10 中的 FTP 服务"说明 rule 中需要使用 permit 参数，源网络地址为 172.168.0.0 0.0.0.255，目的地址为 10.1.0.10。表示主机时，反掩码可以用"0"表示。在命令最后还应该添加 eq ftp，对允许协议进行限定。

■ **参考答案** （3）B

● 阅读以下说明，回答问题 1 至问题 3，将解答填入答题纸对应的解答栏内。

【说明】某公司网络结构如图 11-6 所示，通过在路由器上配置访问控制列表（ACL）来提高内部网络和 Web 服务器的安全。

图 11-6 网络结构

路由器配置 第 11 章

【问题 1】（2 分）

访问控制列表（ACL）对流入/流出路由器各端口的数据包进行过滤。ACL 按照其功能分为四种，其中___(4)___只能根据 IP 数据包的源地址进行过滤，___(5)___可以根据 IP 数据包的源地址、目的地址及端口号进行过滤。

【问题 2】（3 分）

根据图 11-5 的配置，补充完成以下路由器的配置命令：

[Router]interface ___(6)___
[router-Ethernet0/0]ip address 10.10.1.1 255.255.255.0
[router-Ethernet0/0]undo shutdown
[router-Ethernet0/0]quit
[router] interface ___(7)___
[router-Ethernet0/1] ip address 192.168.1.1 255.255.255.0
…
[router]interface ___(8)___
[router-Serial0/0] ip address 10.10.2.1 255.255.255.0
…

【问题 3】（4 分）

补充完成下面的 ACL 语句，禁止内网用户 192.168.1.254 访问公司 Web 服务器和外网。

[router-acl-basic-2000] rule 5 deny source ___(9)___ 0.0.0.255
[router]interface ethernet 0/1
[router-Ethernet0/1]traffic-filter ___(10)___ acl 2000
[router]

■ 试题分析

【问题 1】

基本访问控制列表基于 IP 地址，列表取值 2000～2999，分析数据包的源地址决定允许还是拒绝数据报通过。

高级访问控制列表可以根据源地址、目的地址以及端口号进行过滤。

【问题 2】

通过配置语句 ip address 10.10.1.1 255.255.255.0 可知，该接口和服务器处于同一网段。推断 interface ___(6)___ 是配置 Ethernet 0/0 口。

通过配置语句 ip address 192.168.1.1 255.255.255.0 可知，该接口和交换机连接 pc 处于同一网段。推断 interface ___(7)___ 是配置 Ethernet 0/1 口。

通过配置语句 ip address 10.10.2.1 255.255.255.0 可知，该接口就是 serial 0/0 口。推断 interface ___(8)___ 是配置 Serial 0/0 口。

【问题 3】

题目规定"禁止内网用户 192.168.1.254 访问公司 Web 服务器和外网"即禁止 192.168.1.254 访问局域网外任何地址。ACL 应配置为 rule 5 deny **192.168.1.254**。

部署 ACL 如图 11-7 所示，可知该流量对路由器 E0/1 来说是流入的，所以用 inbound。

图 11-7　部署 ACL

■ 参考答案

【问题 1】

（4）基本 ACL　　（5）高级 ACL

【问题 2】

（6）Ethernet 0/0（E0/0）　　（7）Ethernet 0/1（E0/1）　　（8）Serial 0/0（S0/0）

【问题 3】

（9）192.168.1.254　　（10）inbound

【考核方式 4】　考核交换机中 ACL 的配置。

- 阅读以下说明，回答问题 1 至问题 4，将解答填入答题纸对应的解答栏内。

【说明】某企业网络拓扑如图 11-8 所示，A～E 是网络设备的编号。

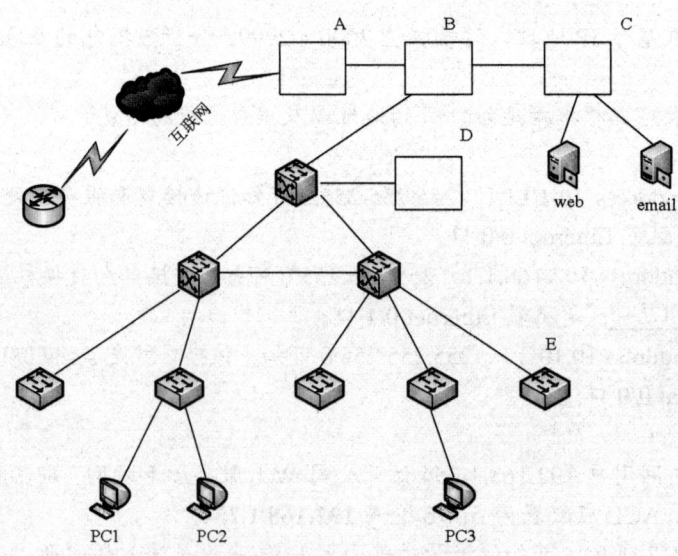

图 11-8　网络拓扑图

【问题 1】（共 4 分，每空 1 分）
根据图 11-7，将设备清单（表 11-1）所示内容补充完整。

表 11-1 设备清单

设备名	在图中的编号
防火墙 USG3000	___（11）___
路由器 AR2220	___（12）___
交换机 QUIDWAY3300	___（13）___
服务器 IBM X3500M5	___（14）___

【问题 2】（共 4 分，每空 2 分）
以下是 AR2220 的部分配置。

[AR2220]acl 2000
[AR2220-acl-basic-2000]rule normal permit source 192.168.0.0 0.0.255.255
[AR2220-acl-basic-2000]rule normal deny source any
[AR2220-acl-basic-2000]quit
[AR2220]interface Ethernet0
[AR2220-Ethernet0]ip address 192.168.0.1 255.255.255.0
[AR2220-Ethernet0]quit
[AR2220]interface Ethernet1
[AR2220-Ethernet1]ip address 59.41.221.100 255.255.255.0
[AR2220-Ethernet1]nat outbound 2000 interface
[AR2220-Ethernet1]quit
[AR2220]ip route-static 0.0.0.0 0.0.0.0 59.74.221.254

设备 AR2220 应用___（15）___接口实现 NAT 功能，该接口地址的网关是___（16）___。

【问题 3】（共 6 分，每空 2 分）
若只允许内网发起 ftp、http 连接，并且拒绝来自站点 2.2.2.11 的 Java Applets 报文。在 USG 3000 设备中有如下配置，请补充完整。

[USG3000]acl number 3000
[USG3000-acl-adv-3000] rule permit tcp destination-port eq www
[USG3000-acl-adv-3000] rule permit tcp destination-port eq ftp
[USG3000-acl-adv-3000] rule permit tcp destination-port eq ftp-data
[USG3000]acl number 2010
[USG3000-acl-basic-2010] rule ___（17）___ source 2.2.2.11 0.0.0.0
[USG3000-acl-basic-2010] rule permit source any
[USG3000] ___（18）___ interzone trust untrust
[USG3000-interzone-trust-untrust] packet-filter 3000 ___（19）___
[USG3000-interzone-trust-untrust] detect ftp
[USG3000-interzone-trust-untrust] detect http
[USG3000-interzone-trust-untrust] detect java-blocking 2010

（17）～（19）备选答案：
A．Firewall B．trust C．deny
D．permit E．outbound F．inbound

【问题4】（共6分，每空2分）

PC-1、PC-2、PC-3 的网络设置见表 11-2。

表 11-2 PC-1、PC-2、PC-3 的网络设置

设备名	网络地址	网关	VLAN
PC-1	192.168.2.2/24	192.168.2.1	VLAN100
PC-2	192.168.3.2/24	192.168.3.1	VLAN200
PC-3	192.168.4.2/24	192.168.4.1	VLAN300

通过配置 RIP，使得 PC-1、PC-2、PC-3 能相互访问，请补充设备 E 上的配置，或解释相关命令。

```
// 配置 E 上 vlan 路由接口地址
interface vlanif 300
ip address ____（20）____ 255.255.255.0
interface vlanif 1000 //互通 VLAN
ip address 192.168.100.1 255.255.255.0
//配置 E 上的 rip 协议
rip
network 192.168.4.0
network ____（21）____
int e0/1        //配置 E 上的 trunk //
Port link-type trunk // ____（22）____
port trunk permit vlan all
```

■ 试题分析

【问题1】这是一道相对比较简单的概念题，考查考生对企业园区网络的基本拓扑结构的了解。通常企业为了确保内部网络的安全，会在出口处设置防火墙。防火墙有 3 个区域：外网、内网和 DMZ 区。DMZ 通常用于存放各种对外网提供服务的服务器。因此首先可以选出 B 这个位置是防火墙；A 用于连接 Internet，是路由器。DMZ 区内部有多台服务器，需要使用交换机连接。在做本题时，要忽略给出的设备表中的型号，我们只需要知道在什么位置部署什么类型的设备即可。

【问题2】根据华为设备配置命令上下文，这个题目就基本可以推导出来了。显然从[AR2220]interface Ethernet1 这条命令可以看到接下来的配置都是在 Ethernet1 接口下配置的。其中的 nat outbound 2000 interface 命令用来配置 NAT 地址池的转换策略，后面的 2000 是对应 ACL 的编号。因此 Ethernet1 接口就是实现 NAT 功能的。从[AR2220]ip route-static 0.0.0.0 0.0.0.0 59.74.221.254 这个命令可以看到，这是增加一条默认静态路由，而 59.74.221.254 这个地址就是默认网关的地址。

【问题3】这道题是网络工程师考试第一次考华为的设备配置，非常简单。考生只要对照配置上下文中的基本命令关键词，大致可以推测出来（17）这个位置应该是 permit 或者 deny 之类的语句，结合题目的意思，可以知道应该是 deny。（18）空相对难一点，从选项来看只有 A 或者 B 是比较合适的，而命令中已经有一个 trust 关键词了，因此最有可能是 A。实际上华为设备也是用 firewall 指令的。（19）空是进行包过滤，在华为防火墙设备上，凡是从高安全级别（如 trust）区域

去往低安全级别（如 untrust）区域的就是 outbound 方向。反之，从低安全级别（如 untrust）区域去往高安全级别（如 trust）区域的就是 inbound。

【问题 4】这道题也是基本的配置，可以通过配置文件的上下文准确作出判断。由于下面的 interface vlanif 1000 接口的配置命令与上面的命令是一致的，因此第（20）空只要从表中找到对应的设备接口和 IP 地址即可。此处是 192.168.4.1。

根据配置上下文，从上文的 network 命令中就可以推出第（21）空是一个网络地址。再从题目给出的示意图中找到 E 这个设备所在的位置和下面连接的 PC3，以及向上联接的互通 VLAN 的地址，可以知道设备 E 上还有一个网络就是 192.168.100.0。第（22）空从 Port link-type trunk 命令的字面意思即可知道是设置端口的链路类型为 trunk。

■ 参考答案

【问题 1】（11）B　（12）A　（13）C　（14）D
【问题 2】（15）ethernet 1　（16）59.74.221.254
【问题 3】（17）C　（18）A　（19）E
【问题 4】（20）192.168.4.1　（21）192.168.100.0　（22）设置接口的类型是 trunk

● 如图 11-9 所示，用基本 ACL 限制 FTP 访问权限，从给出的 Switch 的配置文件判断可以实现的策略是＿＿（23）＿＿。

①PC1 在任何时间都可以访问 FTP　　②PC2 在 2018 年的周一不能访问 FTP
③PC2 在 2018 年的周六下午 3 点可以访问 FTP　　④PC3 在任何时间不能访问 FTP

图 11-9　习题用图

SwitchA 的配置：

```
Sysname Switch
FTP server enable
FTP ACL 2001
Time-range ftp-access 14:00 to 18:00 off-day
Time-range ftp-access from 00:00  2018/01/01  to  23:59 2018/12/31
ACL number 2001

Rule 5 permit source    172.16.105.0 0.0.0.255
Rule 5 permit source    172.16.107.0 0.0.0.255 time-range ftp-access
Rule 15 deny
Aaa
```

```
Local-user huawei password irreversible-cipher
Local-user huawei privilege level15
Local-user huawei ftp-directory Flash：
Local-user huawei service-type ftp
Return
```

（23）A. ①②③④　　B. ①②④　　C. ②③　　D. ①③④

■ **试题分析**　时间范围的定义是取多个时间范围的交集，本题中，容易忽略③。实际上其中的②和③两种说法并不冲突，这一点要注意。

■ **参考答案**　（23）A

● 在交换机上配置如下ACL策略，则下列网络中会被阻止的是___（24）___。

```
Acl number 2000
Rule 5 deny source 123.1.1.0 0.0.6.0
Rule 10 permit
```

（24）A. 123.1.4.0　　B. 123.1.3.0　　C. 123.1.2.0　　D. 123.1.6.0

■ **试题分析**　本题考查的是ACL配置。在ACL中使用的是反掩码。这里的0.0.6.0化成二进制数可以知道第3字节是0000 0110。而在ACL中反掩码的作用是表示0精确匹配，1则忽略。

本题中，选项A中低3字节的值是4，对应的二进制代码为：0000 0100，因此不会被精确匹配。而选项B中第3字节的值是3，对应的二进制代码是0000 0011，会被精确匹配。所以123.1.3.0被拒绝。同理C，D也不会被匹配。

■ **参考答案**　（24）B

【小结】应用技术题型中，偶尔考到比较陌生的知识点，千万不要紧张，因为题目的考查形式不外乎命令填空和命令解释，相对比较固定，大部分情况下都可以通过配置上下文知道需要填空位置的命令格式。至于具体的参数则需要结合题目的意思，综合考虑。

知识点：路由表配置

知识点综述

路由器中路由表的相关配置主要包括如何查看路由表、添加新的静态路由信息、分析路由表相关参数等，其知识体系图谱如图11-10所示。

图11-10　路由表配置知识体系图谱

参考题型

【考核方式1】 考核查看路由器中的路由表的基本命令和相关参数。

- 若路由器显示的路由信息如图 11-11 所示，则目标网络为 172.16.0.0/16 的路由信息是怎样得到的？____(1)____。

```
          127.0.0.0/8      Direct  0    0    D    127.0.0.1    InLoopBack0
          127.0.0.1/32     Direct  0    0    D    127.0.0.1    InLoopBack0
  127.255.255.255/32       Direct  0    0    D    127.0.0.1    InLoopBack0
         172.16.0.0/16     RIP     100  1    D    192.168.1.2  Serial2/0/0
                           RIP     100  1    D    192.168.0.2  GigabitEthernet
0/0/0
         192.168.0.0/24    Direct  0    0    D    192.168.0.1  GigabitEthernet
0/0/0
         192.168.0.1/32    Direct  0    0    D    127.0.0.1    GigabitEthernet
0/0/0
       192.168.0.255/32    Direct  0    0    D    127.0.0.1    GigabitEthernet
0/0/0
         192.168.1.0/24    Direct  0    0    D    192.168.1.1  Serial2/0/0
         192.168.1.1/32    Direct  0    0    D    192.168.1.2  Serial2/0/0
         192.168.1.2/32    Direct  0    0    D    127.0.0.1    Serial2/0/0
       192.168.1.255/32    Direct  0    0    D    127.0.0.1    Serial2/0/0
     255.255.255.255/32    Direct  0    0    D    127.0.0.1    InLoopBack0
```

图 11-11 路由信息

(1) A．串行口直接连接的　　　　　　　B．由路由协议发现的
　　C．操作员手工配置的　　　　　　　D．以太网端口直连的

■ **试题分析** 路由表第 2 列指出路由是通过哪种协议得到的。Direct 是直连，RIP 代表 RIP 协议。

■ **参考答案** (1) B

【考核方式2】 考核路由表管理的基本命令。

- 某网络拓扑如图 11-12 所示，在主机 Host1 上设置默认路由的命令为____(2)____，在主机 Host1 上增加一条到服务器 Server1 主机路由的命令为____(3)____。

图 11-12 网络拓扑

（2）A．route add 0.0.0.0 mask 0.0.0.0 220.110.100.1
　　　B．add 220.110. 100.100.1 0.0.0.0 mask 0.0.0.0
　　　C．add route 0.0.0.0 mask 0.0.0.0 220.110.100.1
　　　D．add route 220.110.100.10.0.0.0 mask 0.0.0.0
（3）A．add route 220.110.100.1 220.110.101.25 mask 255.255.255.0
　　　B．route add 220.110.101.25 mask 255.255.255.0 220.110.100.1
　　　C．route add 220.110.101.25 mask 255.255.255.255 220.110.100.1
　　　D．add route 220.110.100.1 220.110.101.25 mask 255.255.255.255

■ 试题分析　route add 用于向系统当前的路由表中添加一条新的路由表条目。route add 应用示例：

> C:\ **route add** 210.43.230.33 **mask** 255.255.255.224 202.103.123.7 **metric** 5
> 设定一个到目的网络 210.43.230.33 的路由，中间要经过 5 个路由器网段。首先要经过本地网络上的一个路由器，其 IP 为 202.103.123.7，子网掩码为 255.255.255.224。

■ 参考答案　（2）A　（3）C

【考核方式3】考核路由表分析、推导的基本技能。

- 网络配置如图 11-13 所示。

图 11-13　网络配置

其中，某设备路由表信息如下：

```
[router]disp ip routing-table
Route Flags: R - relay, D - download to fib
------------------------------------------------------------
Routing Tables: Public
        Destinations : 10      Routes : 10

Destination/Mask    Proto    Pre    Cost    Flags    NextHop    Interface
```

192.168.1.0/24	Direct	0	0	D	10.0.123.1	Ethernet0/0
192.168.3.0/24	RIP	0	1	D	192.168.65.2	Serial2/0
192.168.5.0/24	RIP	0	2	D	192.168.65.2	Serial2/0
192.168.65.0/24	Direct	0	0	D	127.0.0.1	Serial2/0
192.168.67.0/24	Direct	0	0	D	127.0.0.1	Serial3/0
192.168.69.0/24	RIP	0	1	D	192.168.65.2	Serial2/0

● 则该设备为＿＿（4）＿＿，从该设备到 PC1 经历的路径为＿＿（5）＿＿。路由器 R2 接口 S2 可能的 IP 地址为＿＿（6）＿＿。

(4) A. 路由器 R0　　　　B. 路由器 R1　　　C. 路由器 R2　　　D. 计算机 PC1
(5) A. R0→R2→PC1　　　　　　　　　　　B. R0→R1→R2→PC1
　　C. R1→R0→PC1　　　　　　　　　　　D. R2→PC1
(6) A. 192.168.69.2　　　　　　　　　　　B. 192.168.65.2
　　C. 192.168.67.2　　　　　　　　　　　D. 192.168.5.2

■ 试题分析

| 192.168.1.0/24 | Direct | 0 | 0 | D | 10.0.123.1 | Ethernet0/0 |

表示 192.168.1.0/24 是 Ethernet0/0 直连网段。

| 192.168.3.0/24 | RIP | 0 | 1 | D | 192.168.65.2 | Serial2/0 |

表示通过 Serial2/0 路由可达 192.168.3.0/24 网络。
注意前面的第 2 列的信息表示的意思即可。

从图 11-14 中可以知道，192.168.1.0/24 网段仅与 R0 直连，可以判定该路由信息是路由器 R0 的路由信息。

图 11-14　解析用图

求路由器 R0 到 PC1 的路径：R0 的路由信息"192.168.5.0/24 RIP 0 2 D 192.168.65.2 Serial2/0"提示到达 192.168.5.0/24，要通过 Serial2/0 口。

所以 R0→PC1 的路径为 R0→R1→R2→PC1。

从路由信息得到 R0 直连网段(direct 标志)有 192.168.1.0/24、192.168.65.0/24、192.168.67.0/24。

从图 11-15 可以看出，R1 以太口直连网段：192.168.3.0/24；R2 以太口直连网段：192.168.5.0/24。

所以，路由器 R2 接口 S2 可能的 IP 地址为 192.168.69.2。

192.168.5.0/24   RIP 0 2 D 192.168.65.2   Serial2/0 可知
到 192.168.5.0/24 先经过 Serial2/0 口

图 11-15 拓扑图

■ **参考答案**　（4）A　（5）B　（6）A

课堂练习

一、基础知识题

● 路由器命令 disp ip routing-table 的作用是＿＿（1）＿＿。

（1）A．显示路由表信息　　　　　　　B．配置默认路由
　　　C．激活路由器端口　　　　　　　D．启动路由配置

● 在交换机 SW 的系统视图下执行以下命令：[SW]observe-port 1 interface gigabitEthernet 0/0/1，其作用是将指定端口配置为＿＿（2）＿＿。

（2）A．边缘端口　　　　　　　　　　B．观察端口
　　　C．镜像端口　　　　　　　　　　D．保护端口

二、应用技术题

1．阅读以下说明，回答问题，将解答填入答题纸对应的解答栏内。

【说明】某单位采用双出口网络，其网络拓扑结构如图 11-16 所示。

图 11-16 网络拓扑结构

该单位根据实际需要配置网络出口，实现如下功能：
（1）单位网内用户访问 IP 地址 158.124.0.0/15 和 158.153.208.0/20 时，出口经 ISP2。
（2）单位网内用户访问其他 IP 地址时，出口经 ISP1。
（3）服务器通过 ISP2 线路为外部提供服务。

【问题】（5 分）
在该单位的三层交换机 S1 上，根据上述要求完成静态路由配置。

ip route-static ___(1)___（设置默认路由）
ip route-static 158.124.0.0 ___(2)___ ___(3)___（设置静态路由）
ip route-static 158.153.208.0 ___(4)___ ___(5)___（设置静态路由）

2．阅读以下说明，回答问题 1 至问题 2，将解答填入答题纸的对应栏内。

【说明】某公司的网络拓扑结构如图 11-17 所示。

图 11-17 网络拓扑结构

公司管理员对各业务使用的 VLAN 所作规划见表 11-3。

表 11-3　VLAN 规划

业务类型	VLAN	IP 地址段	网关地址	服务器地址段
Internet	100	192.168.1.0	192.168.1.1	192.168.1.250～192.168.1.254
IPTV	200	192.168.2.0	192.168.2.1	192.168.2.240～192.168.2.254
VoIP	300	192.168.3.0	192.168.3.1	192.168.3.250～192.168.3.254

为了便于统一管理，避免手工配置，管理员希望各种终端均能够自动获取 IP 地址。语音终端根据 MAC 地址为其分配固定的 IP 地址，同时还需要到 FTP 服务器 10.10.10.1 上动态获取启动配置文件 configuration.ini，公司 DNS 服务器地址为 10.10.10.2。所有地址段均路由可达。

【问题 1】（3 分）

公司拥有多种业务，例如 Internet、IPTV、VoIP 等，不同业务使用不同的 IP 地址段。为了便于管理，要根据业务类型对用户进行分类，以便路由器 R1 能通过不同的 VLAN 分流不同的业务。

VLAN 划分可基于___(1)___、子网、___(2)___、协议和策略等多种方法。

本例可采用基于___(3)___的方法划分 VLAN 子网。

【问题 2】（12 分）

下面是在 SW1 上创建 DHCP Option 模板，并在 DHCP Option 模板视图下，配置需要为语音客户端 IP Phone 分配的启动配置文件和获取启动配置文件的文件服务器地址，请将配置代码或注释补充完整。

```
<Huawei>   (4)
[Huawei]sysname SW1
[SW1]   (5)   option template template1
[SW1-dhcp-option-template-template1]gateway-list   (6)        //配置网关地址
[SW1-dhcp-option-template-template1] bootfile   (7)           //获取配置文件
[SW1-dhcp-option-template-template1]next-server   (8)         //配置获取配置文件地址
[SW1-dhcp-option-template-template1]quit
```

下面创建地址池，同时为 IP Phone 分配固定 IP 地址以及配置信息。请将配置代码补充完整。

```
[SW1]ip pool pool3
[SW1-ip-pool-pool3] network   (9)   mask 255.255.255.0
[SW1-ip-pool-pool3]dns-list   (10)
[SW1-ip-pool-pool3]   (11)   192.168.3.1
[SW1-ip-pool-pool3]excluded-ip-address   (12)   192.168.3.254
[SW1-ip-pool-pool3]lease unlimited
[SW1-ip-pool-pool3]static-bind ip-address 192.168.3.2 mac-address   (13)   option-template template1
[SW1-ip-pool-pool3]quit
#在对应 VLAN 上使能 DHCP
[SW1]interface vlanif   (14)
```

[SW1-Vlanif300]___(15)___select global
[SW1-Vlanif300]quit

3．阅读以下说明，回答问题 1 至问题 4，将解答填入答题纸的对应栏内。

【说明】图 11-18 为某大学的校园网络拓扑，其中出口路由器 R4 连接了三个 ISP 网络，分别是电信网络（网关地址 218.63.0.1/28）、联通网络（网关地址 221.137.0.1/28）以及教育网（网关地址 210.25.0.1/28）。路由器 R1、R2、R3、R4 在内网一侧运行 RIPv2 协议实现动态路由的生成。

图 11-18　校园网络拓扑

PC 机的地址信息见表 11-4，路由器部分接口地址信息见表 11-5。

表 11-4　PC 机的地址信息

主机	所属 Vlan	IP 地址	网关
PC1	Vlan10	10.10.0.2/24	10.10.0.1/24
PC2	Vlan8	10.8.0.2/24	10.8.0.1/24
PC3	Vlan3	10.3.0.2/24	10.3.0.1/24
PC4	Vlan4	10.4.0.2/24	10.4.0.1/24

表 11-5　路由器部分接口地址信息

路由器	接口	IP 地址
R1	Vlanif8	10.8.0.1/24
	Vlanif10	10.10.0.1/24
	GigabitEthernet0/0/0	10.21.0.1/30
	GigabitEthernet0/0/1	10.13.0.1/30

续表

路由器	接口	IP 地址
R2	GigabitEthernet0/0/0	10.21.0.2/30
	GigabitEthernet0/0/1	10.42.0.1/30
R3	Vlanif3	10.3.0.1/24
	Vlanif4	10.4.0.1/24
	GigabitEthernet0/0/0	10.13.0.2/30
	GigabitEthernet0/0/1	10.34.0.1/30
R4	GigabitEthernet0/0/0	10.34.0.2/30
	GigabitEthernet0/0/1	10.42.0.2/30
	GigabitEthernet2/0/0	218.63.0.4/28
	GigabitEthernet2/0/1	221.137.0.4/28
	GigabitEthernet2/0/2	210.25.0.4/28

【问题1】（2分）

如图11-18所示，校本部与分校之间搭建了 IPSec VPN。IPSec 的功能可以划分为认证头（AH）、封装安全负荷（ESP）以及密钥交换（IKE）。其中用于数据完整性认证和数据认证的是 ___（1）___ 。

【问题2】（2分）

为 R4 添加默认路由，实现校园网络接入 Internet 的默认出口为电信网络，请将下列命令补充完整：

[R4]ip route-static ___（2）___

【问题3】（5分）

在路由器 R1 上配置 RIP 协议，请将下列命令补充完整：

[R1] ___（3）___
[R1-rip-1]network ___（4）___
[R1-rip-1]version 2
[R1-rip-1]undo summary

各路由器上均完成了 RIP 协议的配置，在路由器 R1 上执行 display ip routing-table，由 RIP 生成的路由信息如下所示：

Destination/Mask	Proto	pre	cost	Flags	NextHop	Interface
10.3.0.0/24	RIP	100	1	D	10.13.0.2	GigabitEthernet0/0/1
10.4.0.0/24	RIP	100	1	D	10.13.0.2	GigabitEthernet0/0/1
10.34.0.0/30	RIP	100	1	D	10.13.0.2	GigabitEthernet0/0/1
10.42.0.0/24	RIP	100	1	D	10.21.0.2	GigabitEthernet0/0/0

根据以上路由信息可知，下列 RIP 路由是由 ___（5）___ 路由器通告的：

10.3.0.0/24	RIP	100	1	D	10.13.0.2	GigabitEthernet0/0/1
10.4.0.0/24	RIP	100	1	D	10.13.0.2	GigabitEthernet0/0/1

请问 PC1 此时是否可以访问电信网络？为什么？

答：___(6)___。

【问题 4】（11 分）

图 11-18 中，要求 PC1 访问 Internet 时把其导向联通网络，禁止 PC3 在工作日 8:00 至 18:00 访问电信网络。请在下列配置步骤中补全相关命令：

第 1 步：在路由器 R4 上创建所需 ACL。

创建用于 PC1 策略的 ACL：

[R4] acl 2000
[R4-acl-basic-2000]rule 1 permit source ___(7)___
[R4-acl-basic-2000]quit

创建用于 PC3 策略的 ACL：

[R4]time-range satime ___(8)___ working-day
[R4]acl 3001
[R4-acl-adv-3001]rule deny source ___(9)___ destination 218.63.0.0 240.255.255.255 time-range satime

第 2 步：执行如下命令的作用是___(10)___。

[R4]traffic classifier 1
[R4-classifier-1]if-match acl 2000
[R4-classifier-1]quit
[R4]traffic classifier 3
[R4-classifier-3]if-match acl 3001
[R4-classifier-3]quit

第 3 步：在路由器 R4 上创建流行为并配置重定向。

[R4]traffic behavior 1
[R4-behavior-1]redirect ___(11)___ 221.137.0.1
[R4-behavior-1]quit
[R4]traffic behavior 3
[R4-behavior-3] ___(12)___
[R4-behavior-3]quit

第 4 步：创建流策略，并在接口上应用（仅列出了 R4 上 GigabitEthernet0/0/0 接口上的配置）。

[R4]traffic policy 1
[R4-trafficpolicy-1]classifier 1 ___(13)___
[R4-trafficpolicy-1]classifier 3 ___(14)___
[R4-trafficpolicy-1]quit
[R4]interface GigabitEthernet0/0/0
[R4-GigabitEthernet0/0/0]traffic-policy 1 ___(15)___
[R4-GigabitEthernet0/0/0]quit

试题分析

一、基础知识题

试题（1）分析：

这是一个基本命令，但是容易被忽略。disp 的作用就是显示。

参考答案：（1）A

试题（2）分析：

交换机的镜像配置中有两种类型的端口，分别是镜像端口和观察端口。其中镜像端口是指被监控的端口，镜像端口收发的报文将被复制一份到与监控设备相连的端口。而观察端口是指连接监控设备的端口，用于将镜像端口复制过来的报文发送给监控设备。题干中的另外两个选项是干扰项。从题干的命令 observe-port 可以知道这个命令是指定观察端口。

参考答案：（2）B

二、应用技术题

试题 1 分析：

【问题】

静态路由配置就是指定某一网络访问所需要经过的路径。其中最关键的配置语句是：

> [Switch]**ip route-static** ip-address subnet-mask gateway
> ip-address 为目标网络的网络地址，subnet-mask 为子网掩码，gateway 为网关。其中网关处的 IP 地址则说明了路由的下一站

默认路由是一种特殊的静态路由。

题干给出"（2）单位网内用户访问其他 IP 地址时，出口经 ISP1"，因此默认路由应该是去往 ISP1。而路由器 R1 的 E0 接口与交换机 S1 连接，而 E0 口地址为 10.10.10.1。所以默认地址应该设置为 **ip address 0.0.0.0 0.0.0.0 10.10.10.1**。

题干给出"1.单位网内用户访问 IP 地址 158.124.0.0/15（即 158.124.0.0 255.254.0.0）和 158.153.208.0/20（即 158.153.208.0 255.255.240.0）时，出口经 ISP2"，所以，应设置两条静态路由来保证。即

ip route-static 158.124.0.0 255.254.0.0　10.10.20.1（设置静态路由）

ip route-static 158.153.208.0 255.255.240.0　10.10.20.1（设置静态路由）

参考答案：

【问题】

（1）0.0.0.0　0.0.0.0　10.10.10.1　　　（2）255.254.0.0

（3）10.10.20.1　　　　　　　　　　　（4）255.255.240.0

（5）10.10.20.1

试题 2 分析：

【问题 1】 第（1）、（2）空是基础概念。

（1）根据端口划分。这种划分方式是依据交换机端口来划分 VLAN 的，是最常用的 VLAN 划分方式，属于静态划分。

（2）根据 MAC 地址划分。这种划分方法是根据每个主机的 MAC 地址来划分的，即对每个 MAC 地址的主机都配置其属于哪个组，属于动态划分 VLAN。这种方法的最大优点是当设备物理位置移动时，VLAN 不用重新配置；缺点是初始化时，所有的用户都必须进行配置，配置工作量大，如果网卡更换或设备更新，又需重新配置。

（3）根据网络层上层协议划分。这种划分方法是根据每个主机的网络层地址或协议类型（如果支持多协议）划分的，属于动态划分 VLAN。这种划分方法根据网络地址（如 IP 地址）划分，但与网络层的路由毫无关系。优点是用户的物理位置改变了，不需要重新配置所属的 VLAN，而且可以根据协议类型来划分，这对网络管理者来说很重要。

（4）根据 IP 组播划分 VLAN。IP 组播实际上也是一种 VLAN 的定义，即认为一个组播组就是一个 VLAN。这种划分方法将 VLAN 扩展到了广域网，因此这种方法具有更强的灵活性，而且也很容易通过路由器进行扩展，当然这种方法不适合局域网，主要是因为效率不高。该方式属于动态划分 VLAN。

（5）基于策略的 VLAN。根据管理员事先制定的 VLAN 规则，自动将加入网络中的设备划分到正确的 VLAN。该方式属于动态划分 VLAN。

因此（1）空答案是端口，（2）空答案是 MAC 地址。

第（3）空根据题干"为了便于管理，要根据业务类型对用户进行管理，以便路由器 R1 能通过不同的 VLAN 分流不同的业务"可知，每个 VLAN 对应一个子网，因此基于子网划分最合适。

【问题 2】 第（4）空的命令考得比较多，结合上下文可知是 system-view。

第（5）空同样结合上下文的提示，由"[SW1-dhcp-option-template-template1]"可知是使用 dhcp。

第（6）空从命令的解释"配置网关地址"可知，只要输入网关地址 192.168.3.1 即可。

第（7）空从命令的解释"获取配置文件"可知，只要输入配置文件 configuration.ini 即可。

第（8）空从命令的解释"配置获取配置文件地址"可知，只要输入文件服务器地址 10.10.10.1 即可。

第（9）空是为 IP Phone 分配固定 IP 地址以及配置信息，结合配置中的上下文知道这个地址段是 192.168.3.0。

第（10）、（11）空分别指定 dns 和网关地址，结合题干信息可知分别是 10.10.10.2 和 gateway-list。

第（12）空是设置排除地址，显然是排除表中提供的服务器地址，因此是 192.168.3.250 开始到 192.168.3.254。这里的 192.168.3.250 是起始地址。

第（13）空对某个 MAC 地址进行绑定，给这个 MAC 地址分配固定的 IP 地址，结合题干可知 MAC 地址是 dcd2-fa98-e439。

第（14）空结合配置上下文"[SW1-Vlanif300]"可知是 vlanif 300，因此答案是 300。

第（15）空是基础命令，指定接口的 dhcp 地址方式是全局或者是接口，命令就是 dhcp select global/ interface。

参考答案：

【问题1】

（1）端口

（2）MAC 地址

（3）子网

【问题2】

（4）system-view

（5）dhcp

（6）192.168.3.1

（7）configuration.ini

（8）10.10.10.1

（9）192.168.3.0

（10）10.10.10.2

（11）gateway-list

（12）192.168.3.250

（13）dcd2-fa98-e439

（14）300

（15）dhcp

试题3分析：

【问题1】第（1）空是基本概念，具体如下：

（1）认证头（Authentication Header，AH）是 IPSec 体系结构中的一种主要协议，它为 IP 数据报提供完整性检查与数据源认证，并防止重放攻击。AH 不支持数据加密。AH 常用摘要算法（单向 Hash 函数）MD5 和 SHA-1 实现摘要和认证，确保数据完整。

（2）封装安全载荷（Encapsulating Security Payload，ESP）可以同时提供数据完整性确认和数据加密等服务。ESP 通常使用 DES、3DES、AES 等加密算法实现数据加密，使用 MD5 或 SHA-1 来实现摘要和认证，确保数据完整。

显然，题目要求用于数据完整性认证和数据认证的自然就是认证头（AH）。

【问题2】第（2）空考查的是考生对默认静态路由的了解，结合拓扑图可以知道，默认出口的是电信网络，对应的网关地址是 218.63.0.1，结合 ip route-static ip-address subnet-mask gateway 的基本命令模式可知，正确答案是 0.0.0.0 0.0.0.0 218.63.0.1。

【问题3】第（3）空结合上下文的提示信息"[R1-rip-1]"可知，是启用 RIP 协议，对应的进程号是 1。华为路由器默认情况下，使用的路由进程号就是 1。因此此处可以是 rip 1 也可以是 rip。

第（4）空是在 RIP 协议中使用 network 命令发布网络，这里要注意的是，不管是 RIP 的第 1 版还是第 2 版，network 命令后面的网络都应该是一个主类网络的网络地址。因此答案是 10.0.0.0。

第（5）空依据以下路由信息：

10.3.0.0/24	RIP	100	1	D	10.13.0.2	GigabitEthernet0/0/1
10.4.0.0/24	RIP	100	1	D	10.13.0.2	GigabitEthernet0/0/1

可以知道，10.3.0.0/24 和 10.4.0.0/24 都是距离本路由 cost 为 1 的网络，结合表 11-5 的接口地址信息可知，10.3.0.0/24 和 10.4.0.0/24 所在的网络是 R3 下面交换机连接的 PC3 和 PC4 的网络。因此通告这些路由信息的一定是 R3。

第（6）空可以根据目前 R1 的路由表知道，此时 R1 只有 4 个目标网络分别是 10.3.0.0/24，10.4.0.0/24、10.34.0.0/30 和 10.42.0.0/24，并且没有默认静态路由，所以 PC1 无法访问电信网络。

【问题 4】第（7）空根据题意可知，这条 ACL 是用于控制 PC1 的，因此对应的 source 部分应该是 PC1 对应的地址，注意这里需要用反掩码。由于对应的是单台主机，因此反掩码就要使用 0.0.0.0 或者 0，因此答案是 10.10.0.2　0.0.0.0 或者 10.10.0.2　0。

第（8）空根据题意"禁止 PC3 在工作日 8:00 至 18:00 访问电信网络"可知，这个时间段就是 8:00 to 18:00。另外注意华为对于其他周期性时间的简写，考试中常考到。具体如下：

<0-6>	Day of the week(0 is Sunday)
Fri	Friday
Mon	Monday
Sat	Saturday
Sun	Sunday
Thu	Thursday
Tue	Tuesday
Wed	Wednesday
daily	Every day of the week
off-day	Saturday and Sunday
working-day	Monday to Friday

第（9）空的原理与第（7）空是一样的，这里是对 PC3 的控制，因此 source 部分只要指定 PC3 的主机地址即可。

第（10）空中对应的命令序列主要是创建了流分类，这是配置 ACL 的典型方式，属于基本概念。

第（11）空是创建流行为并配置重定向，redirect 就是指定重定向的下一跳地址，因此关键词是 ip-nexthop。

第（12）空是在流行为中指定对应的操作是 permit 还是 deny。本题中，behavior 3 对应的流分类是 classifier 3，因此最终是与 classifier 3 指定 acl 3001 相匹配。ACL 和流行为中的动作组合见表 11-6。

表 11-6　ACL 和流行为中的动作组合

ACL	traffic policy 中的 behavior	匹配报文的最终处理结果
permit	permit	permit
permit	deny	deny
deny	permit	deny
deny	deny	deny

依据 ACL 和流行为中的动作组合规则可知，在 acl 3001 中的动作是 deny，因此无论在 behavior 是 permit 还是 deny，最终结果都是 deny，都能达到禁止 PC3 的目的。

第（13）、（14）空都是基础概念，就是在 traffic policy 中将流分类与流行为关联起来，这里显然 classifier 1 关联的是 behavior 1，classifier 3 关联的是 behavior 3。

第（15）空是在接口应用流策略，大部分应用都可以是在 inbound 或者 outbound 方向，为了降低设备的 CPU 利用率，通常可以选用 inbound 方向。值得注意的是，基于 ACL 的重定向和基于 ACL 的流镜像通常是应用在 inbound 方向。此处 traffic policy 1 是基于重定向的应用，因此使用 inbound 方向。

参考答案：

【问题1】

（1）认证头（AH）

【问题2】

（2）0.0.0.0 0.0.0.0 218.63.0.1

【问题3】

（3）rip 1 或者 rip

（4）10.0.0.0

（5）R3

（6）不能访问，因为此时 R1 上没有到达外网的路由

【问题4】

（7）10.10.0.2 0 或者 10.10.0.2 0.0.0.0

（8）8:00 to 18:00

（9）10.3.0.2 0 或者 10.3.0.2 0.0.0.0

（10）创建流分类

（11）ip-nexthop

（12）permit 或者 deny

（13）behavior 1

（14）behavior 3

（15）inbound

第12章 网络安全

知识点图谱与考点分析

网络安全技术是网络应用中的一个非常重要的技术,涉及的知识面也比较广,包括基本的安全算法和国密算法、加密和解密的原理、数字签名技术和数字证书、病毒及网络安全协议等几个部分。选择题部分主要考查一些基本概念,而案例分析部分的大题基本与 VPN 和一些常用的安全协议有关。本章的知识体系图谱如图 12-1 所示。

图 12-1 网络安全知识体系图谱

知识点：安全算法

知识点综述

安全算法是网络安全的基础，涉及一些主要的加密和解密算法，如 DES、RSA、SM1、SM2、SM3 等。本知识点的体系图谱如图 12-2 所示。

图 12-2　安全算法知识体系图谱

参考题型

【考核方式 1】　考核常见安全算法的基本特点、常用参数。

- 以下关于加密算法的叙述中，正确的是＿＿（1）＿＿。

  （1）A．DES 算法采用 128 位的密钥进行加密

  　　B．DES 算法采用 2 个不同的密钥进行加密

  　　C．三重 DES 算法采用 3 个不同的密钥进行加密

  　　D．三重 DES 算法采用 2 个不同的密钥进行加密

  ■ 试题分析　常见的对称加密算法有 DES、3DES、RC5、IDEA。具体特性见表 12-1。

表 12-1　常见的对称加密算法

加密算法名称	特点
DES（Data Encryption Standard）	明文分为 64 位一组，密钥 64 位（实际位是 56 位的密钥和 8 位奇偶校验）。注意：考试中填写实际密钥位，即 56 位
3DES（Triple-DES）	3DES 是 DES 的扩展，是执行了三次的 DES。其中，第一和第三次加密使用同一密钥的方式，密钥长度扩展到 128 位（112 位有效）；三次加密使用不同的密钥，密钥长度扩展到 192 位（168 位有效）

续表

加密算法名称	特点
RC5	RC5 由 RSA 中的 Ronald L. Rivest 发明,是参数可变的分组密码算法,三个可变的参数是分组大小、密钥长度和加密轮数
IDEA	明文、密文均为 64 位,密钥长度 128 位
RC4	常用流密码,密钥长度可变,用于 SSL 协议。曾经用于 IEEE 802.11 WEP 协议中。这也是 Ronald L. Rivest 发明的
SM1、SM4、SM7	分组密码算法,分组长度为 128 位,密钥长度都为 128 比特,算法安全保密强度及相关软硬件实现性能与 AES 相当。其中 SM1 广泛应用于各行业。SM4 主要用于无线局域网产品。SM7 适用于非接触式 IC 卡,票等

■ **参考答案** (1) D

● 按照 RSA 算法,若选两个奇数 $p=5$,$q=3$,公钥 $e=7$,则私钥 d 为____(2)____。
 (2) A. 6   B. 7   C. 8   D. 9
 ■ **试题分析** RSA 密钥生成过程如下所示:

> 选出两个大质数 p 和 q,使得 $p \neq q$
> $p \times q = n$
> $(p-1) \times (q-1)$
> 选择 e 使得 $1 < e < z$,并且和 $(p-1) \times (q-1)$ 互为质数
> 计算解密密钥,使得 $ed = 1 \bmod (p-1) \times (q-1)$
> 公钥 $=(n,e)$
> 私钥 $=d$
> 消除原始质数 p 和 q
>
> $p=5$,$q=3$
> $p \times q = n = 15$
> 选择 $e=7$ 和 $(p-1) \times (q-1)=8$ 互为质数
> 计算解密密钥,使得 $ed = 1 \bmod (p-1) \times (q-1)$,即 $(7 \times d) \bmod 8 = 1$
> 依据题目选项得到 d 为 7

■ **参考答案** (2) B

● 两个公司希望通过 Internet 传输大量敏感数据,从信息源到目的地之间的传输数据以密文形式出现,而且不希望由于在传输节点使用特殊的安全单元而增加开支。最合适的加密方式是____(3)____,使用会话密钥算法效率最高的是____(4)____。
 (3) A. 链路加密   B. 节点加密   C. 端-端加密   D. 混合加密
 (4) A. RSA   B. RC-5   C. MD5   D. ECC
 ■ **试题分析** Internet 传输大量敏感数据,经过的可选链路太多,链路加密方式实现代价太大;Internet 传输通过节点太多,代价也很大;而混合加密方式代价更大。因此,端-端加密最合适。

对称密钥方式效率较高，所以对称加密的 RC-5 比较合适。

■ **参考答案**　（3）C　（4）B

【**考核方式 2**】　考核常见摘要算法的基本参数。

- 报文摘要算法 MD5 的输出是＿＿＿(5)＿＿＿位，SHA-1 的输出是＿＿＿(6)＿＿＿位。

　　（5）A．56　　　　　　　　B．128　　　　　　　C．160　　　　　　　D．168
　　（6）A．56　　　　　　　　B．128　　　　　　　C．160　　　　　　　D．168

■ **试题分析**　①MD5。消息摘要算法 5（MD5）把信息分为 512 比特的分组，并且创建一个 128 比特的摘要。②SHA-1。安全 Hash 算法（SHA-1）也是基于 MD5 的，使用一个标准把信息分为 512 比特的分组，并且创建一个 160 比特的摘要。③SM3。对输入长度小于 2 的 64 次方的比特消息，经过填充和迭代压缩，生成长度为 256 比特的摘要。

■ **参考答案**　（5）B　（6）C

【**考核方式 3**】　考核常见安全算法的分类。

- 3DES 是一种＿＿＿(7)＿＿＿算法。

　　（7）A．共享密钥　　　　　　　　　　　　B．公开密钥
　　　　C．报文摘要　　　　　　　　　　　　D．访问控制

■ **试题分析**　常见的对称加密算法有 DES、3DES、RC5、IDEA。对称加密算法也称为共享密钥算法。

■ **参考答案**　（7）A

- 与 ECDSA 算法等效的国产数字签名算法包含在＿＿＿(8)＿＿＿中。

　　（8）A．SM2　　　　　　　　　　　　　　B．SM3
　　　　C．SM4　　　　　　　　　　　　　　D．SM9

■ **试题分析**　椭圆曲线数字签名算法（Elliptic Curve Digital Signature Algorithm，ECDSA）是一种基于椭圆曲线密码学的数字签名算法，国密算法中类似的是 SM2，SM2 是中国国家密码管理局发布的椭圆曲线公钥密码算法，主要用于替代 RSA 等国际算法，目前是我国商用密码体系的核心标准。

■ **参考答案**　（8）A

- 在国产商用密码标准中，SM3 算法主要用于＿＿＿(9)＿＿＿。

　　（9）A．生成密钥对　　　　　　　　　　　B．生成随机数
　　　　C．数据加密　　　　　　　　　　　　D．生成消息摘要

■ **试题分析**　SM3 密码杂凑（哈希、散列）算法适用于商用密码应用中的数字签名和验证、消息认证码的生成与验证以及随机数的生成，在 SM2，SM9 标准中使用。该算法对输入长度小于 2 的 64 次方的比特消息，经过填充和迭代压缩，生成长度为 256 比特的杂凑值，其中使用了异或、模、模加、移位、与、或、非运算。

■ **参考答案**　（9）D

知识点：数字签名与数字证书

知识点综述

数字证书和数字签名是网络安全技术中的两个重要技术。数字证书是数字签名的基础，因此需要掌握数字证书的基本格式、证书的内容、数字签名和验证的过程等。本知识点的知识体系图谱如图 12-3 所示。

图 12-3　数字签名与数字证书知识体系图谱

参考题型

【考核方式1】 考核数字证书的基本格式和包含的各个主要参数的作用。

- 在 X.509 标准中，不包含在数字证书中的数据域是___(1)___。

（1）A．序列号　　　　　　　　　　　　B．签名算法
　　　C．认证机构的签名　　　　　　　　D．私钥

■ 试题分析　数字证书 X.509 标准格式中的主要数据域是常考的一个考点，要特别注意。在 X.509 标准中，包含在数字证书中的数据域有证书、版本号、序列号（唯一标识每一个 CA 下发的证书）、算法标识、颁发者、有效期、有效起始日期、有效终止日期、使用者、使用者公钥信息、公钥算法、公钥、颁发者唯一标识、使用者唯一标识、扩展、证书签名算法、证书签名（发证机构即 CA 对用户证书的签名）。

■ 参考答案　（1）D

【考核方式2】 考核数字签名和验证的过程及各参数作用。

- 公钥体系中，私钥用于___(2)___，公钥用于___(3)___。

（2）A．解密和签名　　　　　　　　　　B．加密和签名
　　　C．解密和认证　　　　　　　　　　D．加密和认证
（3）A．解密和签名　　　　　　　　　　B．加密和签名
　　　C．解密和认证　　　　　　　　　　D．加密和认证

■ 试题分析　如图 12-4 所示，网站通信用户发送数据时使用网站的公钥（从数字证书中获得）加密，收到数据时使用网站的公钥验证网站的数字签名；网站利用自身的私钥对发送的消息签名和对收到的消息解密。

图 12-4 数字签名和验证的过程

- **参考答案** （2）A （3）D
- 甲和乙要进行通信，甲对发送的消息附加了数字签名，乙收到该消息后，利用___（4）___验证该消息的真实性。

（4）A．甲的公钥　　　B．甲的私钥　　　C．乙的公钥　　　D．乙的私钥

- **试题分析** 数字签名的作用就是确保 A 发送给 B 的信息就是 A 本人发送的，并且没有改动。数字签名和验证的过程如图 12-5 所示。

图 12-5 数字签名和验证的过程

数字签名的基本过程：
1）A 使用"摘要"算法（如 SHA-1、MD5 等）对发送信息进行摘要。
2）使用 A 的私钥对消息摘要进行加密运算。加密摘要和原文一并发给 B。

验证签名的基本过程：
1）B 接收到加密摘要和原文后，使用与 A 相同的"摘要"算法对原文再次摘要，生成新摘要。
2）使用 A 公钥对加密摘要解密，还原成原摘要。
3）两个摘要对比，一致则说明由 A 发出，并且没有经过任何篡改。

由此可见，数字签名功能有信息身份认证、信息完整性检查、信息发送不可否认性，但不提供原文信息加密，不能保证对方可以收到消息，也不对接收方身份进行验证。

■ **参考答案** （4）A

知识点：病毒

知识点综述

病毒是信息安全的一个重要威胁，因此需要掌握一些病毒的基本概念，如病毒的命名规则、病毒的类型等。本知识点体系图谱如图 12-6 所示。

图 12-6 病毒知识体系图谱

参考题型

【考核方式】 考核病毒的分类与各类型的特点。

- 杀毒软件报告发现病毒 Macro. Melissa，由该病毒名称可以推断出病毒类型是___(1)___，这类病毒的主要感染目标是___(2)___。

　（1）A．文件型　　　　　　　　　　　B．引导型
　　　C．目录型　　　　　　　　　　　D．宏病毒
　（2）A．.exe 或 .com 可执行文件　　　B．Word 或 Excel 文件
　　　C．DLL 系统文件　　　　　　　　D．磁盘引导区

■ **试题分析** 恶意代码的一般命名格式为：恶意代码前缀.恶意代码名称.恶意代码后缀。

恶意代码前缀是根据恶意代码特征起的名字，具有相同前缀的恶意代码通常具有相同或相似的特征。病毒常见的前缀名见表 12-2。

表 12-2 病毒常见的前缀名

前缀	含义	解释	例子
Boot	引导区病毒	通过感染磁盘引导扇区进行传播的病毒	Boot.WYX
DOSCom	DOS 病毒	只通过 DOS 操作系统进行复制和传播的病毒	DosCom.Virus.Dir2.2048（DirII 病毒）

续表

前缀	含义	解释	例子
Worm	蠕虫病毒	通过网络或者漏洞进行自主传播，向外发送带毒邮件或通过即时通信工具（QQ、MSN）发送带毒文件	Worm.Sasser（震荡波）
Trojan	木马	木马通常伪装成有用的程序诱骗用户主动激活，或利用系统漏洞侵入用户计算机。计算机感染特洛伊木马后的典型现象是有未知程序试图建立网络连接	Trojan.Win32.PGPCoder.a（文件加密机）、Trojan.QQPSW
Backdoor	后门	通过网络或者系统漏洞入侵计算机并隐藏起来，方便黑客远程控制	Backdoor.Huigezi.ik（灰鸽子变种 IK）、Backdoor.IRCBot
Win32、PE、Win95、W32、W95	文件型病毒或系统病毒	感染可执行文件（如.exe、.com、.dll）文件的病毒。若与其他前缀连用，则表示病毒的运行平台	Win32.CIH Backdoor.Win32.PcClient.al，表示运行在 32 位 Windows 平台上的后门
Macro	宏病毒	宏语言编写，感染办公软件（如 Word、Excel），并且能通过宏自我复制的程序	Macro.Melissa、Macro.Word、Macro.Word.Apr30
Script、VBS、JS	脚本病毒	使用脚本语言编写，通过网页传播、感染、破坏或者调用特殊指令下载，并运行病毒、木马文件	Script.RedLof（红色结束符）、Vbs.valentine（情人节）
Harm	恶意程序	直接对被攻击主机进行破坏	Harm.Delfile（删除文件）、Harm.formatC.f（格式化 C 盘）
Joke	恶作剧程序	不会对计算机、文件产生破坏，但可能会给用户带来恐慌和麻烦。例如，控制鼠标	Joke.CrazyMouse（疯狂鼠标）

可以看出 Macro.Melissa 是一种宏病毒，主要感染 Office 文件。

■ 参考答案　（1）D　（2）B

知识点：安全应用协议

知识点综述

安全应用协议是网络安全技术应用的具体表现，在网络工程师考试中主要考查的是几种常见的安全协议，如 HTTPS、SSL、IPSec 及安全邮件等协议，偶尔考查一些网络安全工具的应用。本知识点的体系图谱如图 12-7 所示。

图 12-7 安全应用协议知识体系图谱

参考题型

【考核方式 1】 考核 IPSec 基本概念。

- IPSec 的加密和认证过程中所使用的密钥由　(1)　机制来生成和分发。

（1）A．ESP　　　　B．IKE　　　　C．TGS　　　　D．AH

■ **试题分析**　Internet 密钥交换协议（Internet Key Exchange Protocol，IKE）属于一种混合型协议，由 Internet 安全关联和密钥管理协议（Internet Security Association and Key Management Protocol，ISAKMP）及两种密钥交换协议 OAKLEY（Oakley Key Determination Protocol）与 SKEME（Secure Key Exchange Mechanism）组成。即 IKE 由 ISAKMP 框架、OAKLEY 密钥交换模式及 SKEME 的共享和密钥更新技术组成。IKE 定义了自己的密钥交换方式（**手工密钥交换和自动 IKE**）。

Internet 安全协议（Internet Protocol Security，IPSec）的加密和认证过程中所使用的密钥由 IKE 机制来生成和分发。

■ **参考答案**　（1）B

【考核方式 2】 考核 HTTPS 基本概念。

- HTTPS 采用　(2)　协议实现安全网站访问。

（2）A．SSL　　　　B．IPSec　　　　C．PGP　　　　D．SET

■ **试题分析**　安全套接层（Secure Sockets Layer，SSL）协议是一个安全传输、保证数据完整的安全协议。之后的传输层安全（Transport Layer Security，TLS）是 SSL 的非专有版本。SSL 处于应用层和传输层之间。

IPSec 是通过对 IP 协议的分组进行加密和认证，来保护 IP 协议的网络传输协议簇（一些相互关联的协议的集合）。IPSec 工作在 TCP/IP 协议栈的网络层，为 TCP/IP 通信提供访问控制机密性、数据源验证、抗重放、数据完整性等多种安全服务。

PGP（Pretty Good Privacy）是一款邮件加密软件。可以用它对邮件保密，以防止非授权者阅读，它还能为邮件加上数字签名，从而使收信人可以确认邮件的发送者，并能确信邮件没有被篡改。

由美国 Visa 和 MasterCard 两大信用卡组织联合国际上多家科技机构，共同制定了应用于 Internet 上的以信用卡为基础进行在线交易的安全标准，这就是安全电子交易（Secure Electronic

Transaction，SET）。它采用公钥密码体制和X.509数字证书标准，主要应用于保障网上购物信息的安全性。

■ **参考答案** （2）A

【考核方式3】 考核SSL基本概念。
- SSL协议使用的默认端口是___(3)___。
  (3) A．80　　　　　　B．445　　　　　　C．8080　　　　　　D．443

■ **试题分析** Web服务默认端口80；局域网中的共享文件夹和打印机默认端口分别为445和139；局域网内部Web服务默认端口8080；SSL协议（安全套接层）默认端口443。

■ **参考答案** （3）D

- 支持安全Web服务的协议是___(4)___。
  (4) A．HTTPS　　　　B．WINS　　　　　C．SOAP　　　　　D．HTTP

■ **试题分析** HTTP是一种普通的超文本传输协议，其信息是不加密的，因此安全性不高。HTTPS则是一种加密的超文本传输协议，其传输的内容通过加密可以确保安全。而WINS是Windows中一种类似DNS的名字解析服务。

■ **参考答案** （4）A

【考核方式4】 考核PGP基本概念。
- 安全电子邮件使用___(5)___协议。
  (5) A．PGP　　　　　B．HTTPS　　　　C．MIME　　　　　D．DES

■ **试题分析** 标准的电子邮件协议使用SMTP、POP3或者IMAP。这些协议都是不能加密的。而安全的电子邮件协议使用PGP加密。

■ **参考答案** （5）A

【考核方式5】 考核应用安全的基本概念。
- 某企业OA系统的登录页面提交的POST请求中，存在大量包含"or 1=1;"内容的恶意请求，应当采用___(6)___措施应对此类攻击。
  (6) A．部署防火墙　　　　　　　　　　B．安装防病毒软件
  　　C．部署Web防火墙　　　　　　　　D．部署入侵防御系统

■ **试题分析** 从题干信息大量包含"or 1=1"的情况可知，这是发生了SQL注入攻击，针对这种Web安全问题，通常采用的解决思路是部署Web应用防火墙。

类似的，如果在题干中发现有SQL关键词，如union、select、where、or 1=1等，通常是SQL注入攻击。

如果在题干中发现有<script>、alert或者是带有转义代码的关键词，如%3cscript%3e等，通常是跨站脚本攻击。

■ **参考答案** （6）C

【考核方式6】 考核网络安全工具及应用。
- 下列工具中可以对Web表单进行暴力破解的是___(7)___。

（7）A．Wireshark　　　B．SQLMap　　　C．Nmap　　　D．BurpSuite

■ 试题分析　　BurpSuite 是一款用于 Web 应用程序安全测试的工具，它包含了暴力破解 Web 表单的功能。

■ 参考答案　　（7）D

知识点：防火墙配置

知识点综述

网络防火墙 USG 系列的相关配置在网络工程师考试中是一个重要的考点，要求考生掌握 USG 系列防火墙的基本配置，包括接口命名、接口参数、地址池定义、地址映射和协议配置。防火墙配置知识体系图谱如图 12-8 所示。

图 12-8　防火墙配置知识体系图谱

参考题型

1．阅读以下说明，回答问题 1 至问题 2，将解答填入答题纸对应的解答栏内。

【说明】某公司通过防火墙接入 Internet，网络拓扑如图 12-9 所示。其中路由器 R1 与防火墙连接的接口 IP 地址为 61.144.51.45，在防火墙上启用 NAT，NAT 地址池中的地址仅仅只有 61.144.51.46。

图 12-9　网络拓扑图

【问题1】（6分）

根据配置信息填写表12-3。

表12-3 配置信息表

域名称	接口名称	IP地址	IP地址掩码
trust	Ge0/0/1	（1）	255.255.255.0
untrust	Ge0/0/0	61.144.51.42	（2）
dmz	（3）	（4）	255.255.255.0

【问题2】（2分）

根据所显示的配置信息，由trust域发往Internet的IP分组，在到达路由器R1时的源IP地址是___（5）___。

■ 试题分析

【问题1】

第（1）空可以直接从拓扑图看到，Ge0/0/1接口的IP地址为192.168.0.1。

第（2）空也可以直接从拓扑图中看到，接口配置的IP地址61.144.51.42/29，但是填空要填的是子网掩码，因此只要将/29换算成子网掩码即可。

第（3）、（4）空从拓扑图中可以看到，DMZ区对应的接口是Ge0/0/2，接口IP地址是10.10.0.1。

【问题2】

第（5）空，从拓扑图中可以看到，Trust区域的主机访问untrust区域的目标时，中间需要经过防火墙，而且题干中明确说明了在防火墙上启用NAT，NAT地址池中的地址仅仅只有61.144.51.46，所以去往untrust的数据必须经过NAT转换，trust区域发出的数据，经过NAT转换后，源地址变成了地址池中的地址，也就是61.144.51.46。

■ 参考答案

【问题1】

（1）192.168.0.1

（2）255.255.255.248

（3）Ge0/0/2

（4）10.10.0.1

【问题2】

（5）61.144.51.46

2．阅读以下说明，回答问题1至问题2，将解答填入答题纸对应的解答栏内。

【说明】 某企业在公司总部和分部之间采用两台Windows Server服务器部署企业IPSec VPN，将总部和分部的两个子网通过Internet互连，如图12-10所示。

图 12-10　总部和分部互连

【问题 1】（3 分）

隧道技术是 VPN 的基本技术，隧道是由隧道协议形成的，常见的隧道协议有 IPSec、PPTP 和 L2TP，其中＿＿（1）＿＿和＿＿（2）＿＿属于第二层隧道协议，＿＿（3）＿＿属于第三层隧道协议。

【问题 2】（3 分）

IPSec 安全体系结构包括 AH、ESP 和 ISAKMP/OAKLEY 等协议。其中，＿＿（4）＿＿为 IP 包提供信息源验证和报文完整性验证，但不支持加密服务；＿＿（5）＿＿提供加密服务；＿＿（6）＿＿提供密钥管理服务。

■ 试题分析

【问题 1】

常见的隧道协议见表 12-4。

表 12-4　常见的隧道协议

协议层次	实例
数据链路层	L2TP、PPTP、L2F
网络层	IPSec
传输层	SSL

【问题 2】

IPSec 是一个协议体系，由建立安全分组流的密钥交换协议和保护分组流的协议两个部分构成。前者即为 IKE 协议，后者则包含 AH 和 ESP 协议。

1）IKE 协议。Internet 密钥交换协议（Internet Key Exchange Protocol，IKE）属于一种混合型协议，由 Internet 安全关联和密钥管理协议（Internet Security Association and Key Management Protocol，ISAKMP）及两种密钥交换协议 OAKLEY 与 SKEME 组成。即 IKE 由 ISAKMP 框架、OAKLEY 密钥交换模式以及 SKEME 的共享和密钥更新技术组成。IKE 定义了自己的密钥交换方式（**手工密钥交换和自动 IKE**）。

注意：ISAKMP 只对认证和密钥交换提出了结构框架，但没有具体定义，因此支持多种不同的密钥交换。

IKE 使用了两个阶段的 ISAKMP：

第一阶段：协商创建一个通信信道（IKE SA），并对该信道进行验证，为双方进一步的 IKE 通信提供机密性、消息完整性及消息源验证服务。

第二阶段：使用已建立的 IKE SA 建立 IPSec SA。

2）AH。认证头（Authentication Header，AH）是 IPSec 体系结构中的一种主要协议，它为 IP 数据报提供完整性检查与数据源认证，并防止重放攻击。AH 不支持数据加密。AH 常用摘要算法（单向 Hash 函数）MD5 和 SHA-1 实现摘要、认证，确保数据完整。

3）ESP。封装安全载荷（Encapsulate Security Payload，ESP）可以同时提供数据完整性确认、数据加密等服务。ESP 通常使用 DES、3DES、AES 等加密算法实现数据加密，使用 MD5 或 SHA-1 来实现摘要、认证，确保数据完整。

■ 参考答案

【问题1】

（1）PPTP　（2）L2TP［（1）、（2）顺序可调换］　（3）IPSec

【问题2】

（4）AH　（5）ESP　（6）ISAKMP/OAKLEY

3．阅读以下说明，回答问题 1 至问题 3，将解答填入答题纸对应的解答栏内。

【说明】某单位企业网络中部署有 Web 网站，邮件系统，配有防火墙、Web 应用防火墙和上网行为管理系统。信息中心网络工程师小李在个人电脑上安装了远程控制软件，以便从外部随时采用 Telnet 登录管理所有网络设备，并设置 Admin123 为各设备登录口令。近期，该企业发生了两起网络安全事件：

事件 1：企业员工小王收到一封系统升级通知邮件，要求员工点击链接修改密码，小王点击链接之后，按提示输入旧的密码后，心有疑惑没有继续设置新的密码，联系网络工师小李得知邮件系统并未升级也未发送任何通知。

事件 2：多名员工反馈在知名网站登录页面输入用户名密码后，点击登录无反应，更换终端 PC 的 DNS 后登录正常，直接输入 IP 地址也能正常登录。

【问题1】（5分）

请简要分析事件1，该企业可能受到了什么类型的攻击并提出防护措施。（至少回答3点）

【问题2】（5分）

请简要分析事件2，该企业可能受到了什么类型的攻击并提出防护措施。（至少回答3点）

【问题3】（4分）

根据题干描述，请简要分析网络工程师小李在运维工作中存在的不规范行为和安全隐患，并提出整改措施。（至少回答2点）

■ 试题分析

【问题1】

从题干可以看到，企业员工小王收到一封系统升级通知邮件，要求修改密码。因此这是一种典型的通过电子邮件进行的攻击，这种攻击方式是以钓鱼的方式，骗取用户的机密信息。因此这是一种钓鱼邮件攻击。同时从信息安全的角度来看，这也是一种利用社会工程学的攻击。因此基本的解决方式可以是：①部署防垃圾邮件系统；②利用行为管理/防火墙/IPS/APT 防护等安全设备动态阻断钓鱼页面；③培训用户，提升用户的安全意识。

【问题2】

因为域名劫持往往只能在特定的被劫持的网络范围内进行,所以在特定范围外的其他域名服务器(DNS)能够返回正常的 IP 地址。从题干给出的"在知名网站登录页面输入用户名密码后,点击登录无反应,更换终端 PC 的 DNS 后登录正常",这明显就是一种 DNS 劫持了,所以更换 DNS 服务器后正常,因此确定是一种 DNS 劫持攻击。解决此类问题常用的方式是 DNSSEC,它通过允许验证 DNS 响应的真实性来增加 DNS 协议的安全性。借助 DNSSEC,可以大大减少 DNS 协议受到的特定类型的攻击,尤其是 DNS 欺骗攻击。因此基本的解决方式可以是:①DNSSEC;②使用杀毒软件;③购买 DNS 安全设备或服务。

【问题3】

运维问题,从题干"在个人电脑上安装了远程控制软件,以便从外部随时采用 Telnet 登录管理所有网络设备。并设置 Admin123 为各设备登录口令。"可以看到,小李违反了相关管理规定,使用个人电脑安装远程控制软件,而不是使用堡垒机,使用 Telnet 明文传输,没有考虑安全问题。设置了弱密码,容易被破解。所有设备使用相同登录密码,一个被破解,所有设备被攻陷。解决方式可以是:①使用加密的远程登录工具,如 SSH;②使用更为复杂的强密码,并保持 8 位以上长度;③各种设备的密码要尽量区分开,避免一个密码泄露,所有设备被攻陷。

■ 参考答案

【问题1】

攻击类型:钓鱼邮件攻击/社会工程学

解决方案:①部署防垃圾邮件系统;②利用行为管理/防火墙/IPS/APT 防护等安全设备动态阻断钓鱼页面;③通过培训提升用户的安全意识。

【问题2】

攻击类型:DNS 劫持

解决方案:①DNSSEC;②使用杀毒软件;③购买 DNS 安全设备或服务。

【问题3】

(1)使用 Telnet,以明文传输,容易泄露机密信息。

(2)系统中使用了弱口令。

(3)各个设备使用相同的登录密码。

解决方法:①使用加密的远程登录工具,如 SSH;②使用更为复杂的强密码,并保持 8 位以上长度;③各种设备的密码要尽量区分开,避免一个密码泄露,所有设备被攻陷。

课堂练习

一、基础知识题

- 下列病毒中,属于蠕虫病毒的是___(1)___。

    (1) A. Worm.Sasser 病毒　　　　　　　　B. Trojan.QQPSW 病毒

    　　C. Backdoor.IRCBot 病毒　　　　　　D. Macro.Melissa 病毒

- 下列 4 种病毒中，___(2)___可以远程控制网络中的计算机。
  (2) A. Worm.Sasser.f   B. Win32.CIH
      C. Trojan.qq3344   D. Macro.Melissa
- 某报文的长度是 1000 字节，利用 MD5 计算出来的报文摘要长度是___(3)___位，利用 SHA 计算出来的报文摘要长度是___(4)___位。
  (3) A. 64   B. 128   C. 256   D. 160
  (4) A. 64   B. 128   C. 256   D. 160
- 与 ECDSA 算法等效的国产数字签名算法包含在___(5)___中。
  (5) A. SM2   B. SM3   C. SM4   D. SM9
- 在国产商用密码标准中，SM3 算法主要用于___(6)___。
  (6) A. 生成密钥对   B. 生成随机数
      C. 数据加密   D. 生成消息摘要
- 下列选项中，同属于报文摘要算法的是___(7)___。
  (7) A. DES 和 MD5   B. MD5 和 SHA-1
      C. RSA 和 SHA-1   D. DES 和 RSA
- Alice 向 Bob 发送数字签名的消息 M，下列说法不正确的是___(8)___。
  (8) A. Alice 可以保证 Bob 收到消息 M   B. Alice 不能否认发送过消息 M
      C. Bob 不能编造或改变消息 M   D. Bob 可以验证消息 M 确实来源于 Alice
- 某网站向 CA 申请了数字证书，用户通过___(9)___来验证网站的真伪。在用户与网站进行安全通信时，用户可以通过___(10)___进行加密和验证，该网站通过___(11)___进行解密和签名。
  (9) A. CA 的签名   B. 证书中的公钥   C. 网站的私钥   D. 用户的公钥
  (10) A. CA 的签名   B. 证书中的公钥   C. 网站的私钥   D. 用户的公钥
  (11) A. CA 的签名   B. 证书中的公钥   C. 网站的私钥   D. 用户的公钥
- 公钥体系中，用户甲发送给用户乙的数据要用___(12)___进行加密。
  (12) A. 甲的公钥   B. 甲的私钥   C. 乙的公钥   D. 乙的私钥
- 用户 B 收到用户 A 带数字签名的消息 M，为了验证 M 的真实性，首先需要从 CA 获取用户 A 的数字证书，并利用___(13)___验证该证书的真伪，然后利用___(14)___验证 M 的真实性。
  (13) A. CA 的公钥   B. B 的私钥   C. A 的公钥   D. B 的公钥
  (14) A. CA 的公钥   B. B 的私钥   C. A 的公钥   D. B 的公钥
- 图 12-11 所示为一种数字签名方案，网上传送的报文是___(15)___，防止 A 抵赖的证据是___(16)___。

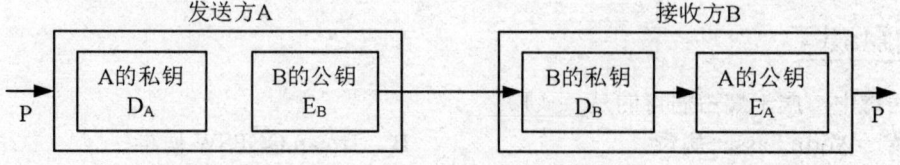

图 12-11 数字签名方案

（15）A．P   B．DA(P)   C．EB(DA(P))   D．DA
（16）A．P   B．DA(P)   C．EB(DA(P))   D．DA
● 堡垒机的作用不包括___(17)___。
（17）A．可提升设备的运维效率
　　　B．通过多因素身份认证，提高系统安全性
　　　C．可有效防范远程命令执行、漏洞等高危安全隐患
　　　D．对运维人员会话和行为监控，便于审计和溯源
● HTTPS 的安全机制工作在___(18)___，而 S-HTTP 的安全机制工作在___(19)___。
（18）A．网络层   B．传输层   C．应用层   D．物理层
（19）A．网络层   B．传输层   C．应用层   D．物理层
● 以下关于钓鱼网站的说法中，错误的是___(20)___。
（20）A．钓鱼网站仿冒真实网站的 URL 地址
　　　B．钓鱼网站是一种网络游戏
　　　C．钓鱼网站用于窃取访问者的机密信息
　　　D．钓鱼网站可以通过 E-mail 传播网址
● 下列安全协议与 TLS 的功能相似的协议是___(21)___。
（21）A．PGP   B．SSL   C．HTTPS   D．IPSec
● 以下安全协议中，用来实现安全电子邮件的协议是___(22)___。
（22）A．IPSec   B．L2TP   C．PGP   D．PPTP

二、应用技术题

1．阅读以下文字和图，填写问题中的（1）～（4）空。

某公司总部和分支机构的网络配置如图 12-12 所示。在路由器 R1 和 R2 上配置 IPSec 安全策略，实现分支机构和总部的安全通信。

图 12-12　总部和分支机构的网络配置

【问题】(4 分)

图 12-13 中，（a）、（b）、（c）、（d）为不同类型 IPSec 数据包的示意图，其中___(1)___和___(2)___工作在隧道模式；___(3)___和___(4)___支持报文加密。

图 12-13　不同类型 IPSec 数据包示意图

2．阅读以下说明，回答问题，将解答填入答题纸的对应栏内。

【说明】小王为某单位网络中心网络管理员，该网络中心部署有业务系统，网站对外提供信息服务，业务数据通过 SAN 存储网络集中存储在磁盘阵列上，使用 RAID 实现数据冗余；部署邮件系统供内部人员使用，并配备防火墙、入侵检测系统、Web 应用防火墙、上网行为管理系统、反垃圾邮件系统等安全防护系统，防范来自内外部网络的非法访问和攻击。

【问题】（8分）

网络管理员检测到部分境外组织对我国信息系统频繁发起攻击，其中，图 12-14 访问日志所示为　（1）　攻击，图 12-15 访问日志所示为　（2）　攻击。

132.232.*.* 访问 www.xxx.com/default/save.php，可疑行为：eval(base64_decode(S_POST))，已拦截。

图 12-14　访问日志 1

132.232.*.* 访问 www.xxx.com/NewsType.php/smallclass='union select 0, username+CHR(124)+password from admin'

图 12-15　访问日志 2

网络管理员发现邮件系统收到大量不明用户发送的邮件，标题含"信息收集"相关的字样，邮件中均包含相同字样的 Excel 文件，经检测分析，这些邮件均来自境外组织，Excel 文件中均含有宏，并诱导用户执行宏，下载和执行木马后门程序，这些驻留程序再收集重要目标信息，进一步扩展渗透，获取敏感信息，并利用感染电脑攻击相关信息系统，上述所示的攻击手段为　（3）　攻击，应该采取　（4）　等措施进行防范。

（1）～（3）备选答案：
A．跨站脚本　　　　　B．SQL 注入　　　　　C．宏病毒　　　　　D．APT
E．DDoS　　　　　　F．CC　　　　　　　　G．蠕虫病毒　　　　H．一句话木马

试题分析

一、基础知识题

试题（1）分析：蠕虫病毒的前缀是 Worm。通常是通过网络或者系统漏洞进行传播。
参考答案：（1）A

试题（2）分析：Worm.Sasser.f（震荡波变种 f）是自运行的蠕虫，通过使用 Windows 的一个漏洞来传播。该病毒并不通过邮件传播，而是通过命令易受感染的机器下载特定文件并运行，来达到感染的目的。

Win32.CIH 是 CIH 病毒的一种，属于文件型病毒，主要感染各种 Windows 95 以上系统中的可执行文件。

Trojan.qq3344（QQ 尾巴）是一种攻击 QQ 软件的木马程序，中毒之后，QQ 会无故向好友发送垃圾消息或木马网址，而接收消息方单击相关 URL 后，本地计算机就有可能被植入木马，被远程控制。

Macro.Melissa（梅丽莎病毒）是一种宏病毒。

参考答案：（2）C

试题（3）（4）分析：1）MD5。消息摘要算法 5（MD5）把信息分为 512 比特的分组，并且创建一个 128 比特的摘要。

2）SHA-1。安全 Hash 算法（SHA-1）也是基于 MD5 的，把信息分为 512 比特的分组，经过运算之后，最终输出一个 160 比特的摘要。

参考答案：（3）B　（4）D

试题（5）分析：ECDSA（椭圆曲线数字签名算法）是一种基于椭圆曲线密码学的数字签名算法，国密算法中类似的是 SM2，SM2 是中国国家密码管理局（OSCCA）发布的椭圆曲线公钥密码算法，旨在替代 RSA 等国际算法，成为我国商用密码体系的核心标准。

参考答案：（5）A

试题（6）分析：报文摘要算法（Message Digest Algorithms）使用特定算法对明文进行摘要，生成固定长度的摘要。这类算法重点在于"摘要"，即对原始数据依据某种规则提取；摘要和原文具有"联系性"，即被"摘要"数据与原始数据一一对应，只要原始数据稍有改动，"摘要"的结果就不同。因此，这种方式可以验证原文是否被修改。

常见报文摘要算法有安全散列标准 SHA-1、MD5 系列标准。

1）MD5。消息摘要算法 5（MD5）把信息分为 512 比特的分组，并且创建一个 128 比特的摘要。

2）SHA-1。安全 Hash 算法（SHA-1）也是基于 MD5 的，把信息分为 512 比特的分组，并且创建一个 160 比特的摘要。

3）SM3。SM3 算法是中国国家密码管理局于 2010 年发布的商用密码杂凑算法标准，具有自主知识产权，安全性及效率与 SHA-256 相当，主要应用于数字签名、消息认证码生成及验证等领域。

参考答案：（6）D

试题（7）分析：同第（6）题。

参考答案：（7）B

试题（8）分析：数字签名功能有信息身份认证、信息完整性检查、信息发送不可否认性，但不提供原文信息加密，不能保证对方能收到消息，也不对接收方身份进行验证。

参考答案：（8）A

试题（9）（10）（11）分析：在数字证书的 X.509 标准中，数字证书中的数据域有证书版本号、序列号（唯一标识每一个 CA 下发的证书）、算法标识、颁发者、有效期、使用者、使用者公钥信息、证书签名算法、证书签名（发证机构即 CA 对用户证书的签名）等信息。其中通过对证书签名的验证，可以证实证书的真实性，也就是能验证持有证书者的身份信息。要实现网站与用户之间信息的安全传输，需要使用网站的公钥对信息进行加密，而这个公钥就是网站数字证书中的公钥。而网站解密这些信息时，需要使用加密公钥对应的私钥，也就是网站自己的私钥解密。

参考答案：（9）A　（10）B　（11）C

试题（12）分析：公钥体系中，用户甲发送给用户乙的数据要用乙的公钥进行加密。

参考答案：（12）C

试题（13）（14）分析：为了验证发送方的真实身份，应该先从 CA 获取发送方的数字证书，利用 CA 的公钥验证发送方的证书是从该 CA 签发，从而验证发送方的身份。

参考答案：（13）A　（14）C

试题（15）（16）分析：数字签名的作用就是确保 A 发送给 B 的信息就是 A 本人发送的，并且没有改动。

数据签名的基本过程：

1）A 使用"摘要"算法（如 SHA-1、MD5 等）对发送信息进行摘要。

2）使用 A 的私钥对消息摘要进行加密运算。加密摘要和原文一并发给 B。

验证签名的基本过程：

1）B 接收到加密摘要和原文后，使用与 A 同样的"摘要"算法对原文再次摘要，生成新摘要。

2）使用 A 公钥对加密摘要解密，还原成原摘要。

3）两个摘要对比，若一致则说明由 A 发出并且没有经过任何篡改。

由此可见，数字签名功能有信息身份认证、信息完整性检查、信息发送不可否认性，但不提供原文信息加密，不能保证对方能收到消息，也不对接收方身份进行验证。

所以 EB(DA(P)) 是网上传送的报文，即 A 私钥加密的原文，被 B 公钥加密后传输到网上。

DA(P) 是被 A 私钥加密的信息，不可能被第三方篡改，所以可以看作 A 的身份证明。

参考答案：（15）C　（16）B

试题（17）分析：堡垒机相当于一个中间的跳板，因此它可以通过多因素身份认证来提高系统的安全性。同时也便于对运维人员的会话和行为进行监控，便于进行审计。远程命令执行漏洞的防范需依赖漏洞扫描、补丁升级或防火墙规则阻断攻击流量，这些不属于堡垒机核心功能范畴。通过集中权限管理、批量操作（如密码托管、资源统一授权）等可提升运维效率。

参考答案：（17）C

试题（18）（19）分析：超文本传输安全协议（Hypertext Transfer Protocol Secure，HTTPS）是以安全为目标的 HTTP 通道，简单讲是 HTTP 的安全版。它使用 SSL 来对信息内容进行加密，使用 TCP 的 443 端口来发送和接收报文。其使用句法和 HTTP 类似，使用"HTTPS://+URL"形式。

安全超文本传输协议（Secure Hypertext Transfer Protocol，S-HTTP）是一种面向安全信息通信的协议，是 EIT 公司结合 HTTP 设计的一种消息安全通信协议。S-HTTP 可提供通信保密、身份识别、可信赖的信息传输服务及数字签名等。

参考答案：（18）B　（19）C

试题（20）分析：钓鱼网站是一种通过仿冒真实网站的 URL 地址，以达到欺骗用户访问，从而窃取访问者机密信息的网站，由于用户通常不会访问钓鱼网站，因此钓鱼网站必须通过病毒或者

E-mail 之类的网络传播工具传播出去,才可以达到窃取用户信息的目的。

参考答案:(20)B

试题(21)分析:安全套接层(Secure Sockets Layer,SSL)协议是一个安全传输、保证数据完整的安全协议。之后的传输层安全(Transport Layer Security,TLS)是 SSL 的非专有版本。SSL 处于应用层和传输层之间。

参考答案:(21)B

试题(22)分析:PGP(Pretty Good Privacy)是一款邮件加密软件。可以用它对邮件保密以防止非授权者阅读,它还能对邮件加上数字签名,从而使收信人可以确认邮件的发送者,并能确信邮件没有被篡改。PGP 采用了 **RSA 和传统加密的杂合算法、数字签名的邮件文摘算法、**加密前压缩等手段。功能强大、加/解密快且开源。

参考答案:(22)C

二、应用技术题

试题 1 分析:
【问题】
IPSec 的两种工作模式分别是**传输模式**和**隧道模式**。具体如图 12-16 所示。

图 12-16 IPSec 工作模式

可以知道,传输模式下 AH、ESP 处理后 IP 头部不变,而隧道模式下 AH、ESP 处理后需要封装一个新的 IP 头。AH 只作摘要,因此只能验证数据完整性和合法性;而 ESP 既作摘要,也作加密,因此除了验证数据完整性和合法性之外,还能进行数据加密。

参考答案:
【问题】
(1)(2)(c)、(d)(顺序可交换)

（3）（4）(b)、(d)（顺序可交换）

试题 2 分析：

【问题】第（1）空，从代码中可以看到"eval(base64_decode(S_POST))"这样的函数代码，则说明是脚本攻击；第（2）空有 union select、from 等 SQL 关键语句，因此是 SQL 注入攻击；第（3）空的描述中有"境外组织、诱导用户执行宏、进一步扩展渗透、获取敏感信息"等关键词，这是典型的 APT 攻击；第（4）空是为了预防宏病毒，抵御 APT 攻击，一般的手段包括不去点击相关邮件、使用杀毒软件、禁用宏等。

参考答案：（1）A　（2）B　（3）D　（4）不打开相关邮件、使用杀毒软件、禁用宏

第13章 Windows 命令

知识点图谱与考点分析

Windows 操作系统中提供的命令解释器功能非常强大,通过此解释器可以执行相关的系统管理命令和网络命令,而且这些命令基本不随 Windows 的版本变化而变化。在图形化的操作界面 Windows 中,系统管理命令相对较少,如 MMC、REGEDIT 等,而网络命令则相对比较多,并且可以分为两大类:网络配置类和服务器测试类。本章的知识体系图谱如图 13-1 所示。

图 13-1 Windows 命令知识体系图谱

知识点:网络命令

知识点综述

Windows 中的网络命令相对较多,可以简单地分为 IP 协议相关类、网络测试类和服务器测试类三种。本知识点的知识体系图谱如图 13-2 所示。

图 13-2 网络命令知识体系图谱

参考题型

【考核方式 1】 考核 IP 地址相关的命令。

- 在 Windows 系统中,所谓"持久路由"就是___(1)___。要添加一条到达目标 10.40.0.0/16 的持久路由,下一跃点地址为 10.27.0.1,则在 DOS 窗口中输入命令___(2)___。

    (1) A. 保存在注册表中的路由　　　　　B. 在默认情况下系统自动添加的路由
    　　C. 一条默认的静态路由　　　　　　D. 不能被删除的路由
    (2) A. route -s add 10.40.0.0 mask 255.255.0.0 10.27.0.1
    　　B. route -p add 10.27.0.1 10.40.0.0 mask 255.255.0.0
    　　C. route -p add 10.40.0.0 mask 255.255.0.0 10.27.0.1
    　　D. route -s add 10.27.0.1 10.40.0.0 mask 255.255.0.0

  ■ **试题分析** Windows 中路由的优先级顺序是:主机路由→本地子网或远程子网的网络→汇总网络路由→默认路由。

  Windows 中的五种路由类型见表 13-1。

  表 13-1 Windows 中的五种路由类型

路由类型	特点
直连网络 ID(Directly Attached Network ID)路由	用于直连网络
远程网络 ID(Remote Network ID)路由	用于不直连网络路由,可以通过其他路由器到达这种网络
主机路由(Host Route)	到达指定主机路由,掩码为 255.255.255.255
默认路由(Default Route)	无法找到确定路由时使用的路由,目标和掩码都为 0.0.0.0
持久路由(Persistent Route)	使用 route -p add 命令添加路由选项,初始化时,加入注册表中,同时加入路由表

  route 基本命令格式:

  route [**-f**] [**-p**] *command* [*destination*] [**mask** *netmask*] [*gateway*] [**metric** *metric*] [**if** *interface*]

- -p：与 add 命令共同使用时，指定路由被添加到注册表，并在启动 TCP/IP 协议的时候初始化 IP 路由表。默认情况下，启动 TCP/IP 协议时不会保存添加的路由，与 print 命令一起使用时，则显示永久路由列表。

■ 参考答案 （1）A （2）C

- 在 Windows 命令窗口中输入___（3）___命令，可看到如图 13-3 所示的结果。

图 13-3 命令结果

（3）A．ipconfig /all   B．route print   C．tracert -d   D．nslookup

■ 试题分析 ipconfig/all：显示所有网络适配器的完整 TCP/IP 配置信息，效果如图 13-4 所示。

图 13-4 ipconfig/all 显示效果图

route print：用于显示路由表中的当前项目，恰好就是图中所表示的样子。

tracert -d：禁止 tracert 将中间路由器的 IP 地址解析为名称。这样可加速显示 tracert 的结果。

nslookup：用于查询域名对应的 IP 地址。

■ 参考答案 （3）B

- netstat -r 命令的功能是___（4）___。

（4）A．显示路由记录   B．查看连通性
　　 C．追踪 DNS 服务器   D．捕获网络配置信息

■ 试题分析 网络工程师考试中，几乎每年都会考到一些常用的网络命令及其相关的参数，尤其是 ping、netstat、nslookup 等几个命令。在复习过程中要特别注意。

netstat 基本命令格式：

netstat [-a] [-e] [-n] [-o] [-p *proto***] [-r] [-s] [-v] [interval]**

-a：显示所有连接和监听端口。

-e：用于显示关于以太网的统计数据。它列出的项目包括传送的数据报的总字节数、错误数、删除数、数据报的数量和广播的数量。这些统计数据既有发送的数据报数量，也有接收的数据报数量。此选项可以与 -s 选项组合使用。

-n：以数字形式显示地址和端口号。

-o：显示与每个连接相关的所属进程 ID。

-p proto：显示 proto 指定协议的连接；proto 可以是下列协议之一：TCP、UDP、TCPv6 或 UDPv6。如果与 -s 选项一起使用，则显示按协议统计信息。

-r：显示路由表，与 route print 显示效果一样。

-s：显示按协议统计信息。默认显示 IP、IPv6、ICMP、ICMPv6、TCP、TCPv6、UDP 和 UDPv6 的统计信息。

-v：与-b 选项一起使用时，将显示包含为所有可执行组件创建连接或监听端口的组件。

interval：重新显示选定统计信息，每次显示之间暂停的时间间隔（以秒计）。按 Ctrl+C 组合键停止重新显示统计信息。如果将其省略，则 netstat 只显示一次当前配置信息。

关于 netstat 常考的几个参数主要是-a、-e、-n、-o、-r、-s 等，尤其要注意。

■ **参考答案** （4）A

【考核方式 2】 考核服务器测试命令。

- 在 Windows 的 DOS 窗口中输入命令：

    C:\>nslookup
    set type=ns
    >202.30.192.2

这个命令序列的作用是___（5）___。

（5）A．查询 202.30.192.2 的邮件服务器信息

　　B．查询 202.30.192.2 到域名的映射

　　C．查询 202.30.192.2 的区域授权服务器

　　D．显示 202.30.192.2 中各种可用的信息资源记录

■ **试题分析** nslookup（Name Server Lookup）是一个用于查询 Internet 域名信息或诊断 DNS 服务器问题的工具。Windows 下的 nslookup 命令格式比较丰富，可以直接使用带参数的形式，也可以使用交互式命令设置参数。

使用的交互命令如下：

set OPTION：设置 nslookup 的选项。nslookup 有很多选项，用于查找 DNS 服务器上相关的设置信息。下面就这些选项仔细讲解。

all：显示当前服务器或者主机的所有选项。

domain=NAME：设置默认的域名为 NAME。

root=NAME：设置根服务器的 NAME。

retry=X：设置重试次数为 X。
timeout=X：设置超时时间为 X 秒。
type=X：设置查询的类型，类型可以是 A、ANY、CNAME、MX、NS、PTR、SOA、SRV 等。
querytype=X：与 type 命令的设置一样。
exit：退出 nslookup。
其中的 set type=ns 是查询指定区域的授权服务器。

■ **参考答案** （5）C

● 在 Windows 系统中需要重新从 DHCP 服务器获取 IP 地址时，可以使用＿＿（6）＿＿命令。
（6）A．ifconfig -a　　　　B．ipconfig　　　　C．ipconfig/all　　　D．ipconfig/renew

■ **试题分析** 在 Windows 系统中，需要重新从 DHCP 服务器获取 IP 地址时，可以使用 ipconfig/renew 命令。

ipconfig/all 用于显示所有网卡的 TCP/IP 配置信息。

■ **参考答案** （6）D

● 客户端登录 FTP 服务器后，使用＿＿（7）＿＿命令来上传文件。
（7）A．get　　　　　　B．ldir　　　　　　C．put　　　　　　D．bye

■ **试题分析** 1）FTP 命令基本格式为：**FTP** [**-v**] [**-n**][**-s:***filename*] [**-a**] [**-A**] [**-x:***sendbuffer*] [**-r:***recvbuffer*] [**-b:***asyncbuffers*] [**-w:***windowsize*] [**host**]

-s:filename：指定一个包含 FTP 命令的文本文件，这些命令会在 FTP 开始之后自动运行。

-a：可以使用任意的本地接口绑定数据连接。

-A：以匿名用户（Anonymous）身份登录。

host：FTP 服务器的 IP 地址或者主机名。

2）使用 FTP 命令连接主机之后，还可以使用内部命令进行操作，常见的内部命令如下：

![cmd[args]]：在本地机中执行交互 shell 命令，exit 回到 FTP 环境，如!dir *.zip。

ascii：数据传输使用 ASCII 类型传输方式。

bin：数据传输使用二进制文件传输方式。

bye：退出 FTP 会话过程。

cd remote-dir：进入远程主机目录。

close：中断与远程服务器的 FTP 会话（与 open 对应）。

delete remote-file：删除远程主机文件。

dir [remote-dir][local-file]：显示远程主机目录，并将结果存入本地文件 local-file。

get remote-file[local-file]：将远程主机的文件 remote-file 传至本地硬盘的 local-file。

lcd [dir]：将本地工作目录切换至 dir。

mdelete [remote-file]：删除远程主机文件。

mget remote-files：传输多个远程文件。

mkdir dir-name：在远程主机中建立一个目录。

mput local-file：将多个文件传输至远程主机。

open host[port]：建立指定 FTP 服务器连接，可指定连接端口。

passive：进入被动传输方式。
put local-file[remote-file]：将本地文件 local-file 传送至远程主机。
pwd：显示远程主机的当前工作目录。
rmdir dir-name：删除远程主机目录。

■ **参考答案** （7）C

【考核方式3】 考核网络测试命令。

- 在 Windows 系统中，执行____（8）____命令会出现如图 13-5 所示的效果。
  （8）A．pathping -n www.hnol.net 　　B．tracert -d www.hnol.net
  　　　C．nslookup www.hnol.net 　　　　D．arp -a

图 13-5　命令效果

■ **试题分析** 要跟踪路径并为路径中的每个路由器和链路提供网络延迟和数据包丢失等相关信息，此时应该使用 pathping 命令。其工作原理类似于 tracert，并且会在一段指定的时间内定期将 ping 命令发送到所有路由器，并根据每个路由器的返回数值生成统计结果。命令行下返回的结果有两部分内容，第一部分显示到达目的地经过了哪些路由，第二部分显示路径中源和目标之间的中间节点处的滞后和网络丢失的信息。pathping 在一段时间内将多个回应请求消息发送到源和目标之间的路由器，然后根据各个路由器返回的数据包计算结果。因为 pathping 显示在任何特定路由器或链接处的数据包的丢失程度，因此用户可据此确定存在故障的路由器或子网。

命令基本格式：

pathping[-g *host-list*] [-h *maximum_hops*] [-i *address*] [-n][-p *period*] [-q *num_queries*] [-w *timeout*] [-4] [-6] *target_name*

各参数的作用如下：

-g host-list：与主机列表一起的松散源路由。

-h maximum_hops：指定搜索目标路径中的节点最大数。默认值为 30 个节点。

-i address：使用指定的源地址。
-n：禁止将中间路由器的 IP 地址解析为名字，可以提高 pathping 显示速度。
-p period：两次 ping 之间等待的时间（以毫秒为单位，默认值为 250 毫秒）。
-q num_queries：指定发送到路径中每个路由器的回响请求消息数。默认值为 100 查询。
-w timeout：指定等待每个应答的时间（单位为毫秒，默认值为 3000 毫秒）。
-4：强制使用 IPv4。
-6：强制使用 IPv6。
Target_name：指定目的端，它既可以是 IP 地址，也可以是计算机名。pathping 参数区分大小写。实际使用中要注意，为了避免网络拥塞、影响正在运行的网络业务，应以足够慢的速度发送 ping 信号。

■ 参考答案　（8）A

● 某网络拓扑结构如图 13-6 所示。

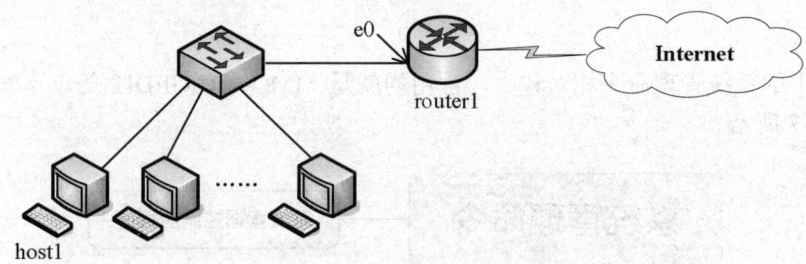

图 13-6　网络拓扑结构

在主机 host1 的命令行窗口输入 tracert www.abc.com.cn 命令后，得到如下结果：

```
C:\Documents and Settings\User>tracert www.abc.com.cn
Tracing route to caelum.abc.com.cn [208.30.1.101]
over a maximum of 30 hops:
  1    1ms     1ms     <1ms    119.215.67.254
  2    2 ms    1 ms    1ms     172.116.11.2
  3    71 ms   1ms     1ms     119.145.65.86
  4    1ms     1ms     1ms     172.116.141.6
  5    1ms     1ms     1ms     192.168.66.14
  6    1ms     1ms     <1ms    208.30.1.101
Trace complete.
```

则路由器 router1 e0 接口的 IP 地址为＿＿（9）＿＿，www.abc.com.cn 的 IP 地址为＿＿（10）＿＿。

（9）A．172.116.11.2　　　　　　B．119.215.67.254
　　C．210.120.1.30　　　　　　D．208.30.1.101
（10）A．172.116.11.2　　　　　　B．119.215.67.254
　　 C．210.120.1.30　　　　　　D．208.30.1.101

■ 试题分析　tracert 结果中第 1 跳包含本机网关 IP 地址，即路由器 router1 e0 接口的 IP 地址为 119.215.67.254。

tracert 结果中最后 1 跳包含 www.abc.com.cn 的 IP 地址,即 208.30.1.101。

■ **参考答案** （9）B （10）D

- 如果要测试目标 10.0.99.221 的连通性并进行反向名字解析,则在 DOS 窗口中输入命令 ___(11)___ 。

(11) A. ping -a 10.0.99.221　　　　B. ping -n 10.0.99.221
　　　C. ping -r 10.0.99.221　　　　D. ping -j 10.0.99.221

■ **试题分析** ping 命令基于 ICMP 回应请求报文来测试对方主机的连接,参数-a 测试目标连通性并将主机地址解析为主机名,如果命令执行成功,则显示对应的主机名。

■ **参考答案** （11）A

知识点:系统管理命令

知识点综述

Windows 中的系统管理命令相对较少,常用的就是 MMC、REGEDIT 等。本知识点的知识体系图谱如图 13-7 所示。

```
系统管理命令 ── 系统管理控制台程序
```

图 13-7　系统管理命令知识体系图谱

参考题型

【考核方式】 考核系统管理控制台程序。

- 下列关于 Microsoft 管理控制台（MMC）的说法中,错误的是___(1)___。

（1）A. MMC 集成了用来管理网络、计算机、服务及其他系统组件的管理工具
　　　B. MMC 创建、保存并打开管理工具单元
　　　C. MMC 可以运行在 Windows XP 和 Windows 2000 操作系统上
　　　D. MMC 是用来管理硬件、软件和 Windows 系统的网络组件

■ **试题分析** 微软从 Windows 2000 开始使用了管理控制台（Microsoft Management Console,MMC）的思想来管理计算机中的系统设置。

➢ MMC 集成了用来管理网络、计算机、服务及其他系统组件的管理工具。
➢ 在 MMC 中,用户可以添加不同的控制台组件,利用这些组件就可以对系统进行设置。通过 MMC 组件,所有设置都可以在统一的界面中完成,降低了设置的难度。
➢ 启动 MMC 可以在"运行"中输入"MMC"并按"回车"键打开控制台。第一次运行的控制台是空白的,用户可以按照自己的需要添加各种管理单元进去,方法是在"文件"菜单上单击"添加/删除管理单元"按钮。

> MMC 不具备管理功能，但可以集成、添加管理工具。任何一个第三方软件支持，就能把管理部分添加到控制台。MMC 可以添加的项目包含网页的链接、ActiveX 组件、文件夹、任务板视图和任务等。

MMC 不是用来管理硬件、软件和 Windows 系统的网络组件。

■ **参考答案** （1）D

● 在 Windows "运行" 窗口中输入＿＿（2）＿＿命令，可以查看和修改注册表。

（2）A．CMD　　　　B．MMC　　　　C．AUTOEXE　　　D．REGEDIT

■ **试题分析** CMD 进入 Windows 的命令行界面。

微软从 Windows 2000 开始使用了管理控制台（MMC）的思想来管理计算机中的系统设置。在 MMC 中，用户可以添加不同的控制台组件，利用这些组件就可以对系统进行设置。通过 MMC 组件，所有设置都可以在统一的界面中完成，降低了设置的难度。

REGEDIT 是 Windows 系统的注册表编辑器，其操作界面与 Windows 资源管理器很类似。

Windows 系统中没有 AUTOEXE 命令。

■ **参考答案** （2）D

● 在 Windows 系统中，可通过停止＿＿（3）＿＿服务来阻止对域名解释 Cache 的访问。

（3）A．DNS server　　　　　　　　B．Remote Procedure Call(RPC)

　　　C．Nslookup　　　　　　　　　D．DNS Client

■ **试题分析** 在 Windows 中，将一些常用的应用设置为服务的形式进行管理，如 DHCP、DNS 客户端都设置为服务，如图 13-8 所示。

图 13-8　管理应用设置

■ **参考答案** （3）D

课堂练习

- 与 route print 具有相同功能的命令是___(1)___。

  (1) A．ping 　　　　B．arp -a 　　　　C．netstat -r 　　　　D．tracert -d

- 在 Windows 的命令窗口中输入命令 arp -s 10.0.0.80 00-AA-00-4F-2A-9C，其作用是___(2)___。

  (2) A．在 ARP 表中添加一个动态表项 　　B．在 ARP 表中添加一个静态表项

  　　C．在 ARP 表中删除一个表项 　　　　D．在 ARP 表中修改一个表项

- 使用 Windows 提供的网络管理命令___(3)___可以查看本机的路由表，___(4)___可以修改本机的路由表。

  (3) A．tracert 　　　　B．arp 　　　　C．ipconfig 　　　　D．netstat

  (4) A．ping 　　　　B．route 　　　　C．netsh 　　　　D．nbtstat

- 在 Windows 系统中若要显示 IP 路由表的内容，可以使用命令___(5)___。

  (5) A．netstat -s 　　B．netstat -r 　　C．netstat -n 　　D．netstat -a

- 下列命令中，不能查看网关 IP 地址的是___(6)___。

  (6) A．nslookup 　　B．tracert 　　C．netstat 　　D．route print

- 在 Windows 中运行___(7)___命令后得到如图 13-9 所示的结果，如果要将目标地址为 102.217.112.0/24 的分组经 102.217.115.1 发出，需增加一条路由，正确的命令为___(8)___。

```
Active Routers:
Network Destination      Netmask              Gateway              Interface            Metric
  0.0.0.0                0.0.0.0              102.217.115.254      102.217.115.132      20
  127.0.0.0              255.0.0.0            127.0.0.1            127.0.0.1            1
  102.217.115.128        255.255.255.128      102.217.115.132      102.217.115.132      20
  102.217.115.132        255.255.255.255      127.0.0.1            127.0.0.1            20
  102.217.115.255        255.255.255.255      102.217.115.132      102.217.115.132      20
  224.0.0.0              240.0.0.0            102.217.115.132      102.217.115.132      20
  255.255.255.255        255.255.255.255      102.217.115.132      102.217.115.132      1
  255.255.255.255        255.255.255.255      102.217.115.132      2                    1
Default Gateway:         102.217.115.254
```

图 13-9　命令结果

  (7) A．ipconfig /renew 　　　　　　　　B．ping

  　　C．nslookup 　　　　　　　　　　　　D．route print

  (8) A．route add 102.217.112.0 mask 255.255.255.0 102.217115.1

  　　B．route add 102.217.112.0 255.255.255.0 102.217.115.1

  　　C．add route 102.217.112.0 255.255.255.0 102.217.115.1

  　　D．add route 102.217.112 0 mask 255.255.255.0 102.217.115.1

- 在 Windows 系统中，监听发送给 NT 主机的陷入报文的程序是___(9)___。

  (9) A．snmp.exe 　　　　　　　　　　　　B．mspaina.com

  　　C．notepad.exe 　　　　　　　　　　　D．snmptrap.exe

- 在 Windows 的 DOS 窗口中输入命令：

    C:\>nslookup
    set type=ptr
    >211.151.91.165

    这个命令序列的作用是____(10)____。

    (10) A. 查询 211.151.91.165 的邮件服务器信息
         B. 查询 211.151.91.165 到域名的映射
         C. 查询 211.151.91.165 的资源记录类型
         D. 显示 211.151.91.165 中各种可用的信息资源记录

- DNS 正向搜索区的功能是将域名解析为 IP 地址，Windows 系统中用于测试该功能的命令是____(11)____。

    (11) A. nslookup   B. arp   C. netstat   D. query

- 在 Windows 环境下，DHCP 客户端可以使用____(12)____命令重新获得 IP 地址，这时客户机向 DHCP 服务器发送一个 dhcpdiscover 数据包来请求重新租借 IP 地址。

    (12) A. ipconfig/renew   B. ipconfig/upload
         C. ipconfig/release   D. ipconfig/reset

- tracert 命令通过多次向目标发送____(13)____来确定到达目标的路径，在连续发送的多个 IP 数据包中，____(14)____字段都是不同的。

    (13) A. ICMP 地址请求报文   B. ARP 请求报文
         C. ICMP 回声请求报文   D. ARP 响应报文
    (14) A. 源地址   B. 目标地址   C. TTL   D. TOS

- 如图 13-10 所示，从输出的信息中可以确定的是____(15)____。

图 13-10 习题用图

(15) A. 本地主机正在使用的端口号是熟知端口号
     B. 192.168.7.234 正在与 122.72.3.248 建立连接
     C. 本地主机与 122.70.131.254 建立了安全连接
     D. 主机正在与 106.120.160.239 建立连接

试题分析

试题（1）分析：本题考查 Windows 中的基本网络命令。这里再次强调，一定要把常用命令和常用参数结合起来。netstat 是一个监控 TCP/IP 网络的工具，它可以显示路由表、实际的网络连接、每一个网络接口设备的状态信息，以及与 IP、TCP、UDP 和 ICMP 等协议相关的统计数据。一般用于检验本机各端口的网络连接情况。

若计算机有时接收到的数据报导致出错数据或故障，TCP/IP 可以容许这些类型的错误，并能够自动重发数据报。

netstat 基本命令格式：**netstat** [**-a**] [**-e**] [**-n**] [**-o**] [**-p** *proto*] [**-r**] [**-s**] [**-v**] [**interval**]

-a：显示所有连接和监听端口。

-e：用于显示关于以太网的统计数据。它列出的项目包括传送的数据报的总字节数、错误数、删除数、数据报的数量和广播的数量。这些统计数据既有发送的数据报数量，也有接收的数据报数量。此选项可以与-s 选项组合使用。

-n：以数字形式显示地址和端口号。

-o：显示与每个连接相关的所属进程 ID。

-p proto：显示 proto 指定的协议的连接；proto 可以是下列协议之一：TCP、UDP、TCPv6 或 UDPv6。如果与 -s 选项一起使用，可以显示按协议统计信息。

-r：显示路由表，与 route print 显示效果一样。

-s：显示按协议统计信息。默认地显示 IP、IPv6、ICMP、ICMPv6、TCP、TCPv6、UDP 和 UDPv6 的统计信息。

-v：与 -b 选项一起使用时，将显示包含为所有可执行组件创建连接或监听端口的组件。

interval：重新显示选定统计信息，每次显示之间暂停时间间隔（以秒计）。按 Ctrl+C 组合键停止重新显示统计信息。如果省略，netstat 只显示一次当前配置信息。

参考答案：（1）C

试题（2）分析：arp 命令用于显示和修改 ARP 缓存表的内容，命令基本格式：

1）**arp -s** inet_addr eth_addr [if_addr]

2）**arp -d** inet_addr [if_addr]

3）**arp -a** [*inet_addr*] [**-N** *if_addr*]

参数说明：

-s：静态指定 IP 地址与 MAC 地址的对应关系。

-a：显示所有的 IP 地址与 MAC 地址的对应，使用-g 的参数与-a 是一样的，尤其注意一下这个参数。

-d：删除指定的 IP 与 MAC 的对应关系。

-N if_addr：只显示 if_addr 接口的 ARP 信息。

arp -s 10.0.0.80 00-AA-00-4F-2A-9C：添加一个静态表项，把 IP 地址 10.0.0.80 解析为物理地址 00-AA-00-4F-2A-9C。

参考答案：（2）B

试题（3）（4）分析：tracert 是 Windows 网络中的 trace route 的功能的缩写，用于路由跟踪。

arp 用于显示、修改 ARP 缓存表中的值。

ipconfig 是 Windows 网络中最常使用的命令，用于显示计算机中网络适配器的 IP 地址、子网掩码及默认网关等信息。

netstat 是一个监控 TCP/IP 网络的工具，它可以显示路由表、实际的网络连接、每一个网络接口设备的状态信息，以及与 IP、TCP、UDP 和 ICMP 等协议相关的统计数据。其中 netstat -r 可以显示路由表信息。

netsh 是 Windows 自带的网络配置命令行工具，可保存网络设置、修改主机 IP 地址、使用 DHCP 服务、修改 DNS 参数、查看路由表信息。

nbtstat 显示基于 TCP/IP 的 NetBIOS 协议统计、本地计算机、远程计算机的 NetBIOS 名称表和 NetBIOS 名称缓存。

ping 命令用于检查主机之间的连通性。

route 命令用于查看本机的路由表或者设置本机的路由信息。

参考答案：（3）D　（4）B

试题（5）分析：见试题（1）分析。

参考答案：（5）B

试题（6）分析：nslookup（name server lookup）是一个用于查询 Internet 域名信息或诊断 DNS 服务器问题的工具。Windows 下的 nslookup 命令格式比较丰富，可以直接使用带参数的形式，也可以使用交互式命令设置参数。

tracert 是 Windows 网络中 trace route 的功能的缩写，用于路由跟踪。返回结果第一跳为网关 IP 地址。

netstat 命令的功能是显示网络连接、路由表和网络接口信息。

route print 为查看路由表命令。

netstat -r 和 route print 结果中的 Default Gateway 显示本地网关 IP 地址。

参考答案：（6）A

试题（7）（8）分析：1) route 命令主要用于手动配置静态路由和显示路由信息表。格式如下：

route [**-f**] [**-p**] *command* [*destination*] [**mask** *netmask*] [*gateway*] [**metric** metric] [**if interface**]

其中 command 选项为 print 时，表示命令用于显示主机路由信息。command 选项为 add 时，表示命令用于向系统当前的路由表中添加一条新的路由表条目，如 route add destination mask netmask gateway metric metricvalue。

其中：metric 表示跃点数。

注意：使用 netstat -r 可以得到类似结果。

2) ping 命令基于 ICMP 协议，检查网络连通性。

3) nslookup 命令用于测试域名与 IP 地址对应关系。

4) ipconfig /renew 命令用于重新从 DHCP 服务器获取 IP 地址。

参考答案：（7）D　（8）A

试题（9）分析：能接收 SNMP 和 trap 报文的必然是 SNMP 程序。在 NT 系统中，负责 SNMP 报文处理的程序是 snmp.exe，而 trap 报文是由 snmptrap.exe 处理的。

参考答案：（9）D

试题（10）分析：本题中的 set type=ptr 表明要查询的是指针记录，如果查询的是 IP 地址，则指定计算机名，即反向解析。

参考答案：（10）B

试题（11）分析：nslookup（name server lookup）是一个用于查询 Internet 域名信息或诊断 DNS 服务器问题的工具。Windows 下的 nslookup 命令格式比较丰富，可以直接使用带参数的形式，也可以使用交互式命令设置参数。

简单查询时可以使用非交互式查询，基本命令格式：

nslookup [-option] [{name| [-server)}]

参数说明：

-option：在非交互式中，可以使用选项直接指定要查询的参数，具体如下：

-timeout=x：指明系统查询的超时时间。如-timeout=10，表示超时时间是 10 秒。

-retry=x：指明系统查询失败时重试的次数。

-querytype=x：指明查询的资源记录的类型，x 可以是 A、PTR、MX、NS 等。

name：要查询的目标域名或者 IP 地址。若 name 是 IP 地址，并且查询类型为 A 或 PTR 资源记录类型，则返回计算机的名称。

-server：使用指定的 DNS 服务器解析，而非默认的 DNS 服务器。

参考答案：（11）A

试题（12）分析：本题考查对 ipconfig 的基本参数的掌握，all 表示显示 IP 配置有关的所有信息，release 表示释放原来的 IP 地址，renew 表示续借 IP 地址，ipconfig/flushdns 表示删除 DNS 缓存内容。

参考答案：（12）A

试题（13）（14）分析：tracert 的基本工作原理是：通过向目标发送不同 IP 生存时间（TTL）值的 ICMP ECHO 报文，路径上的每个路由器在转发数据包之前，将数据包上的 TTL 减 1。在 tracert 工作时，先发送 TTL 为 1 的回应报文，并在随后的每次发送过程中将 TTL 增 1，直到目标响应或 TTL 达到最大值为止，通过检查中间路由器超时信息确定路由。

参考答案：（13）C （14）C

试题（15）分析：本题表面上是考查命令，实际上是考查考生对端口号知识点的了解。首先要知道端口号分类。TCP/IP 使用 16 位的端口号来标识端口，所以端口的取值范围为[0,65535]。

端口可以分为系统端口、登记端口、客户端使用端口。

1）系统端口，也称为熟知端口（well know）。该端口的取值范围为[0,1023]，常见端口见表 13-2 所示。

表 13-2　常见端口

端口号	名称	功能
20	FTP-DATA	FTP 数据传输
21	FTP	FTP 控制
22	SSH	SSH 登录
23	TELNET	远程登录
25	SMTP	简单邮件传输协议
53	DNS	域名解析
67	DHCP	DHCP 服务器开启，用来监听和接收客户请求消息
68	DHCP	客户端开启，用于接收 DHCP 服务器的消息回复
69	TFTP	简单 FTP
80	HTTP	超文本传输
110	POP3	邮局协议
143	IMAP	交互式邮件存取协议
161	SNMP	简单网管协议
162	SNMP（trap）	SNMP Trap 报文
443	HTTPS	传输安全的 HTTP 数据

2）登记端口。登记端口是为没有熟知端口号的应用程序使用的，端口范围是[1024,49151]。这些端口必须在 IANA 登记以避免重复。

3）客户端使用端口。这类端口仅在客户进程运行时动态使用，使用完毕后，进程会释放端口。该端口范围是[49152,65535]。

参考答案：（15）C

第14章 UOS Linux 系统管理与命令

知识点图谱与考点分析

UOS Linux 系统中的各种命令主要包括两个部分：文件管理命令和系统管理命令。因为网络命令与 Windows 系统基本一致，只是命令名字有细微的区别，如 ifconfig 与 ipconfig、traceroute 与 tracert 等。因此本章不再讨论与 Windows 系统中网络命令相同或者有相近功能的命令。由于 UOS Linux 本身也是 Linux 的一种，很多命令和参数与之前的红帽子 Linux 版本类似，当然，特别要注意的是 UOS Linux 系统中的一些新命令。本章的知识体系图谱如图 14-1 所示。

图 14-1　UOS Linux 系统管理与命令知识体系图谱

知识点：文件管理命令

知识点综述

UOS Linux 系统中所有的文件管理都是通过命令来实现的，因此网络工程师考试中对这些基本的文件操作命令的考查较多，复习的时候一定要注意分类，掌握文件操作命令和基本参数。本知识点的知识体系图谱如图 14-2 所示。

图 14-2　文件管理命令知识体系图谱

参考题型

【考核方式 1】 考核 Linux 文件的基本操作。

- UOS Linux 有三个查看文件的命令，若希望能够用光标上下移动来查看文件内容，应使用＿＿（1）＿＿命令。

　　(1) A．cat　　　　　　　　　　　B．more
　　　　C．less　　　　　　　　　　　D．menu

　■ 试题分析　cat 命令一次性将文件内容全部输出。

more 命令可以分页查看。

less 命令可以使用光标向上或向下移动一行。

menu 命令和查看文件无关。

　■ 参考答案　（1）C

- UOS Linux 系统中，下列关于文件管理命令 cp 与 mv 的说法，正确的是＿＿（2）＿＿。

　　(2) A．没有区别
　　　　B．mv 操作不增加文件个数
　　　　C．cp 操作增加文件个数
　　　　D．mv 操作不删除原有文件

　■ 试题分析　cp 是拷贝文件，而 mv 是移动文件。cp 操作会增加文件个数。

　■ 参考答案　（2）C

【考核方式 2】 考核文件的权限管理命名和权限参数的掌握。

- 在 UOS Linux 中，某文件的访问权限信息为 "-rwxr--r--"，以下对该文件的说明中，正确的是＿＿（3）＿＿。

　　(3) A．文件所有者有读、写和执行权限，其他用户没有读、写和执行权限
　　　　B．文件所有者有读、写和执行权限，其他用户只有读权限
　　　　C．文件所有者和其他用户都有读、写和执行权限
　　　　D．文件所有者和其他用户都只有读和写权限

　■ 试题分析　访问权限示意图如图 14-3 所示。

图 14-3　访问权限示意图

■ **参考答案**　（3）B

● 在 UOS Linux 系统中可用 ls -al 命令列出文件列表，____（4）____列出的是一个符号连接文件。

（4）A．drwxr-xr-x 2 root root 220 2009-04-14 17:30 doc
　　　B．-rw-r--r-- 1 root root 1050 2009-04-14 17:30 doc1
　　　C．lrwxrwxrwx 1 root root 4096 2009-04-14 17:30 profile
　　　D．drwxrwxrwx 4 root root 4096 2009-04-14 17:30 protocols

■ **试题分析**　命令说明如图 14-4 所示。

图 14-4　命令说明

■ **参考答案**　（4）C

知识点：系统管理命令

知识点综述

Linux 系统中的系统管理命令主要包括用户管理、系统管理、进程管理三类。本知识点的基本知识体系图谱如图 14-5 所示。

图 14-5　系统管理命令知识体系图谱

参考题型

【考核方式 1】　考核系统基本管理命令。
- 在 UOS Linux 中，更改用户口令的命令是＿＿（1）＿＿。
  (1) A．pwd　　　　　　　　　　　B．passwd
  　　C．kouling　　　　　　　　　　D．password
  ■ 试题分析　pwd 命令用于显示用户的当前工作目录。passwd 用于更改用户口令。
  ■ 参考答案　（1）B
- 在 Linux 中，目录"/proc"主要用于存放＿＿（2）＿＿。
  (2) A．设备文件　　　　　　　　　B．命令文件
  　　C．配置文件　　　　　　　　　D．进程和系统信息
  ■ 试题分析　/proc：映射内存中的进程信息，内容是动态的，关机后不保存。
  ■ 参考答案　（2）D

【考核方式 2】　考核系统进程管理命令。
- 在 Linux 系统中，采用＿＿（3）＿＿命令查看进程输出的信息，得到图 14-6 所示的结果。系统启动时最先运行的进程是＿＿（4）＿＿。下列关于进程 xinetd 的说法中，正确的是＿＿（5）＿＿。

```
UID     PID   PPID  C STIME TTY    TIME     CMD
root     1     0    0 Jan15 ?    00:00:24  init
root     2     1    0 Jan15 ?    00:00:00  [keventd]
root     3     1    0 Jan15 ?    00:00:00  [kapmd]
root     4     1    0 Jan15 ?    00:00:00  [ksoftirqd_CPU0]
root     9     1    0 Jan15 ?    00:00:00  [bdflush]
root     5     1    0 Jan15 ?    00:00:00  [kswapd]
root    1694   1    0 Jan15 ?    00:00:00  xinetd -stayalive –reuse
root    1703   1    0 Jan15 ?    00:00:00  gpm -t imps2 -m /dev/mouse
root    5472  5380  0 04:20 pts/0 00:00:00  ps -aef
```

图 14-6　命令结果

(3) A．ps -all　　　B．ps -aef　　　C．ls -a　　　D．ls -la
(4) A．0　　　　　B．null　　　　C．init　　　 D．bash
(5) A．xinetd 是网络服务的守护进程　　　B．xinetd 是定时任务的守护进程
　　C．xinetd 进程负责配置网络接口　　　D．xinetd 进程负责启动网卡

■ 试题分析 ps 命令格式：**ps** [*OPTION*]，用于查看进程。
常用选项 *OPTION* 有：
- -aux：用于查看所有静态进程。
- -top：用于查看动态变化的进程。
- -a：用于查看所有的进程。
- -r：表示只显示正在运行的进程。
- -l：表示用长格式显示。
- -f：生成一个完整列表。
- -e：列出所有进程。

使用 ps 命令显示进程信息，PID 代表进程 ID。图 14-6 中 init 的进程 ID 为 1。
xinetd 是一个守护（daemon）进程，总管网络服务，当客户端没有请求时，服务进程不执行；当客户端请求时，xinetd 就启动相应服务，并把相应端口移交给相应服务。

■ 参考答案 （3）B   （4）C   （5）A

- 在 UOS Linux 中，可以利用____(6)____命令来终止某个进程。
  （6）A．kill   B．dead   C．quit   D．exit

■ 试题分析 本题是考查 Linux 中的基本命令，其中 kill 用于结束进程。
■ 参考答案 （6）A

课堂练习

- UOS Linux 系统中，为某一个文件在另外一个位置建立文件链接的命令为____(1)____。
  （1）A．ln   B．vi   C．locate   D．cat
- 下面的 UOS Linux 命令中，能关闭系统的命令是____(2)____。
  （2）A．kill   B．shutdown   C．exit   D．logout
- 在 Linux 系统中，命令____(3)____用于管理各项软件包。
  （3）A．install   B．rpm   C．fsck   D．msi

试题分析

试题（1）分析：ln [link]
基本命令格式：**ln** soure_file-s des_file
该命令的作用是为某一个文件在另外一个位置建立一个不同的链接，常用的参数是-s，要注意两个问题：
第一，ln 命令会保持每一处链接文件的同步性。也就是说，不论改动了哪一处，其他的文件都会发生相同的变化。
第二，ln 的链接有软链接和硬链接两种。软链接就是 ln -s **，它只会在你选定的位置上生成一个文件的镜像，不会占用磁盘空间；硬链接 ln ** **没有参数-s，它会在选定的位置上生成一个和源文件大小相同的文件。无论是软链接还是硬链接，文件都必须保持同步变化。

参考答案：（1）A

试题（2）分析：本题是考查 Linux 中的基本命令，其中 kill 用于结束进程，而 shutdown 通过后面的参数-h 实现停机指令。

参考答案：（2）B

试题（3）分析：RPM（RedHat Package Manager）最早是 RedHat 开发的，现在已经是公认的行业标准了，用于查询、管理各种 rpm 包的情况。

参考答案：（3）B

第15章 无线网络与存储技术

知识点图谱与考点分析

无线网络技术逐渐成了一种主流的网络技术，目前的应用非常广泛。因此在每年网络工程师考试中，选择题的分值在 1~4 分之间，案例分析题可能考到大题。存储技术随着网络和大数据的应用越来越广泛，常见的网络存储技术（如 NAS、SAN、IPSAN、分布式存储等）的基本概念也是网络工程师考试中常考的内容。本章的知识体系图谱如图 15-1 所示。

图 15-1 无线网络与存储技术知识体系图谱

知识点：无线网络

知识点综述

无线网络技术的广泛应用，逐步成了一种主流的网络技术。网络工程师考试中主要对无线网络技术的基本概念和 IEEE 802.11 相关标准进行考查。本知识点的知识体系图谱如图 15-2 所示。

图 15-2　无线网络知识体系图谱

参考题型

【考核方式 1】 考核基本的无线网络中的基本原理和概念。

- 关于无线网络中使用的扩频技术，下列描述错误的是___(1)___。

  (1) A．用不同的频率传播信号扩大了通信的范围

  　　 B．扩频通信减少了干扰且通信保密

  　　 C．每一个信号比特可以用 N 个码片序列来传输

  　　 D．信号散布到更宽的频带上，降低了信道阻塞的概率

  ■ **试题分析**　扩频技术的基本特征是使用比发送的信息数据速率高很多倍的伪随机码，对载有信息数据的基带信号的频谱进行扩展，形成宽带的低功率频谱密度的信号来发射。简而言之，就是用伪随机序列对代表数据的模拟信号进行调制。它的特点是，对无线噪声不敏感、产生的干扰小、安全性较高；但是占用带宽较高。增加带宽可以提高信噪比和等速率的情况下数据传输的可靠性。

  ■ **参考答案**　(1) A

- 在 IEEE 802.11 标准中使用了扩频通信技术，下列有关扩频通信技术的说法，正确的是___(2)___。

  (2) A．扩频技术是一种带宽很宽的红外线通信技术

  　　 B．扩频技术就是用伪随机序列对代表数据的模拟信号进行调制

  　　 C．扩频通信系统的带宽随着数据速率的提高而不断扩大

  　　 D．扩频技术就是扩大了频率许可证的使用范围

  ■ **试题分析**　扩频技术的特点是对无线噪声不敏感、产生的干扰小、安全性较高；但是占用带宽较高。

  ■ **参考答案**　(2) B

【考核方式 2】 考核无线网络组成结构及各个部分的作用。

- IEEE 802.11 标准定义的 Peer to Peer 网络是___(3)___。

  (3) A．一种需要 AP 支持的无线网络

  　　 B．一种不需要有线网络和接入点支持的点对点网络

C. 一种采用特殊协议的有线网络
D. 一种高速骨干数据网络

■ **试题分析** IEEE 802.11 定义了无线局域网的两种工作模式：**基础设施网络（Infrastructure Networking）和自主网络（Ad Hoc Networking）**。基础网络是预先建立起来的，具有一系列能覆盖一定地理范围的固定基站。自主网络是网络组建不需要使用固定的基础设施，仅靠自身就可以临时构建网络。自主网络就是一种不需要有线网络和接入点（AP）支持的点对点网络。

■ **参考答案** （3）B

● 在无线局域网中，AP 的作用是___(4)___。标准 IEEE 802.11n 提供的最高数据速率可达到___(5)___。

(4) A. 无线接入　　　B. 用户认证　　　C. 路由选择　　　D. 业务管理
(5) A. 54Mb/s　　　　B. 100Mb/s　　　　C. 200Mb/s　　　　D. 300Mb/s

■ **试题分析** 无线局域网中，AP 的作用就是给用户提供无线接入，以便用户使用无线网络。IEEE 802.11n 标准可提供高达 300～600Mb/s 的接入速度。

■ **参考答案** （4）A （5）D

【考核方式 3】 考核无线网络对应的 IEEE 802.11 标准中的相关概念。

● IEEE 802.11 采用了类似于 IEEE 802.3 CSMA/CD 协议的 CSMA/CA 协议，不采用 CSMA/CD 协议的原因是___(6)___。

(6) A. CSMA/CA 协议的效率更高　　　B. CSMA/CD 协议的开销更大
　　C. 为了解决隐蔽终端问题　　　　D. 为了引进其他业务

■ **试题分析** IEEE 802.11 采用了类似于 IEEE 802.3 CSMA/CD 协议的载波侦听多路访问/冲突避免协议（Carrier Sense Multiple Access/Collision Avoidance，CSMA/CA），不采用 CSMA/CD 协议的原因有两点：

1）无线网络中，接收信号的强度往往远小于发送信号，因此要实现碰撞花费过大。
2）隐蔽站（隐蔽终端问题），并非所有站都能听到对方，如图 15-3（a）所示。而暴露站的问题是检测信道忙碌，但是未必影响数据发送，如图 15-3（b）所示。

（a）A、C 同时向 B 发送信号，发送碰撞　　（b）B 向 A 发送信号，避免碰撞，阻止 C 向 D 发送数据

图 15-3　隐蔽站和暴露站问题

因此，CSMA/CA 就是减少碰撞，而不是检测碰撞。

■ **参考答案** （6）C

- IEEE 802.11g 标准支持的最高数据速率可达___（7）___Mb/s。

  (7) A. 5 　　　　　B. 11 　　　　　C. 54 　　　　　D. 100

  ■ 试题分析　IEEE 802.11 系列标准主要有 4 个子标准，具体见表 15-1。

表 15-1　IEEE 802.11 系列标准

标准	运行频段	主要技术	数据速率
IEEE 802.11	2.400～2.483GHz	DBPSK、DQPSK	1Mb/s 和 2Mb/s
IEEE 802.11a	5.150～5.350GHz、5.725～5.850GHz，与 IEEE 802.11b/g 互不兼容	OFDM 调制技术	54Mb/s
IEEE 802.11b	2.400～2.483GHz，与 IEEE 802.11a 互不兼容	CCK 技术	11Mb/s
IEEE 802.11g	2.400～2.483GHz	OFDM 调制技术	54Mb/s
IEEE 802.11n	支持双频段，兼容 IEEE 802.11b 与 IEEE 802.11a 两种标准	MIMO（多入多出）与 OFDM 技术	300～600Mb/s

■ 参考答案　(7) C

【考核方式 4】　考核无线网络安全技术相关概念。

- IEEE 802.11i 所采用的加密算法为___（8）___。

  (8) A. DES 　　　　　B. 3DES 　　　　　C. IDEA 　　　　　D. AES

  ■ 试题分析　IEEE 802.11i 在数据保密方面定义了三种加密机制，具体参见表 15-2。

表 15-2　WPA 的三种加密机制

简写	全称	特点
TKIP	Temporal Key Integrity Protocol（临时密钥完整性协议）	使用 WEP 机制的 RC4 加密，可通过升级硬件或者驱动方式来实现
CCMP	Counter-Mode/CBC-MAC Protocol（计数器模式密码块链消息完整码协议）	使用 AES（Advanced Encryption Standard）加密和 CCM（Counter-Mode/CBC-MAC）认证，该算法对硬件要求较高，需要更换硬件
WRAP	Wireless Robust Authenticated Protocol	使用 AES 加密和 OCB 加密

■ 参考答案　(8) D

- Wi-Fi 联盟制定的安全认证方案 WPA（Wi-Fi Protected Access）是___（9）___标准的子集。

  (9) A. IEEE 802.11 　　B. IEEE 802.11a 　　C. IEEE 802.11b 　　D. IEEE 802.11i

  ■ 试题分析　WPA 包含 IEEE 802.11i 标准的大部分，是在 IEEE 802.11i 完备之前替代 WEP 的过渡方案。Wi-Fi 保护接入（Wi-Fi Protected Access，WPA）是新一代的 WLAN 安全标准，该协议采用新的加密协议并且结合 IEEE 802.1x 实现访问控制。

  ■ 参考答案　(9) D

【考核方式5】 考核 5G 的相关概念。

- 在采用 OFDM 的 5G 网络中，调制解调器 ___(10)___ 处理多径干扰。

  (10) A. 通过增加信号的发射功率来覆盖所有可能的路径

  B. 将可用带宽划分为多个正交子载波，每个子载波携带部分数据

  C. 使用单一载波并增加信号的带宽

  D. 引入时间延迟来同步不同路径的信号

■ 试题分析　OFDM 将宽带信号分解为多个窄带子载波，每个子载波的带宽较窄，因此每个子载波上的符号周期较长。这减少了多径效应引起的时延扩展对每个子载波的影响。

■ 参考答案　(10) B

【考核方式6】 考核无线网络设计和配置。

- 阅读以下说明，回答问题 1 至问题 3，将解答填入答题纸对应的解答栏内。

【说明】某校园网中的无线网络拓扑结构如图 15-4 所示。

图 15-4　网络拓扑图

该网络中无线网络的部分需求如下：

①学校操场要求部署 AP，该操场区域不能提供外接电源。

②学校图书馆报告厅要求高带宽、多接入点。

③无线网络接入要求有必要的安全性。

【问题 1】（4 分）

根据学校无线网络的需求和拓扑图可以判断，连接学校操场无线 AP 的是 ___(1)___ 交换机，它可以通过交换机的 ___(2)___ 口为 AP 提供直流电。

【问题 2】（6 分）

根据需求在图书馆报告厅安装无线 AP，如果采用符合 IEEE 802.11b 规范的 AP，理论上可以提供 ___(3)___ Mb/s 的传输速率；如果采用符合 IEEE 802.11g 规范的 AP，理论上可以提供最高 ___(4)___ Mb/s 的传输速率。如果采用符合 ___(5)___ 规范的 AP，由于将 MIMO 技术和 ___(6)___ 调

制技术结合在一起,理论上最高可以提供 600Mb/s 的传输速率。

(5) A. IEEE 802.11a　　B. IEEE 802.11e　　C. IEEE 802.11i　　D. IEEE 802.11n
(6) A. BFSK　　　　　 B. QAM　　　　　　C. OFDM　　　　　　D. MFSK

图书馆报告厅需要部署 10 台无线 AP,在配置过程中发现信号相互干扰严重,这时应调整无线 AP 的___(7)___设置,用户在该报告厅内应选择___(8)___,接入不同的无线 AP。

(7)～(8)备选答案:
　　A. 频道　　　　　　B. 功率　　　　　　C. 加密模式
　　D. 操作模式　　　　E. SSID

【问题 3】(5 分)

若在学校内一个专项实验室配置无线 AP,为了保证只允许实验室的 PC 机接入该无线 AP,可以在该无线 AP 上设置不广播___(9)___,对客户端的___(10)___地址进行过滤,同时为保证安全性,应采用加密措施。无线网络加密主要有三种方式:___(11)___、WPA/WPA2、WPA-PSK/WPA2-PSK。在这三种模式中,安全性最好的是___(12)___,其加密过程采用了 TKIP 和___(13)___算法。

(13) A. AES　　　　　　B. DES　　　　　　 C. IDEA　　　　　　D. RSA

■ 试题分析

【问题 1】

由文中"①学校操场要求部署 AP,该操场区域不能提供外接电源"可知,既然要接 AP 又不能提供外接电源,那么就只能使用 POE(Power Over Ethernet)技术供电。POE 指的是在现有的以太网 Cat.5 布线基础架构不作任何改动的情况下,在为一些基于 IP 的终端(如 IP 电话机、无线局域网接入点 AP、网络摄像机等)传输数据信号的同时,还能为此类设备提供直流供电的技术。目前的标准有 802.3at/af 标准,可以提供 48V 的标准电压。

所以,连接学校操场无线 AP 的是 POE 交换机,它可以通过交换机的以太口为 AP 提供直流电。

【问题 2】

IEEE 802.11 系列标准主要有 4 个子标准,具体如表 15-1 所示。

多个无线 AP 同处一个区域时,可能出现信号干扰的问题。这时应该选择不同的频道,避免物理信号干扰。

每个 AP 的初始标志是由 SSID(Service Set Identifier)来区别的,本题中用户选择 SSID,接入不同的无线 AP。

【问题 3】

SSID 用于区别无线访问节点所使用的初始化字符串,客户端利用 SSID 完成通信连接的初始化。为了避免非授权连接,可以通过更改 SSID 避免猜测。可以限制 SSID 广播,来避免非法连接。

无线网络加密主要有三种方式:WEP、WPA/WPA2、WPA-PSK/WPA2-PSK。在这三种模式中,安全性最好的是 WPA-PSK/WPA2-PSK,其加密过程采用了 TKIP 和 AES 算法。

WPA 包含 IEEE 802.11i 标准的大部分,是在 IEEE 802.11i 完备之前替代 WEP 的过渡方案。Wi-Fi 保护接入(Wi-Fi Protected Access,WPA)是新一代的 WLAN 安全标准,该协议采用新的加密协议并结合 IEEE 802.1x 实现访问控制。在数据保密方面定义了三种加密机制,具体见本章表 15-2。

■ 参考答案
【问题 1】
（1）POE（或答 IEEE 802.3af 也给全分）　（2）以太（或 Ethernet）
【问题 2】
（3）11　（4）54　（5）D　（6）C　（7）A　（8）E
【问题 3】
（9）SSID　　　　　　　　　　　　　（10）MAC（或物理地址）
（11）WEP（或有线等效加密）　　　　（12）WPA-PSK/WPA2-PSK
（13）A

知识点：存储技术

知识点综述

存储技术主要分为 RAID 技术和网络存储技术两大部分，RAID 技术中的主要级别和各个级别的特点、存储效率等，以及网络存储技术中常见的 NAS、FC-SAN 和 IP-SAN 等技术的特点是主要考查的知识点。本知识点的体系图谱如图 15-5 所示。

图 15-5　存储技术知识体系图谱

参考题型

【考核方式 1】　考核基本的 RAID 级别和技术。

● 廉价磁盘冗余阵列 RAID 利用冗余技术实现高可靠性，其中 RAID1 的磁盘利用率为__（1）__。如果利用 4 个盘组成 RAID3 阵列，则磁盘利用率为__（2）__。

（1）A. 25%　　　　B. 50%　　　　C. 75%　　　　D. 100%
（2）A. 25%　　　　B. 50%　　　　C. 75%　　　　D. 100%

■ 试题分析　RAID1：磁盘镜像，可并行读数据，在不同的两块磁盘写相同数据，写入数据比 RAID0 慢点。安全性最好，但空间利用率为 50%，利用率最低。实现 RAID1 至少需要两块硬盘。

RAID3 使用单独的一块校验盘进行奇偶校验。**磁盘利用率=$n-1/n=3/4=75\%$**，其中 n 为 RAID3 中的磁盘总数。

■ 参考答案　（1）B　（2）C

- RAID 技术中，磁盘容量利用率最高的是___(3)___。

    (3) A．RAID0　　　　B．RAID1　　　　C．RAID3　　　　D．RAID5

    ■ **试题分析**　无容错设计的条带磁盘阵列（Striped Disk Array without Fault Tolerance）中的数据并不是保存在一个硬盘上，而是分成数据块保存在阵列中不同驱动器上。因为将数据分布在不同驱动器上，所以数据吞吐率大大提高。*N* **块硬盘，则读取相同数据时间减少为 1/*N***。由于**不具备冗余技术**，如坏一块盘，阵列数据将全部丢失。实现 RAID0 至少需要两块硬盘。由于 RAID0 没有校验功能，所以利用率最高。

    ■ **参考答案**　(3) A

【**考核方式 2**】　考核常见的网络存储技术。

- 开放系统的数据存储有多种方式，属于网络化存储的是___(4)___。

    (4) A．内置式存储和 DAS　　　　　　B．DAS 和 NAS
    　　C．DAS 和 SAN　　　　　　　　　D．NAS 和 SAN

    ■ **试题分析**　开放系统的数据存储有多种方式，属于网络化存储的是网络接入存储（Network Attached Storage，NAS）和存储区域网络（Storage Area Network，SAN）。

    ■ **参考答案**　(4) D

【**考核方式 3**】　考核分布式存储技术。

- 关于分布式存储的说法，正确的是___(5)___。

    (5) A．通过 RAID 技术保障数据的安全性
    　　B．中心节点存在性能瓶颈和单点故障隐患
    　　C．数据副本的主要作用是离线数据分析
    　　D．具有较强的横向扩展能力

    ■ **试题分析**　分布式存储具有以下基本特性：①弹性扩展能力强，可以进行横向扩容，如通过增加节点即可线性扩展存储容量和性能，无须传统集中式存储的复杂硬件升级流程；②具有较强的动态负载均衡能力，数据分片存储在多个节点，读写压力自动分散，避免单一节点性能瓶颈。

    ■ **参考答案**　(5) D

课堂练习

一、基础知识题

- IEEE 802.11 在 MAC 层采用了___(1)___协议。

    (1) A．CSMA/CD　　B．CSMA/CA　　C．DQDB　　D．令牌传递

- 在无线局域网中，AP 的作用是___(2)___。新标准 IEEE 802.11 n 提供的最高数据速率可达到___(3)___。

    (2) A．无线接入　　B．用户认证　　C．路由选择　　D．业务管理
    (3) A．54Mb/s　　B．100Mb/s　　C．200Mb/s　　D．300Mb/s

- IEEE 802.16 工作组提出的无线接入系统空中接口标准是___(4)___。

  (4) A．GPRS B．UMB C．LTE D．WiMAX

- 物联网中使用的无线传感网络技术是___(5)___。

  (5) A．IEEE 802.15.1 蓝牙个域网 B．IEEE 802.11n 无线局域网

  　　C．IEEE 802.15.3 ZigBee 微微网 D．IEEE 802.16m 无线城域网

- 正在发展的第四代无线通信技术推出了多个标准，下面不属于 4G 标准的是___(6)___。

  (6) A．LTE B．WiMAXII C．WCDMA D．UMB

- IEEE 802.11 MAC 子层定义的竞争性访问控制协议是___(7)___，之所以不采用与 IEEE 802.3 相同协议的原因是___(8)___。

  (7) A．CSMA/CA B．CSMA/CB

  　　C．CSMA/CD D．CSMA/CG

  (8) A．IEEE 802.11 协议的效率更高 B．为了解决隐蔽终端问题

  　　C．IEEE 802.3 协议的开销更大 D．为了引进多种非竞争业务

- 分布式存储系统规划时至少要设计___(9)___个节点。

  (9) A．5 B．4 C．3 D．2

二、应用技术题

1．阅读以下说明，回答问题 1 至问题 3，将解答填入答题纸的对应栏内。

【说明】某公司计划在会议室部署无线网络，供内部员工和外来访客访问互联网使用，图 15-6 为拓扑图片段。

图 15-6　拓扑图片段

【问题 1】（7.5 分）

在①处部署＿＿（1）＿＿设备，实现各会议室的无线网络统一管理，无缝漫游；在②处部署＿＿（2）＿＿设备，实现内部用户使用用户名和密码认证登录，外来访客通过扫描二维码或者手机短信验证登录无线网络；在③处部署＿＿（3）＿＿设备，实现无线 AP 的接入和供电；大型会议室部署＿＿（4）＿＿设备，实现高密度人群的无线访问；在小型会议室借助 86 线盒部署＿＿（5）＿＿设备，实现无线访问。

（1）～（5）备选答案：
    A．面板式 AP　　　　B．高密吸顶式 AP　C．无线控制器　　　D．无线认证系统
    E．无线路由器　　　　F．普通吸顶式 AP　G．普通交换机　　　H．POE 交换机

【问题 2】（8 分）

在核心交换机配置＿＿（6）＿＿，可以实现无线网络和办公区网络、服务器区网络逻辑隔离；在④处部署＿＿（7）＿＿设备，可以对所有用户的互联网访问进行审计和控制，阻止并记录非法访问；在⑤处部署＿＿（8）＿＿设备，实现服务器区域的边界防护，防范来自无线区域和办公区域的安全威胁；在路由器上配置基于＿＿（9）＿＿地址的策略路由，实现无线区域用户通过运营商 1 访问互联网，办公区域和服务器区域通过运营商 2 访问互联网。

【问题 3】（4.5 分）

图 15-6 所示的存储系统由 9 块 4TB 磁盘组成一个 RAID5 级别的 RAID 组，并配置 1 块全局热盘，则该存储最多可坏掉＿＿（10）＿＿块磁盘而不丢失数据，实际可用容量是＿＿（11）＿＿TB（每块磁盘实际可用容量按照 4TB 计算），该存储网络为＿＿（12）＿＿网络。

2．阅读以下说明，回答问题 1 至问题 2，将解答填入答题纸的对应栏内。

【说明】 小王为某单位网络中心网络管理员，该网络中心部署有业务系统、网站对外提供信息服务，业务数据通过 SAN 存储网络集中存储在磁盘阵列上，使用 RAID 实现数据冗余；部署邮件系统供内部人员使用，并配备防火墙、入侵检测系统、Web 应用防火墙、上网行为管理系统、反垃圾邮件系统等安全防护系统，防范来自内外部网络的非法访问和攻击。

【问题 1】（5 分）

存储区域网络（Storage Area Network，SAN）可分为＿＿（1）＿＿、＿＿（2）＿＿两种，从部署成本和传输效率两个方面比较两种 SAN，比较结果为＿＿（3）＿＿。

【问题 2】（3 分）

请简述 RAID 2.0 技术的优势（至少列出 2 点优势）。

试题分析

一、基础知识题

试题（1）分析：基本概念题，无线网不容易检查到冲突，因此使用 CSMA/CA 协议。
参考答案：（1）B
试题（2）（3）分析：无线局域网中，AP 的作用就是给用户提供无线接入，以便用户可以使

用无线网络。最新的 IEEE 802.11n 标准高达 300Mb/s 的接入速度。

参考答案：（2）A （3）D

试题（4）分析： IEEE 802.16 工作组提出的无线接入系统空中接口标准是 WiMAX（World Interoperability for Microwave Access）。WiMAX 支持固定和移动两种模式。其物理层采用 OFDM/OFDMA 技术，频段覆盖 2～11GHz，支持非视距传输和高速移动场景。

参考答案：（4）D

试题（5）分析： 物联网中使用的无线传感网络技术是使用的 IEEE 802.15.3 ZigBee 微微网。

参考答案：（5）C

试题（6）分析： 4G 标准是新一代的通信标准，分别是 LTE、WiMAXII、UMB 三种，而 WCDMA 是 3G 标准中的一个。

参考答案：（6）C

试题（7）（8）分析： IEEE 802.11 采用了类似于 IEEE 802.3 CSMA/CD 协议的载波侦听多路访问/冲突避免协议（Carrier Sense Multiple Access/Collision Avoidance，CSMA/CA），之所以不采用 CSMA/CD 协议的原因有两点：①无线网络中，接收信号的强度往往远小于发送信号，因此要实现碰撞的花费过大；②隐蔽站（隐蔽终端问题），并非所有站都能听到对方，如图 15-3（a）所示。而暴露站的问题是检测信道忙碌但未必影响数据发送，如图 15-3（b）所示。

参考答案：（7）A （8）B

试题（9）分析： 分布式存储最少部署 3 个存储节点，当某个节点发生故障时，系统可以自动切换到其他节点上的备份数据，从而保证系统的可用性。

参考答案：（9）C

二、应用技术题

试题 1 分析：

【问题 1】本题实际上就是根据题干中的解释，结合在拓扑图中的空的位置，判断对应的设备名称。无线网络部署中，通常是由无线控制器 AC 对 AP 进行统一管理和配置，因此结合题干"要实现各会议室的无线网络统一管理，无缝漫游"，必须使用无线控制器。根据题干"实现内部用户使用用户名和密码认证登录，外来访客通过扫描二维码或者手机短信验证登录无线网络"的要求，必须使用认证系统，结合选项，第（2）空选 D 项。第（3）空从关键词"实现无线 AP 的接入和供电"可知是带 POE 功能的交换机，选 H 项。第（4）空因为是大型会议室内使用，用户数量较多，需要高密度接入能力，因此选 B 项。第（5）空关键词"借助 86 线盒部署"，因此应该是面板式 AP，选 A 项。

【问题 2】本题的题型也是基于题干中的解释，填写合适的技术或者设备，因此关键是从题干的解释中寻找答案。第（6）空的关键词是进行网络的逻辑隔离，因此比较合适的是 Vlan 技术。第（7）空后的关键词"对所有用户的互联网访问进行审计和控制，阻止并记录非法访问"可以看出应该是上网行为管理之类的设备或者系统。第（8）空是要用于防范区域边界的安全威胁，因此是防火墙。第（9）空题干给出了是策略路由，但是策略路由常用的有两种形式，一种是基于源 IP 地址的策略路由，就是根据源地址的情况来决定出口路由器；另一种是基于目标地址的策略路由，是根据目标地址的情况来决定出口路由。

【问题3】根据题干信息"存储系统由9块4TB磁盘组成一个RAID5级别的RAID组,并配置1块全局热盘",说明系统中的磁盘RAID级别是RAID5,数据磁盘是9块4TB的,另外还有一块单独的全局热备盘,一共有10块硬盘,但是根据RAID5的磁盘容错能力可知,在一个RAID中,最少需要3块硬盘,当然也可以有更多的硬盘。但是不管多少硬盘,RAID5中最多只能有一块数据硬盘出错,当更多的硬盘同时出错时,数据无法恢复。当一块硬盘故障时,由于存在一块全局热备盘,此时全局热备盘自动进入RAID组,此时数据硬盘还是9块,由于有一块硬盘用作校验盘,此时实际可用于存储数据的硬盘为8块,每块4TB。此时的实际可用容量为8×4=32TB。

参考答案:

【问题1】(1)C　　(2)D　　(3)H　　(4)B　　(5)A

【问题2】(6)Vlan　　(7)上网行为管理　　(8)防火墙　　(9)源IP

【问题3】(10)1　　(11)32　　(12)IP-SAN

试题2分析:

【问题1】第(1)、(2)空是典型的概念题,SAN分为IP-SAN和FC-SAN。从成本上来说,FC-SAN采用专用的FC交换机以及光纤、专用的网卡、光模块等,建设成本明显高于IP-SAN,但是其传输效率、数据速率及稳定性也明显优于IP-SAN。

【问题2】RAID 2.0将物理的存储空间划分为若干小粒度数据块,这些小粒度的数据块均匀地分布在存储池中所有的硬盘上,这些小粒度的数据块以业务需要的RAID形式逻辑地组合在一起,形成应用服务器使用的LUN。RAID 2.0相对早期的RAID来说,具有以下优势。

快速重构:存储池内所有硬盘参与重构,相对于传统RAID重构速度大幅提升。

自动负载均衡:RAID 2.0使得各硬盘均衡分担负载,不再有热点硬盘,提升了系统的性能和硬盘可靠性。

系统性能提升:LUN基于分块组创建,可以不受传统RAID硬盘数量的限制,分布在更多的物理硬盘上,因而系统性能随硬盘I/O带宽增加得以有效提升。

自愈合:当出现硬盘预警时,无须热备盘,无须立即更换故障盘,系统可快速重构,实现自愈合。

参考答案:

【问题1】(1)IP-SAN　　(2)FC-SAN　　(3)FC-SAN部署成本更高、传输速率更高

【问题2】

(1)自动负载均衡,降低了存储系统整体故障率。

(2)快速精简重构,降低了双盘失效率和数据丢失的风险。

(3)故障自检自愈,保证了系统可靠性。

(4)虚拟池化设计,降低了存储规划管理难度。

第16章 网络管理

知识点图谱与考点分析

网络管理技术的相关概念和 SNMP 协议构成了网络工程师考试中的网络管理知识点。网络管理的基本概念属于识记的内容，比较容易理解和记忆。而 SNMP 协议的工作原理、五种基本类型的 PDU 及 RMON、管理信息库的结构等则是比较难的考点，同时也是考试中命题率较高的知识点。本章中最难的部分属于网络管理工具知识点中涉及的实际网络故障的分析，要求考生能综合运用基本的知识，并结合网络实际情况进行分析和推断，属于较高层次的试题。解决这一类题目需要对各种协议的原理和参数掌握得比较清楚，并且要学会一定的分析方法，本章中结合试题加以详细解析，希望考生能举一反三。另外，网络管理设备轮询计算的知识点也常考，但是比较简单，掌握计算方法即可。本章的知识体系图谱如图 16-1 所示。

图 16-1 网络管理知识体系图谱

知识点：网络管理基本概念

知识点综述

网络管理的基本概念主要包括网络管理的定义、五大基本功能及其特点。考试中的一种题型是能根据某个具体的应用识别出属于哪个功能;另外一个题型就是计算轮询的设备或者轮询的间隔,根据公式计算即可。其知识体系图谱如 16-2 所示。

图 16-2　网络管理基本概念知识体系图谱

参考题型

【考核方式 1】　考核网络管理的基本概念。
- 网络管理的五大功能域是＿＿（1）＿＿。
  (1) A．配置管理、故障管理、计费管理、性能管理和安全管理
  　　B．配置管理、故障管理、计费管理、带宽管理和安全管理
  　　C．配置管理、故障管理、成本管理、性能管理和安全管理
  　　D．配置管理、用户管理、计费管理、性能管理和安全管理

　■ 试题分析　OSI 定义的网络管理功能有五大类,分别为:

1) 性能管理 (Performance Management)。在用最少网络资源和最小时延的前提下,网络能提供可靠、连续的通信能力。性能管理的功能有性能检测、性能分析、性能管理、性能控制。

2) 配置管理 (Configuration Management)。用来定义、识别、初始化、监控网络中的被管对象,改变被管对象的操作特性,报告被管对象状态的变化。配置管理的功能有配置信息收集(信息包含设备地理位置、命名、记录和维护设备的参数表、能及时更新和维护网络拓扑)、能利用软件设置参数并配置硬件设备(设备初始化、启动、关闭、自动备份硬件配置文件)。

3) 故障管理 (Fault Management)。对网络中被管对象故障的检测、定位和排除。故障管理功能有故障检测、故障告警、故障分析与定位、故障恢复与排除、故障预防。

4) 安全管理 (Security Management)。保证网络不被非法使用。安全管理的功能有管理员身份认证、管理信息加密与完整性、管理用户访问控制、风险分析、安全告警、系统日志记录与分析、漏洞检测。

5) 计费管理 (Accounting Management)。记录用户使用网络资源的情况并核收费用,同时也统计网络的利用率。计费管理的功能有账单记录、账单验证、计费策略管理。

　■ 参考答案　(1) A

【考核方式 2】　考核网络管理的基本计算。
- 某局域网采用 SNMP 进行网络管理,所有被管设备在每 15min 内轮询一次,网络没有明显拥塞,单个轮询时间为 0.4s,则该管理站最多可支持＿＿(2)＿＿个设备。
  (2) A．18000　　　　　B．3600　　　　　C．2250　　　　　D．90000

■ **试题分析** 假定 SNMP 网络管理中轮询周期为 N，单个设备轮询时间为 T，网络没有拥塞，则

$$支持的设备数 X = \frac{轮询周期 N}{单个设备轮询时间 T}$$

某局域网采用 SNMP 进行网络管理，所有被管设备在每 15min 内轮询一次，网络没有明显拥塞，单个轮询时间为 0.4s，则该管理站最多可支持 $X = N/T = (15 \times 60) \div 0.4 = 2250$ 个设备。

■ **参考答案** （2）C

- 假设生产管理网络系统采用 B/S 工作方式，经常上网的用户数为 150 个，每用户每分钟产生 8 个事务处理任务，平均事务量大小为 0.05MB，则这个系统需要的信息传输速率为___（3）___。
  - （3）A．4 Mb/s   B．6 Mb/s   C．8 Mb/s   D．12 Mb/s

■ **试题分析** 总信息传输速率=平均事务量大小×每字节位数×每个会话事务数×平均用户数/平均会话时长=0.05×8×8×150/60=8Mb/s。这里要注意的一点是，关于数据量大小的转换率的问题，正常情况下，1MB=1024KB=1024×1024B，但是本题在计算中没有使用这个转换关系，直接使用了 1MB=1000KB 进行计算才有正确答案，因此软考中要注意根据题目意思，灵活选择最合适的答案。

■ **参考答案** （3）C

知识点：网络管理工具

知识点综述

这里所指的网络管理工具是具备网络管理功能的命令和其他软件，考试中的很多情况下都是利用操作系统自带的网络命令，根据命令的输出诊断和分析网络的基本情况，判断网络的故障所在。这种题型难度稍高，要注意平时对命令的详细了解和掌握一定的分析方法。其知识体系图谱如图 16-3 所示。

图 16-3 网络管理工具知识体系图谱

参考题型

【考核方式 1】 考核基本网络管理工具的概念。

- 关于下列几个网络管理工具的描述中，错误的是___（1）___。

  （1）A．Netstat 可用于显示 IP、TCP、UDP、ICMP 等协议的统计数据

B. Sniffer 能够使网络接口处于杂收模式，从而可截获网络上传输的分组
C. Winipcfg 采用 MS-DOS 工作方式显示网络适配器和主机的有关信息
D. Tracert 可以发现数据包到达目标主机所经过的路由器和到达时间

■ **试题分析**　Netstat 是一个监控 TCP/IP 网络的工具，它可以显示路由表、实际的网络连接、每一个网络接口设备的状态信息，以及与 IP、TCP、UDP 和 ICMP 等协议相关的统计数据。一般用于检验本机各端口的网络连接情况。

Sniffer（嗅探器）是一种基于被动侦听原理的网络分析方式，使用这种技术方式可以监视网络的状态、数据流动情况以及网络上传输的信息。Sniffer 能够使网络接口处于杂收模式，从而可截获网络上传输的分组。

Winipcfg 命令（适用于 Windows 98 系统）的作用是显示用户所在主机内部 IP 协议的配置信息。Winipcfg 程序采用 Windows 窗口的形式来显示 IP 协议的具体配置信息。如果 Winipcfg 命令后面不跟任何参数直接运行，程序不但可在窗口中显示网络适配器的物理地址、主机的 IP 地址、子网掩码及默认网关等，还可以查看主机的相关信息，如主机名、DNS 服务器、节点类型等。

Tracert 可以发现数据包到达目标主机所经过的路由器和到达时间。

■ **参考答案**　（1）C

● 某 PC 不能接入 Internet，此时采用抓包工具捕获的以太网接口发出的信息如图 16-4 所示。

Source	Destination	Protocol	Info
QuantaCo_33:9b:be	Broadcast	ARP	Who has 213.127.115.254? Tell 213.127.115.31
213.127.115.31	213.127.115.255	NBNS	Name query NB TRACKER9.BOL.BG<00>
213.127.115.31	213.127.115.255	NBNS	Name query NB BT.ROMMAN.NET<00>
213.127.115.31	224.1.1.1	UDP	Source port: ircu Destination port: ircu
QuantaCo_33:9b:be	Broadcast	ARP	Who has 213.127.115.254? Tell 213.127.115.31
QuantaCo_33:9b:be	Broadcast	ARP	Who has 213.127.115.254? Tell 213.127.115.31

图 16-4　以太网接口信息

则该 PC 的 IP 地址为___（2）___，默认网关的 IP 地址为___（3）___。该 PC 不能接入 Internet 的原因可能是___（4）___。

（2）A. 213.127.115.31　　　　　　　B. 213.127.115.255
　　C. 213.127.115.254　　　　　　D. 224.1.1.1
（3）A. 213.127.115.31　　　　　　　B. 213.127.115.255
　　C. 213.127.115.254　　　　　　D. 224.1.1.1
（4）A. DNS 解析错误　　　　　　　B. TCP/IP 协议安装错误
　　C. 不能正常连接到网关　　　　D. DHCP 服务器工作不正常

■ **试题分析**　图 16-4 中第 1 列 Source（源）段只出现了一个 IP 地址（213.127.115.31）和 MAC 地址（QuantaCo_33:9b:be），说明该 PC 机器 IP 地址为 213.127.115.31。

图 16-4 中多次出现 "Who has 213.127.115.254？ Tell 213.127.115.31" 信息，说明 PC 的网关为 213.127.115.254，并且由于不能上网，需要不断寻找对应的 MAC 地址。

■ **参考答案**　（2）A　（3）C　（4）C

● 某用户正在 Internet 上浏览网页,在 Windows 命令窗口中输入___(5)___命令后可得到如图 16-5 所示的结果。

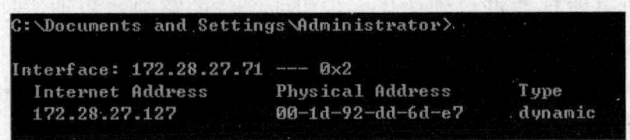

图 16-5 习题用图

若采用抓包器抓获某一报文的以太帧,如图 16-6 所示,则该报文是___(6)___。

```
0000  00 27 1d 10 ab 9b 00 1f  3b cd 29 dd 08 00 45 00   .'......;.)...E.
0010  01 29 8f ca 40 00 80 06  39 db 0a 46 ad 31 6f 08   .)..@...9..F.1o.
0020  09 aa 0f 61 00 50 44 44  cb c4 3a de ff 41 50 18   ...a.PDD ..:..AP.
0030  44 70 91 de 00 00 47 45  54 20 2f 63 73 65 74 2f   Dp....GE T /cset/
0040  34 33 33 31 35 36 31 31  64 64 30 65 66 34 36 32   43315611 dd0ef462
0050  2e 64 61 74 20 48 54 54  50 2f 31 2e 31 0d 0a 55   .dat HTT P/1.1..U
0060  73 65 72 2d 41 67 65 6e  74 3a 20 4d 6f 7a 69 6c   ser-Agen t: Mozil
0070  6c 61 2f 34 2e 30 20 28  63 6f 6d 70 61 74 69 62   la/4.0 ( compatib
0080  6c 65 3b 20 4d 53 49 45  20 37 2e 30 3b 20 57 69   le; MSIE  7.0; Wi
0090  6e 64 6f 77 73 20 4e 54  20 35 2e 31 3b 20 54 72   ndows NT  5.1; Tr
00a0  69 64 65 6e 74 2f 34 2e  30 3b 20 2e 4e 45 54 20   ident/4. 0; .NET
00b0  43 4c 52 20 32 2e 30 2e  35 30 37 32 37 3b 20 33   CLR 2.0. 50727; 3
```

图 16-6 习题用图

(5) A. arp -a   B. ipconfig/all   C. route   D. nslookup
(6) A. 由本机发出的 Web 页面请求报文
     B. 由 Internet 返回的 Web 响应报文
     C. 由本机发出的查找网关 MAC 地址的 ARP 报文
     D. 由 Internet 返回的 ARP 响应报文

■ **试题分析** 本题的实质还是考查 Windows 的基本网络命令,其中(5)空对应的是图中显示本机 ARP 表中的信息,因此使用了 arp -a 命令。而从截获的报文中可以看到 http1.1 get 字样,表明这是一个 http get 报文,也就是通过 HTTP 协议去 get 某个网页的内容。因此这个是 Web 页面的请求报文,而非响应报文。

■ **参考答案**   (5) A   (6) A

【考核方式 2】 考核基本网络故障排除技能。

● 客户端采用 ping 命令检测网络连接故障时,可以 ping 通 127.0.0.1 及本机的 IP 地址,但无法 ping 通同一网段内其他工作正常的计算机的 IP 地址。该客户端的故障可能是___(7)___。

(7) A. TCP/IP 协议不能正常工作   B. 本机网卡不能正常工作
     C. 网络线路故障   D. 本机 DNS 服务器地址设置错误

■ **试题分析** 这种类型的题目相对困难一点,需要综合几个方面的知识一起考虑,也需要对一些理论概念有所了解,所幸的是考试是以选择题的形式出现,因此又在一定程度上降低了考试的难度。本题中 ping 本机 IP 地址和 127.0.0.1 都可以 ping 通,根据我们对 TCP/IP 协议的了解,可以知道协议栈和本机网卡都应该是正常的。所以可以排除 A、B 选项。而 ping 命令中使用的是 IP 地址,通信过程中没有涉及域名的问题,因此无法判断 DNS 服务器的设置及工作情况。故 D 选项的推断是不正确的。而 C 选项中的线路故障有可能导致可以 ping 通本机,但是与本机在同一网段内其他工作正常的计算机的 IP 之间不可以通信。故正确答案是 C。

■ **参考答案** （7）C

● 某公司邮件系统首页无法访问，查看运维监控平台，该服务器状态正常。有员工反映，近 2 天，每天的相同时间都会出现类似故障，10 分钟后自动恢复正常。原因可能是___（8）___。

（8）A．数据库的用户名和密码过期

　　B．邮件服务器网络适配器故障

　　C．防火墙访问控制策略配置错误

　　D．出现 IP 地址冲突

■ **试题分析** 每天的相同时间出现类似故障，说明这个故障是跟时间有关系，并且周期性出现。那从题干的 4 个选项来看，只有可能是防火墙的访问控制配置策略。只用了基于时间的配置策略就有可能出现这种故障。

■ **参考答案** （8）C

知识点：SNMP 协议

知识点综述

SNMP 协议是目前使用最为广泛的网管协议，网络工程师考试针对网管协议的考查基本集中在 SNMP 协议上。SNMP 协议主要是掌握基本概念、组成结构、各个组成部件的作用、它们之间通信的五种 PDU 的作用，以及 RMON 和管理信息库的基本概念，尤其是管理信息库中命名对象树的结构和命名规则要重点掌握。其知识体系图谱如图 16-7 所示。

图 16-7　SNMP 协议知识体系图谱

参考题型

【考核方式 1】 考核 SNMP 基本概念。

● 在 SNMPv3 中，把管理站（Manager）和代理（Agent）统一叫作___（1）___。

（1）A．SNMP 实体　　　　　　　　　　B．SNMP 引擎
　　C．命令响应器　　　　　　　　　　D．命令生成器

■ **试题分析** 在 SNMPv3 中，把管理站（Manager）和代理（Agent）统一叫作 SNMP 实体。

■ **参考答案** （1）A

- SNMP 采用 UDP 提供的数据报服务传递信息，这是由于___(2)___。
  - (2) A．UDP 比 TCP 更加可靠　　　　　　B．UDP 数据报文可以比 TCP 数据报文大
    C．UDP 是面向连接的传输方式　　　　D．UDP 实现网络管理的效率较高
  - ■ 试题分析　SNMP 采用 UDP 提供的数据报服务传递信息，这是由于 UDP 传输数据效率高。
  - ■ 参考答案　(2) D
- SNMP 网络管理中，一个代理由___(3)___管理站管理。
  - (3) A．0个　　　　B．1个　　　　C．2个　　　　D．多个
  - ■ 试题分析　在 SNMP 中，管理进程与代理之间的联系并没有约束数量，仅仅是通过团体名来验证。因此一个管理进程可以联系多个代理，一个代理也可以给多个管理进程提供信息。
  - ■ 参考答案　(3) D
- 在 SNMP 中，当代理收到一个 get 请求时，如果有一个值不可用或不能提供，则返回___(4)___。
  - (4) A．该实例的下一个值　　　　　　　　B．该实例的上一个值
    C．空值　　　　　　　　　　　　　　D．错误信息
  - ■ 试题分析　SNMP 协议中，若 get 请求无法得到值或者不能提供时，代理会将实例的下一个值提供给管理进程。
  - ■ 参考答案　(4) A

【考核方式 2】　考核 SNMP 的报文类型。

- SNMPv2 提供了三种访问管理信息的方法，这三种方法不包括___(5)___。
  - (5) A．管理站向代理发出通信请求　　　　B．代理向管理站发出通信请求
    C．管理站与管理站之间的通信　　　　D．代理向管理站发送陷入报文
  - ■ 试题分析　SNMP 规定了五个重要的协议数据单元 PDU，也称为 SNMP 报文。SNMP 报文可以分为从管理站到代理的 SNMP 报文和从代理到管理站的 SNMP 报文。常见的 SNMP 报文具体如表 16-1 所示。

表 16-1　常见的 SNMP 报文

从管理站到代理的 SNMP 报文		从代理进程到管理进程的 SNMP 报文
从一个数据项取数据	把值存储到一个数据项	
Get-Request（从代理进程处提取一个或多个数据项）	Set-Request（设置代理进程的一个或多个数据项）	Get-Response（这个操作是代理进程作为对 Get-Request、Get-Next-Request、Set-Request 的响应）
Get-Next-Request（从代理进程处提取一个或多个数据项的下一个数据项）		Trap（代理进程主动发出的报文，通知管理进程有某些事件发生）

因此，代理站不会向管理站发出通信请求，而只能发出 Trap 报文。

■ 参考答案　(5) B

课堂练习

- 在 SNMP 中,管理进程查询代理中一个或多个变量的值所用报文名称为___(1)___,该报文的默认目标端口是___(2)___。
  - (1) A. get-request B. set-request C. get-response D. trap
  - (2) A. 160 B. 161 C. 162 D. 163
- SNMP MIB 中被管对象的 Access 属性不包括___(3)___。
  - (3) A. 只读 B. 只写 C. 可读写 D. 可执行
- SNMP 采用 UDP 提供的数据报服务,这是由于___(4)___。
  - (4) A. UDP 比 TCP 更加可靠
    B. UDP 报文可以比 TCP 报文大
    C. UDP 是面向连接的传输方式
    D. 采用 UDP 实现网络管理不会增加太多网络负载
- 在图 16-8 的 SNMP 配置中,能够响应 manager2 的 getRequest 请求是___(5)___。

图 16-8 SNMP 配置

  - (5) A. agent1 B. agent2 C. agent3 D. agent4
- SNMP 协议中,Trap 消息用于___(6)___。
  - (6) A. 向网络中的所有设备发送广播消息
    B. 向指定的设备发送消息
    C. 从设备中获取有关网络事件的信息
    D. 主动通知管理者有关网络事件的发生

试题分析

试题（1）（2）分析：SNMP 规定了五个重要的协议数据单元 PDU，也称为 SNMP 报文。SNMP 报文可以分为从管理站到代理的 SNMP 报文和从代理到管理站的 SNMP 报文。常见的 SNMP 报文见表 16-1。SNMP 协议实体发送请求和应答报文的默认端口号是 161，SNMP 代理发送陷入报文（Trap）的默认端口号是 162。

参考答案：（1）A　（2）B

试题（3）分析：SNMP MIB 中被管对象的 Access 属性包括只读、只写、可读写，但不包括可执行属性。

参考答案：（3）D

试题（4）分析：SNMP 协议是基于 UDP 协议实现，UDP 是一种无连接的协议，不会增加过多的开销。

参考答案：（4）D

试题（5）分析：考查一个基本概念，团体名相同的才可以访问。

参考答案：（5）A

试题（6）分析：SNMP Trap 是被管理设备主动发送消息给 NMS 的一种机制，用于通知网络状况的警告消息。

参考答案：（6）D

第17章 网络规划与设计

知识点图谱与考点分析

网络规划与设计是网络建设的第一步,在网络工程师考试的选择题和案例分析题中都曾考到。尤其是选择题中,每年的分值为 2~3 分,因此这一部分必须记住一些基本的设计原则。而案例分析题的考试方式主要是结合一个实际的网络应用环境,设计出合适的网络拓扑结构,或者根据拓扑结构进行技术选型、设备选型、传输介质选型等。本章的知识体系图谱如图 17-1 所示。

图 17-1 网络规划与设计知识体系图谱

知识点:层次化设计原则

知识点综述

本知识点主要包括网络系统的层次化设计原则和网络系统的安全设计原则两大部分。对于层次化设计原则,主要是掌握各个层次的特点,注意各个层次之间的连接要求。安全设计原则部分要注意安全审计和网络隔离技术的特点和应用。本知识点体系图谱如图 17-2 所示。

层次化设计原则

接入层、汇聚层、核心层设计原则

图17-2 层次化设计原则知识体系图谱

参考题型

【考核方式】 考核层次化设计原则。

- 在层次化网络设计中，___(1)___ 不是分布层/接入层交换机的选型策略。
  - (1) A. 提供多种固定端口数量搭配供组网选择，可堆叠、易扩展，以便由于信息点的增加而进行扩容
    B. 在满足技术性能要求的基础上，最好价格便宜、使用方便、即插即用、配置简单
    C. 具备一定的网络服务质量、控制能力及端到端的 QoS
    D. 具备高速的数据转发能力

  ■ 试题分析　层次化网络设计模型可以帮助设计者按层次设计网络结构，并对不同层次赋予特定的功能，为不同层次选择正确的设备和系统。三层网络模型是最常见的层次化网络设计模型，通常划分为接入层、汇聚层和核心层。

  1）接入层。网络中直接面向用户连接或访问网络的部分称为接入层，接入层的目的是允许终端用户连接到网络，因此接入层交换机具有低成本和高端口密度特性。接入层的其他功能有用户接入与认证，二、三层交换，QoS，MAC 地址过滤等。

  2）汇聚层。位于接入层和核心层之间的部分称为汇聚层，汇聚层是多台接入层交换机的汇聚点，它必须能够处理来自接入层设备的所有通信流量，并提供到核心层的上行链路。因此汇聚层交换机与接入层交换机相比，需要更高的性能、更少的接口和更高的交换速率。汇聚层的其他功能有访问列表控制、VLAN 间的路由选择执行、分组过滤、组播管理、QoS、负载均衡、快速收敛等。

  3）核心层。核心层的功能主要是实现骨干网络之间的优化传输，骨干层设计任务的重点通常是冗余能力、可靠性和高速的传输。网络核心层将数据分组从一个区域高速地转发到另一个区域，快速转发和收敛是其主要功能。网络的控制功能要尽量少地在核心层上实施。核心层一直被认为是所有流量的最终承受者和汇聚者，所以对核心层的设计及网络设备的要求十分严格。核心层的其他功能有链路聚合、IP 路由配置管理、IP 组播、生成树、设置陷阱和报警、服务器群的高速连接等。

  ■ 参考答案　(1) D

- 以下关于网络安全设计原则的说法，错误的是___(2)___。
  - (2) A. 充分、全面、完整地对系统的安全漏洞和安全威胁进行分析、评估和检测，是设计网络安全系统的必要前提条件
    B. 强调安全防护、监测和应急恢复。要求在网络发生被攻击的情况下，必须尽可能快地恢复网络信息中心的服务，减少损失
    C. 考虑安全问题解决方案时无须考虑性能价格的平衡，强调安全与保密系统的设计应与网络设计相结合
    D. 网络安全应以不能影响系统的正常运行和合法用户的操作活动为前提

网络规划与设计 第17章

■ **试题分析** 网络安全设计是保证网络安全运行的基础,网络安全设计有其基本的设计原则,主要如下:

- ➢ 充分、全面、完整地对系统的安全漏洞和安全威胁等各类因素进行分析、评估和检测,是设计网络安全系统的必要前提条件。
- ➢ 强调安全防护、监测和应急恢复。要求在网络发生被攻击的情况下,必须尽可能快地恢复网络信息中心的服务,减少损失。
- ➢ 网络安全的"木桶原则",强调对信息均衡、全面地进行保护。"木桶的最大容积取决于最短的一块木板",**因此系统安全性取决于最薄弱模块的安全性**。
- ➢ 良好的等级划分是实现网络安全的保障。
- ➢ 网络安全应以不能影响系统的正常运行和合法用户的操作活动为前提。
- ➢ 考虑安全问题应考虑安全与保密系统的设计与网络设计相结合,同时应兼顾性能价格的平衡。
- ➢ 在进行网络安全系统设计时,应充分考虑现有网络结构及性能价格的平衡,安全与保密系统的设计应与网络设计相结合。

网络安全设计原则还有易操作性原则、动态发展原则、技术与管理相结合原则。

■ **参考答案** (2) C

● 在网络设计阶段进行通信流量分析时可以采用简单的 80/20 规则。下列关于这种规则的说明中,正确的是 __(3)__ 。

(3) A. 这种设计思路可以最大限度地满足用户的远程联网需求
B. 这个规则可以随时控制网络的运行状态
C. 这个规则适用于内部交流较多而外部访问较少的网络
D. 这个规则适用的网络允许存在具有特殊应用的网段

■ **试题分析** 80/20 规则是指总流量的 80%是网段内部的流量,而总流量的 20%是网段外部的流量。80/20 规则适用于内部交流较多、外部访问相对较少、网络较为简单、不存在特殊应用的网络。

■ **参考答案** (3) C

● 网络隔离技术的目标是确保把有害的攻击隔离,在保证可信网络内部信息不外泄的前提下,完成网络间数据的安全交换。下列隔离技术中,安全性最好的是 __(4)__ 。

(4) A. 多重安全网关　　　　　　　　B. 防火墙
　　C. VLAN 隔离　　　　　　　　　D. 物理隔离

■ **试题分析** 网络隔离(Network Isolation)技术的目标是确保把有害的攻击隔离,在保证可信网络内部信息不外泄的前提下,完成网络间数据的安全交换。

常考的网络隔离技术有以下几种:

1)防火墙。通过 ACL 进行网络数据包的隔离是最常用的隔离方法。局限于传输层以下的控制,对于病毒、木马、蠕虫等应用层的攻击毫无办法;适合小网络隔离,不合适大型、双向访问业务网络隔离。

2)多重安全网关。多重安全网关也叫统一威胁管理(Unified Threat Management,UTM),被称为新一代防火墙，能做到从网络层到应用层的全面检测。UTM 的功能有 ACL、防入侵、防病毒、内容过滤、流量整形、防 DOS。

3）VLAN 划分。VLAN 划分技术避免了广播风暴，解决有效数据传递问题；通过划分 VLAN，隔离各个有安全性要求的部门。

4）人工策略。断开网络物理连接，使用人工方式交换数据，这种方式安全性最好。

■ 参考答案　（4）D

知识点：网络设计过程

知识点综述

本知识点主要是考查考生对网络设计各个阶段所要完成的任务的了解。本知识点的体系图谱如图 17-3 所示。

图 17-3　网络设计过程知识体系图谱

参考题型

【考核方式】考核各个设计阶段的任务和特点。

- 网络设计过程包括逻辑网络设计和物理网络设计两个阶段，每个阶段都要产生相应的文档。以下选项中，___(1)___ 属于逻辑网络设计文档，___(2)___ 属于物理网络设计文档。

  (1) A．网络 IP 地址分配方案　　　　　B．设备列表清单
  　　C．集中访谈的信息资料　　　　　D．网络内部的通信流量分布
  (2) A．网络 IP 地址分配方案　　　　　B．设备列表清单
  　　C．集中访谈的信息资料　　　　　D．网络内部的通信流量分布

  ■ 试题分析　需求规范阶段的任务就是进行网络需求分析，有集中访谈和收集信息资料。
  通信规范阶段的任务就是进行网络体系分析，有网络内部通信流量分析。
  逻辑网络设计阶段的任务就是确定逻辑的网络结构，有网络 IP 地址分配方案的制定。
  物理网络设计阶段的任务就是确定物理的网络结构，依据逻辑网络设计的要求，确定设备的具体物理分布和运行环境。这一阶段，网络设计者需要确定具体的软硬件、连接设备、布线和服务。
  实施阶段的任务就是进行网络设备安装、调试，以及网络运行时的维护工作。

  ■ 参考答案　（1）A　（2）B

- 网络系统生命周期可以划分为五个阶段，实施这五个阶段的合理顺序是___(3)___。

  (3) A．需求规范、通信规范、逻辑网络设计、物理网络设计、实施阶段
  　　B．需求规范、逻辑网络设计、通信规范、物理网络设计、实施阶段

C．通信规范、物理网络设计、需求规范、逻辑网络设计、实施阶段
D．通信规范、需求规范、逻辑网络设计、物理网络设计、实施阶段

■ 试题分析 网络系统生命周期可以划分为五个阶段，实施这五个阶段的合理顺序是需求规范、通信规范、逻辑网络设计、物理网络设计、实施阶段。

■ 参考答案 （3）A

● 网络系统设计过程中，逻辑网络设计阶段的任务是___（4）___。
（4）A．依据逻辑网络设计的要求，确定设备的物理分布和运行环境
B．分析现有网络和新网络的资源分布，掌握网络的运行状态
C．根据需求规范和通信规范，实施资源分配和安全规划
D．理解网络应该具有的功能和性能，设计出符合用户需求的网络

■ 试题分析 网络系统设计过程中，逻辑网络设计阶段的任务是根据需求规范和通信规范实施资源分配和安全规划。

■ 参考答案 （4）C

知识点：设备选型原则

知识点综述

在网络设计中，网络设备的选型是非常重要的一个环节。我们的基本原则是，在满足用户的性能要求，并保证一定的先进性的前提下，尽可能选择成本较低的设备。这样既可以保证满足用户的性能要求，又不浪费用户的投资，保证网络设计有较好的性价比。其知识体系图谱如图17-4所示。

图17-4　设备选型原则知识体系图谱

参考题型

【考核方式1】　考核设备选型原则。

● 下列有关网络设备选型原则的说法中，不正确的是___（1）___。
（1）A．所有网络设备尽可能选取同一厂家的产品，这样在设备可互连性、协议互操作性、技术支持、价格等方面都更有优势
B．在网络的层次结构中，主干设备选择可以不考虑扩展性需求
C．尽可能保留并延长用户对原有网络设备的投资，减少在资金投入上的浪费
D．选择性能价格比高、质量过硬的产品，使资金的投入产出达到最大值

■ **试题分析**　网络设备选型原则考虑以下几点：
➢ 所有网络设备尽可能选取同一厂家的产品，这样在设备可互连性、协议互操作性、技术支持、价格等方面都更有优势。
➢ 尽可能保留并延长用户对原有网络设备的投资，减少在资金投入上的浪费。
➢ 选择性能价格比高、质量过硬的产品，使资金的投入产出达到最大值。
➢ 根据实际需要进行选择。选择稍好的设备，尽力保留现有设备或者降级使用现有设备。
➢ 网络设备选择要充分考虑其可靠性。
➢ 厂商技术支持，即定期巡检、咨询、故障报修、备件响应等服务是否及时。
➢ 对产品备件库，设备故障时是否能及时更换。
➢ 在网络的层次结构中，主干设备选择应预留一定的能力，以便将来扩展，而低端设备则够用即可。
➢ 全系统的可靠性主要体现在网络设备的可靠性。

■ **参考答案**　（1）B

【考核方式2】　考查整个网络的设计和选型原则。

● 阅读以下说明，回答问题1至问题4，将解答填入答题纸对应的解答栏内。

【说明】某校园网拓扑结构如图17-5所示。

图17-5　校园网拓扑结构

该网络中的部分需求如下：

①信息中心距图书馆 2000m，距教学楼 300m，距实验楼 200m。

②图书馆的汇聚交换机置于图书馆主机房内，楼层设备间共两个，分别位于二层和四层，距图书馆主机房距离均大于 200m。其中，二层设备间负责一、二层的计算机接入，四层设备间负责三、四、五层的计算机接入，各层信息点数见表 17-1。

表 17-1 各层信息点数

楼层	信息点数
1	24
2	24
3	19
4	21
5	36

③所有计算机采用静态 IP 地址。

④学校网络要求千兆干线，百兆到桌面。

⑤信息中心有两条百兆出口线路，在防火墙上根据外网 IP 设置出口策略，分别从两个出口访问 Internet。

⑥信息中心有多台服务器，通过交换机接入防火墙。

⑦信息中心提供的信息服务包括 Web、FTP、数据库、流媒体等，数据流量较大，要求千兆接入。

【问题 1】（4 分）

根据网络的需求和拓扑图，在满足网络功能的前提下，本着最节约成本的布线方式，传输介质 1 应采用____(1)____，传输介质 2 应采用____(2)____，传输介质 3 应采用____(3)____，传输介质 4 应采用____(4)____。

（1）～（4）备选答案：

  A．单模光纤 B．多模光纤 C．基带同轴电缆
  D．宽带同轴电缆 E．1 类双绞线 F．5 类双绞线

【问题 2】（6 分）

学校根据网络需求选择了四种类型的交换机，其基本参数见表 17-2。

表 17-2 交换机类型及基本参数

交换机类型	参数
A	12 个固定千兆 RJ45 接口，背板带宽=24G，包转发率=18Mp/s
B	24 个千兆 SFP，背板带宽=192G，包转发率=150Mp/s
C	模块化交换机，背板带宽=1.8T，包转发率=300Mp/s，业务插槽数量=8，支持电源冗余
D	24 个固定百兆 RJ45 接口，1 个 GBIC 插槽，包转发率=7.6Mp/s

根据网络需求、拓扑图和交换机参数类型,在图17-5中,Switch1应采用___(5)___类型交换机,Switch2应采用___(6)___类型交换机,Switch3应采用___(7)___类型交换机,Switch4应采用___(8)___型交换机。

根据需求描述和所选交换机类型,图书馆二层设备间最少需要交换机___(9)___台,图书馆四层设备间最少需要交换机___(10)___台。

【问题3】(3分)

该网络采用核心层、汇聚层、接入层的三层架构。根据层次化网络设计的原则,数据包过滤、协议转换应在___(11)___层完成;___(12)___层提供高速骨干线路;MAC层过滤和IP地址绑定在___(13)___层完成。

【问题4】(2分)

根据该网络的需求,防火墙至少需要___(14)___个百兆接口和___(15)___个千兆接口。

■ 试题分析

【问题1~2】分析过程如图17-6所示。

图17-6 分析过程

> 信息中心距图书馆2000m,所以(1)选择传输距离最远的单模光纤。
> 图书馆的汇聚交换机置于图书馆主机房内,距图书馆主机房均大于200m,且多模光纤较单模光纤便宜,所以(2)选择多模光纤。

➢ 终端、PC 到接入交换机一般不超过 100m，所以（3）选择 5 类和超 5 类双绞线。
➢ 信息中心距实验楼 200m，所以（4）选择廉价的多模光纤。
➢ Switch1 属于核心，（5）应该选择能处理大量数据交换、转发的核心交换机。即选择背板较大的、业务插槽较多的交换机。
➢ Switch2 属于汇聚，需要多个光口连接较远距离的接入交换机，所以（6）选择支持多个 SFP 的交换机 B。
➢ Switch3 属于接入，需要较多的 RJ45 口，同时需要 GBIC 口上联汇聚，所以（7）选择 RJ45 较多的交换机 D。
➢ Switch4 接多台服务器，服务器特点是流量大、服务繁重，而且服务器大部分采用支持 RJ45 的网卡。因此（8）采用较多千兆口的交换机 A。

图书馆二层负责一、二层共 24+24=48 个信息点的接入，因此需要 24 口的交换机 D 共 2 台。
图书馆四层负责三、四、五层共 19+21+36=76 个信息点的接入，因此需要 24 口的交换机 D 共 4 台。

补充说明：
1）吞吐量（包转发率）。
吞吐量是单位时间内网络中通过数据包的数量。对应交换机而言，要实现满负荷运行，最小吞吐量计算公式如下：
吞吐量（Mp/s）=万兆端口数量×14.88Mp/s+千兆端口数量×1.488Mp/s+百兆端口数量×0.1488Mp/s。

2）背板带宽。
带宽是交换机接口处理器或接口卡和数据总线间所能吞吐的最大数据量。全双工交换机背板带宽计算公式如下：
背板带宽（Mb/s）=万兆端口数量×10000Mb/s×2+千兆端口数量×1000Mb/s×2+百兆端口数量×100Mb/s×2+其他端口×端口速率×2

【问题3】
该网络采用核心层、汇聚层、接入层的三层架构。根据层次化网络设计的原则，数据包过滤、协议转换应在**汇聚层**完成；**核心层**提供高速骨干线路；MAC 层过滤和 IP 地址绑定在**接入层**完成。

【问题4】
"⑤信息中心有两条百兆出口线路，在防火墙上根据外网 IP 设置出口策略"要求防火墙至少有 2 个百兆接口。
"⑥信息中心共有多台服务器，通过交换机接入防火墙"，而其他单位通过汇聚接入，而汇聚连接防火墙，这说明防火墙需 2 个千兆接口。

■ 参考答案
【问题1】
（1）A　（2）B　（3）F　（4）B
【问题2】

(5）C　（6）B　（7）D　（8）A　（9）2　（10）4

【问题3】

（11）汇聚层　（12）核心层　（13）接入层

【问题4】

（14）2　（15）2

课堂练习

一、基础知识题

- 汇聚层交换机应该实现多种功能，下列不属于汇聚层功能的是＿＿（1）＿＿。
  - （1）A．VLAN间的路由选择　　　　　　B．用户访问控制
  - 　　　C．分组过滤　　　　　　　　　　D．组播管理
- 根据用户需求选择正确的网络技术是保证网络建立成功的关键，在选择网络技术时应考虑多种因素。下列说法不正确的是＿＿（2）＿＿。
  - （2）A．选择的网络技术必须保证足够的带宽，使得用户能快速地访问应用系统
  - 　　　B．选择网络技术时不仅要考虑当前的需求，而且要考虑未来的发展
  - 　　　C．越是大型网络工程，越是要选择具有前瞻性的新的网络技术
  - 　　　D．选择网络技术要考虑投入产出比，通过投入产出分析确定使用何种技术
- 大型局域网通常划分为核心层、汇聚层和接入层。以下关于各个网络层次的描述中，不正确的是＿＿（3）＿＿。
  - （3）A．核心层承担访问控制列表检查
  - 　　　B．汇聚层定义了网络的访问策略
  - 　　　C．接入层提供局域网络接入功能
  - 　　　D．接入层可以使用集线器代替交换机
- 大型局域网通常组织成分层结构（核心层、汇聚层和接入层），以下关于网络核心层的叙述中，正确的是＿＿（4）＿＿。
  - （4）A．为了保障安全性，应对分组进行尽可能多的处理
  - 　　　B．将数据分组从一个区域高速地转发到另一个区域
  - 　　　C．由多台二、三层交换机组成
  - 　　　D．提供用户的访问控制
- 安全审计是保障计算机系统安全的重要手段，其作用不包括＿＿（5）＿＿。
  - （5）A．重现入侵者的操作过程
  - 　　　B．发现计算机系统的滥用情况
  - 　　　C．根据系统运行的日志，发现潜在的安全漏洞
  - 　　　D．保证可信计算机系统内部信息不外泄

- 网络设计过程包括逻辑网络设计和物理网络设计两个阶段。以下选项中，___(6)___属于逻辑网络设计的工作，___(7)___属于物理网络设计的工作。
  (6) A. 分析网络体系结构
      B. 结构化布线
      C. 机房设计
      D. 供电设计
  (7) A. 三层（核心、汇聚、接入）设计
      B. 防雷设计
      C. 路由设计
      D. IP 地址规划、设计

二、应用技术题

1. 阅读以下说明，回答问题 1 至问题 4，将解答填入答题纸对应的解答栏内。

【说明】某学校计划部署校园网络，其建筑物分布如图 17-7 所示。

图 17-7　建筑物分布

根据需求分析结果，校园网规划要求如下：
①信息中心部署在图书馆。
②实验楼部署 237 个点，办公楼部署 87 个点，学生宿舍部署 422 个点，食堂部署 17 个点。
③为满足以后应用的需求，要求核心交换机到汇聚交换机以千兆链路聚合，同时千兆到桌面。
④学校信息中心部署服务器。根据需求，一方面要对服务器有完善的保护措施，另一方面要对内外网分别提供不同的服务。
⑤部署流控网关对 P2P 流量进行限制，以保证正常上网需求。

【问题 1】（5 分）
根据网络需求，设计人员设计的网络拓扑结构如图 17-8 所示。

图 17-8 网络拓扑结构

请根据网络需求描述和网络拓扑结构回答以下问题。

图 17-8 中设备①应为___(1)___，设备②应为___(2)___，设备③应为___(3)___，设备④应为___(4)___。

(1)～(4) 备选答案：
    A．路由器   B．核心交换机
    C．流控服务器   D．防火墙

设备④应该接在___(5)___上。

【问题 2】(4 分)

根据题目说明和网络拓扑图，在图 17-8 中，介质 1 应选用___(6)___，介质 2 应选用___(7)___，介质 3 应选用___(8)___。

(6)～(8) 备选答案：
    A．单模光纤   B．多模光纤
    C．6 类双绞线   D．5 类双绞线

根据网络需求分析和网络拓扑结构图，所有接入交换机都直接连接汇聚交换机，本校园网中至少需要___(9)___台 24 口的接入交换机（不包括服务器使用的交换机）。

【问题 3】(4 分)

交换机的选型是网络设计的重要工作，而交换机的背板带宽、包转发率和交换容量是其重要技术指标。其中，交换机进行数据包转发的能力称为___(10)___，交换机端口处理器和数据总线之间单位时间内所能传输的最大数据量称为___(11)___。某交换机有 24 个固定的千兆端口，其端口总

带宽为___(12)___ Mb/s。

【问题4】（2分）

根据需求分析，图书馆需要支持无线网络接入，其部分交换机需要提供POE功能，POE的标准供电电压值为___(13)___。

（13）A．5V　　　　　　　B．12V　　　　　　　C．48V　　　　　　　D．110V

2．阅读以下说明，回答问题1至问题5，将解答填入答题纸对应的解答栏内。

【说明】某学校有三个校区，校区之间最远距离达到61km，学校现在需要建设校园网。具体要求如下：校园网通过多运营商接入互联网，主干网采用千兆以太网将三个校区的中心节点连起来，每个中心节点都有财务、人事和教务三类应用。按应用将全网划分为三个VLAN，三个中心都必须支持三个VLAN的数据转发。路由器用光纤连接到校区1的中心节点上，距离不超过500m，网络结构如图17-9所示。

【问题1】（3分）

根据题意和图17-9，从经济性和实用性出发，填写网络拓扑图中所用的传输介质和设备。

（1）～（3）备选答案：

A．3类UTP　　　　　　　　　　B．5类UTP
C．6类UTP　　　　　　　　　　D．单模光纤
E．多模光纤　　　　　　　　　　F．千兆以太网交换机
G．百兆以太网交换机　　　　　　H．万兆以太网交换机

【问题2】（4分）

如果校园网中办公室用户没有移动办公的需求，采用基于___(4)___的VLAN划分方法比较合理；如果有的用户需要移动办公，采用基于___(5)___的VLAN划分方法比较合适。

【问题3】（6分）

图17-9中所示的交换机和路由器之间互连的端口类型全部为标准的GBIC端口，表17-3列出了互联所用的光模块的参数标准。请根据组网需求从表17-3中选择合适的光模块类型满足合理的建网成本，Router和S1之间用___(6)___互连，S1和S2之间用___(7)___互连，S1和S3之间___(8)___用互连，S2和S3之间用___(9)___互连。

表17-3 光模块参数表

光模块类型	支持的参数指标			备注
	标准	波长	光纤类型	
模块1	1000Base-SX	850nm	62.5/125μm 50/125μm	多模，价格便宜
模块2	1000Base-LX/1000Base-LH	1310nm	62.5/125μm 50/125μm 9/125μm	单模，价格稍高
模块3	1000Base-ZX	1550nm	9/125μm	单模，价格昂贵

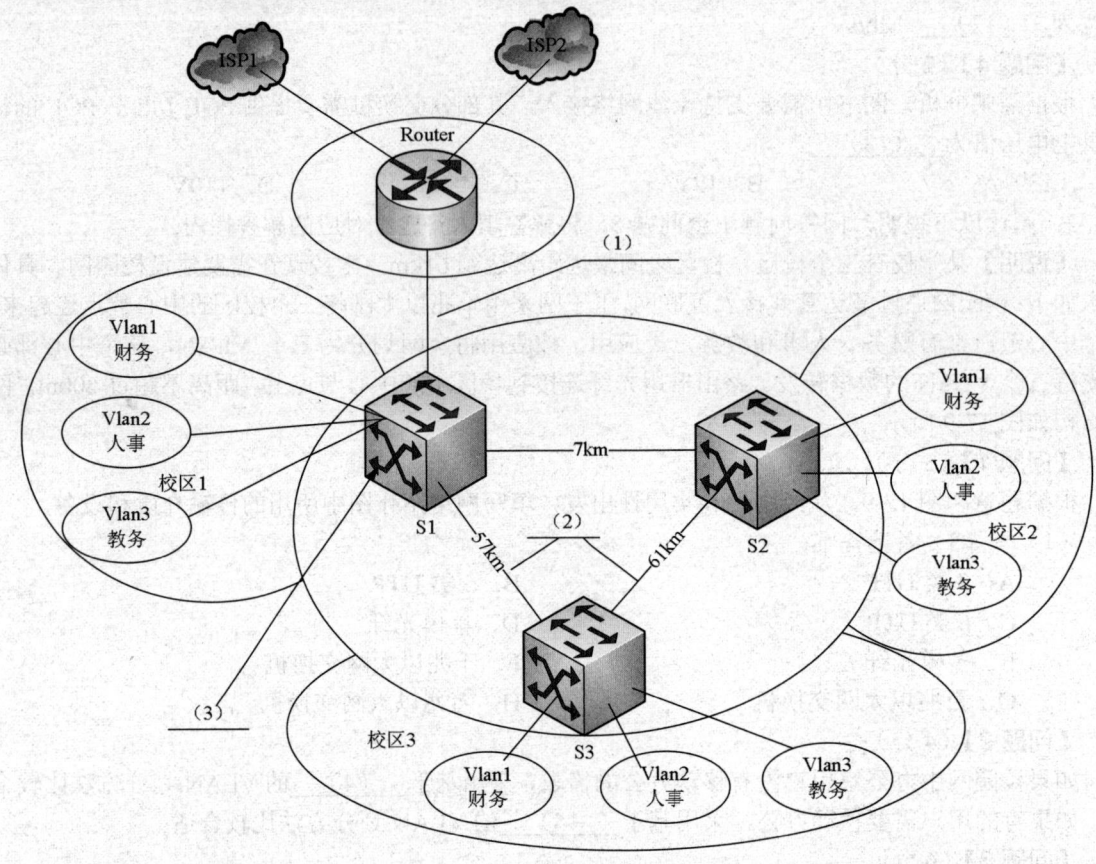

图 17-9 网络拓扑结构

【问题 4】（3 分）

如果将 Router 和 S1 之间互连的模块 S1 和 S2 之间的模块互换，Router 和 S1 以及 S1 和 S2 之间的网络是否能连通？并解释原因。

【问题 5】（4 分）

若 VLAN3 的网络用户因为业务需要只允许从 ISP1 出口访问 Internet，在路由器上需进行基于 ___(10)___ 的策略路由配置。其他 VLAN 用户访问 Internet 资源时，若访问的是 ISP1 上的网络资源，则从 ISP1 出口；若访问的是其他网络资源，则从 ISP2 出口，那么在路由器上需进行基于 ___(11)___ 的策略路由配置。

3．阅读以下说明，回答问题 1 至问题 4，将解答填入答题纸对应的解答栏内。

【说明】某企业计划新建生成研发中心，包括办公大楼、研发中心、数据中心、生产车间等区域。网络拓扑如图 17-10 所示，采用三层网络结构，数据中心机房安装 2 台核心交换机和路由器，办公大楼、研发中心、生产车间分别安装 2 台汇聚交换机，每个建筑的楼层分别安装 2 台接入交换机，按照业务类型划分不同 VLAN，将网络划分为不同子网。网络系统要求骨干万兆、配置简单、路由收敛快、管理便捷。

网络规划与设计   第 17 章

图 17-10 网络拓扑

【问题 1】（4 分）

该企业计划按照六阶段周期完成园区网络系统建设，则建设过程应包括需求分析、___(1)___、___(2)___、___(3)___、___(4)___和监测及性能优化阶段。

【问题 2】（6 分）

在网络建设中，需求分析非常重要，有助于设计者更好地理解网络系统的功能和性能要求，请简要说明在本项目需求分析阶段，网络带宽和无线网络接入分别应收集和分析哪些内容。（每个部分至少回答 3 点）

【问题 3】（5 分）

按照结构化布线系统相关要求，楼层弱电间到办公室之间的综合布线系统称为___(5)___子系统，线缆长度应不超过___(6)___m。办公大楼、研发中心、数据中心、生产车间之间的综合布线系统为___(7)___子系统，应采用___(8)___传输介质，可采用___(9)___以太网标准。

（6）备选答案：
　　A．45　　　　　B．90　　　　　C．200　　　　　D．500

（9）备选答案：
　　A．1000Base-SX　　B．1000Base-LX　　C．10GBase-S　　D．10GBase-L

【问题 4】（5 分）

在设计本项目网络系统时，技术人员提供 OSPF 和 BGP 两种动态路由协议方案，结合本项目实际需求，你认为哪种方案较为合理？请说明理由。

试题分析

一、基础知识题

试题（1）分析：层次化网络设计模型可以帮助设计者按层次设计网络结构，并对不同层次赋予特定的功能，为不同层次选择正确的设备和系统。三层网络模型是最常见的层次化网络设计模型，

245

通常划分为接入层、汇聚层和核心层。

1）接入层。网络中直接面向用户连接或访问网络的部分称为接入层，接入层的目的是允许终端用户连接到网络，因此接入层交换机具有低成本和高端口密度特性。接入层的其他功能有用户接入与认证，二、三层交换，QoS，MAC 地址过滤。

2）汇聚层。位于接入层和核心层之间的部分称为汇聚层，汇聚层是多台接入层交换机的汇聚点，它必须能够处理来自接入层设备的所有通信流量，并提供到核心层的上行链路。因此汇聚层交换机与接入层交换机相比，需要更高的性能、更少的接口和更高的交换速率。汇聚层的其他功能有访问列表控制、VLAN 间的路由选择执行、分组过滤、组播管理、QoS、负载均衡、快速收敛等。

3）核心层。核心层的功能主要是实现骨干网络之间的优化传输，骨干层设计任务的重点通常是冗余能力、可靠性和高速的传输。网络核心层将数据分组从一个区域高速地转发到另一个区域，快速转发和收敛是其主要功能。网络的控制功能要尽量少地在核心层上实施。核心层一直被认为是所有流量的最终承受者和汇聚者，所以对核心层的设计及网络设备的要求十分严格。核心层的其他功能有链路聚合、IP 路由配置管理、IP 组播、生成树、设置陷阱和报警、服务器群的高速连接等。

参考答案：（1）B

试题（2）分析：新网络技术可能不可靠、不稳定。

参考答案：（2）C

试题（3）分析：核心层用于高速转发，而包过滤、策略路由、ACL 检查尽可能不要放在核心层，避免降低效率。

参考答案：（3）A

试题（4）分析：核心层的作用就是高速转发。

参考答案：（4）B

试题（5）分析：安全审计就是存储、记录安全行为和系统操作，根据日志和历时数据分析、识别不安全的行为和操作。

安全审计的作用有：
1）震慑和警告潜在的入侵者。
2）检查、制止入侵，发现计算机系统的滥用情况。
3）记录系统运行日志，重现入侵者的操作过程。
4）根据系统运行的日志，发现潜在的安全漏洞。

参考答案：（5）D

试题（6）（7）分析：逻辑网络设计工作有：
1）网络总体设计，如分析网络体系结构、网络逻辑结构。
2）分层设计，如三层（核心、汇聚、接入）设计、Internet 出口设计。
3）IP 地址规划、设计。
4）路由设计。
5）技术选择。

6）功能设计，如冗余、安全、汇聚设计等。

物理网络设计包含的内容有结构化布线、机房设计、供电设计、防雷设计等。

参考答案：（6）A　（7）B

二、应用技术题

试题 1 分析：

【问题 1】

分析过程如图 17-11 所示。

图 17-11　分析过程

【问题 2】

- 实验楼部署 237 个点，则需要 237/23≈10.3，取整为 11 台交换机。
- 办公楼部署 87 个点，则需要 4 台交换机。
- 学生宿舍部署 422 个点，则需要 19 台交换机。
- 食堂部署 17 个点，则需要 1 台交换机。

总共需要 11+4+19+1=35 台交换机。

【问题 3】
交换机进行数据包转发的能力称为**包转发率**，交换机端口处理器和数据总线之间单位时间内所能传输的最大数据量称为**背板带宽**。

背板带宽（Mb/s）=万兆端口数量×10000Mb/s×2+千兆端口数量×1000Mb/s×2+百兆端口数量×100Mb/s×2+其他端口×端口速率×2

某交换机有 24 个固定的千兆端口，其端口总带宽为 **48000**Mb/s。

【问题 4】
POE（Power Over Ethernet）指的是在现有的以太网 Cat.5 布线基础架构不作任何改动的情况下，在为一些基于 IP 的终端（如 IP 电话机、无线局域网接入点 AP、网络摄像机等）传输数据信号的同时，还能为此类设备提供直流供电的技术。理论上，任何功率不超过 13W 的设备都可以从 RJ45 插座获取相应的电力。POE 的标准供电电压值为 **48V**。

参考答案：

【问题 1】
（1）A　（2）C　（3）B　（4）D　（5）核心交换机（或设备③）

【问题 2】
（6）A　（7）C　（8）B　（9）35

【问题 3】
（10）包转发率　　　　（1 分）
（11）背板带宽　　　　（1 分）
（12）48000　　　　　（2 分）

【问题 4】
（13）C

试题 2 分析：

【问题 1】
本题是一道简单的根据网络环境和拓扑结构选择连接介质的问题。基本解题技巧是记住不同的传输介质所能应用的环境、传输的速度及距离。通常 5～6 类 UTP 的传输距离不超过 100m，适合在室内；而多模光纤的距离大约是 1000Mb/s 的速率下不超过 500m，再长的距离则要用单模。对于（3）处的交换机，因为题目要求是 1000Mb/s 连接三个校区，因此选择 F 选项。

【问题 2】
本题考查考生对 VLAN 的划分方式的特点的了解。因为不需要移动办公，因此位置相对固定，可以采用基于端口的划分方式。而在需要移动办公的环境中，用户的机器在不同的接入点接入，但是用户本身属于的 VLAN 并不随着位置的改变而改变，因此适合用基于 MAC 地址的划分方式。

【问题 3】
本题考查的还是考生根据实际的应用环境选择合适的设备（模块）。表 17-3 给出了相关的参数，但是关键的距离参数并没有给出，因此要求考生熟悉各种激光在不同直径的光纤中的传输距离。本着最佳性价比的原则，在满足传输条件下，尽量选择价格低的产品。显然 850nm 的光在多模的传输距离不超过 500m，因此 Router 和 S1 之间用（模块 1）互连。S1 和 S2 之间的距离是 7km，用

1310nm 的激光在 9μm 的单模光纤中最多可以传输 10km 左右。因此（7）用模块 2 互连，由于 S1 和 S3 之间用模块 3 互连、S2 和 S3 之间用模块 3 互连的距离均比较长，超过了模块的传输距离，因此必须用 ZX 模块。

【问题 4】

本题是考查考生对模块传输介质的支持的了解。因为从表 17-3 中可以看到模块 2 可以在单模和多模光纤中传输，因此调换之后，Router 与 S1 可以连通。

【问题 5】

本题考查考生对策略路由应用的了解，在目前的策略路由技术中，可以根据源地址或者目的地址来进行路由策略的设置，结合题意不难得出，（10）处是源地址，而（11）处则是目的地址。

参考答案：

【问题 1】

（1）E　（2）D　（3）F

【问题 2】

（4）交换机端口　（5）MAC 地址

【问题 3】

（6）模块 1　（7）模块 2　（8）模块 3　（9）模块 3

【问题 4】

Router 与 S1 可以连通，S1 与 S2 不能连通。因为模块 2 的传输介质兼容多模光纤，模块 1 的传输介质不兼容单模光纤。

【问题 5】

（10）源地址　（11）目的地址

试题 3 分析：

【问题 1】

六阶段周期由需求分析、逻辑设计、物理设计、设计优化、实施及测试、监测及性能优化 6 个阶段组成。

【问题 2】

网络带宽需求方面应收集和分析以下内容：

业务流量特征：分析不同业务类型（如视频会议、文件传输等）的流量模式、峰值时段及数据量。

带宽需求测算：根据用户规模、并发访问量及业务类型，计算理论带宽需求，需考虑未来 3～5 年的扩展冗余。

现有网络评估：若为改造项目，需测试现有链路利用率、延迟和丢包率等性能指标。

服务等级协议（SLA）：明确关键业务对带宽、抖动和丢包率的敏感性要求。

无线网络接入方面应收集和分析以下内容：

覆盖区域规划：确定 AP 部署范围、障碍物分布及信号干扰源。

用户接入密度：统计高密度区域（如会议室）的终端数量及并发接入需求。

认证与安全：收集用户认证方式（802.1X/WPA3）、访客网络策略及数据加密需求。

漫游需求：分析移动场景（如医院手持终端）对无缝切换的敏感。

【问题 3】

水平子系统是综合布线系统的核心组成部分之一,也称为配线子系统,负责同一楼层内从楼层配线间(FD)到工作区信息插座(TO)的布线连接,覆盖距离通常不超过 90m。

建筑群子系统是连接建筑群内不同建筑物的通信基础设施,通过室外缆线(光缆/铜缆)与配线设备,将语音、数据、图像等传输系统整合为统一的物理通道。覆盖范围通常包括园区、厂区或相邻建筑群,需满足跨楼高速通信需求。通常选用 10GBase-L。

【问题 4】

主要是能区分不同路由协议的特点及应用场景,本题中,需要了解 BGP 主要用于互联网中不同自治系统(AS)之间的路由选择,适合规模巨大的广域网。而 OSPF 主要用于自治系统内的路由选择,适合各种规模的企业网络内部路由,具有效率高、收敛速度快、对路由器的要求不高等特点。结合本题可知,适合采用 OSPF 路由协议。

参考答案:

【问题 1】

(1)逻辑设计　(2)物理设计　(3)设计优化　(4)实施及测试

【问题 2】

网络带宽需求方面应收集和分析:业务协议与流量分布、总带宽需求、带宽利用率、延迟与丢包率、不同服务等级协议要求的带宽、抖动等参数。

无线网络接入方面应收集和分析:信号覆盖范围、用户接入密度、认证与安全,漫游需求。

【问题 3】

(5)水平　(6)B　(7)建筑群　(8)光纤　(9)D

【问题 4】

BGP 主要用于互联网中不同自治系统(AS)之间的路由选择,适合规模巨大的广域网。而 OSPF 主要用于自治系统内的路由选择,适合各种规模的企业网络内部路由,具有效率高、收敛速度快,对路由器的要求不高等特点。结合本题可知,适合采用 OSPF 路由协议。

参 考 文 献

[1] 朱小平,施游. 网络工程师 5 天修炼(适配第 6 版考纲)[M]. 北京:中国水利水电出版社,2025.
[2] 谢希仁. 计算机网络[M]. 5 版. 北京:电子工业出版社,2008.
[3] Andrew S.Tanenbaum. 计算机网络[M]. 4 版. 潘爱民,译. 北京:清华大学出版社,2004.
[4] Justin Menga. CCNP 实战指南:交换/Cisco 职业认证培训系列[M]. 李莉,等译. 北京:人民邮电出版社,2005.
[5] Jeff Doyle. TCP/IP 路由技术(第一卷)[M]. 2 版. 葛建立,吴剑章,译. 北京:人民邮电出版社,2007.
[6] 王达. Cisco/H3C 交换机配置与管理完全手册[M]. 北京:中国水利水电出版社,2009.
[7] 黄传河. 网络规划设计师教程[M]. 北京:清华大学出版社,2009.
[8] 杨波,周亚宁. 大话通信[M]. 北京:人民邮电出版社,2009.
[9] 丁奇. 大话无线通信[M]. 北京:人民邮电出版社,2009.
[10] Shon Harris. CISSP 认证考试指南[M]. 4 版. 石华耀,等译. 北京:科学出版社,2009.
[11] 全国计算机专业技术资格考试办公室. 历次网络工程师考试试题.